한국어로 내려온
New Bible

새로운
성 경

제58권

4부 | 총10부

하얀마음

하나님 말씀 중에서

1. 사랑의 하나님

- 세상을 창조하신 하나님은 모두를 사랑하신다. 인간만 특별히 더 사랑하지 않고, 우주 만물을 다 똑같이 사랑하신다. 그러니 하나님이 창조하신 천지 만물과 화친하고, 미물까지도 소중히 대하라.

- 하나님은 특정 종파나 민족만을 더 사랑하지 않으신다. 자기 자신만 구원받겠다는 욕심을 버리고, 자기 종파만 구원받는다는 편협한 교리에서 벗어나야 한다. 종파를 초월해서, 모두를 사랑하라.

- 원수까지 사랑하라 했으니, 이 세상에 사랑하지 못할 자가 누가 있겠는가? 종파가 다르다고 해서 부모 형제와 원수처럼 지내는 자는 인간의 근본을 모르는 자다. 가장 가까운 가족부터 사랑할 때 남도 진심으로 사랑할 수 있다.

- 한 사람을 원수같이 생각하던 마음에서 사랑하는 마음으로 돌리면, 자기 자신의 마음이 가장 기쁘고 행복하다. 하나님께서는 인간의 마음속에 무거움이 없이 기쁘고 행복한 삶을 살기를 바라신다.

- 이웃을 "내 몸처럼" 사랑하라 했으니, 마지막 한 장 남은 천국의 티켓도 이웃에게 양보하라. 자기 중심적인 신앙에서 벗어나서 남을 위해 살아야 한다.

- 독초도, 약초도, 이단도 사탄도 천사도 다 필요하기에 존재한다. 독초일지라도 극소량을 사용해서 생명을 살릴 수 있고, 약초라 하더라도 남용하면 생명을 잃을 수 있다.

- 세상 모든 것을 명약으로 활용하는 것은 인간의 지혜에 달렸다. 어떤 것이든 어떤 사람이든 적재적소에 꼭 필요한 명약으로 승화시키라.

- 사탄도 이단도 천사도 모두 하나님의 주관하에 존재한다. 진정한 하나님의 백성은 사탄과 마귀까지도 감화시켜서 천사로 거듭나게 한다.

2. 기도

- 하나님은 인간의 생각까지 모두를 다 알고 계신다. 우리의 소원도 이미 알고 계시기에, 소원의 기도를 할 필요가 없다. 우리가 받을 자격이 되면 내려 주신다.

- 죄를 짓고 아무리 회개를 해도 용서받지 못한다. 도둑질한 자는 용서해 달라고 기도하고, 도둑맞은 자는 도둑을 잡게 해 달라고 기도하면, 공의의 하나님은 누구의 편에 서시겠는가?

- 자기가 잘못한 것은 그 사람에게 직접 갚고 용서를 구하라. 그가 용서하면 하나님도 용서하신다. 땅에서 매면 하늘에서도 매이고, 땅에서 풀리면 하늘에서도 풀리는 이치다.

- "회당에서 기도하지 말고 골방에서 기도하라" 했다. 눈에 보이는 골방이 아니라, 골방과 같이 고요한 마음이다. 잡념을 버리고 하나님을 향해 마음을 집중하며, 사랑하고 용서하는 아름다운 생각만 나오도록 하라.

- "두드리면 열릴 것이다." 하는 것은 육의 소원을 위해 두드리라는 것이 아니라, 진리의 깨달음을 얻기 위해 두드리라는 것이다.

- 기도하는 방법: 생활 속에서 수시로 기도하는 삶을 살아야 한다.

- "저의 죄를 용서하여 주옵소서." 하는 회개의 기도를 하라.
- 범사에 "하나님! 감사합니다." 하라. 현재 가진 것에 감사하며, 과욕하지 말라. 자기 노력 이상의 것을 더 갖고자 기도하는 것은 도둑놈심보다. 공의의 하나님은 각자 노력한 만큼 주신다.
- "하나님 뜻대로 살아가겠나이다." 하며 마음의 각오를 다지라.

- 기도는 하나님의 말씀을 받아서 "행하는 것"이다. 하나님이 계심을 굳건히 믿고, 하늘을 향하여 한 점 부끄럼 없이 사는 삶 자체가 가장 위대한 기도이며, 삶이 곧 예배다.

3. 지도자

- 똑같이 사랑한다는 말을 해도, 순수하게 하는 말은 천사의 말이지만, 사기 쳐서 재산을 가로채려고 하는 말은 사탄의 말이다.

- 종교 지도자가 아무리 훌륭한 설교를 해도, 신도의 재물을 거둬서 더 큰 교회를 짓고 자기의 부귀영화를 바라며 설교하면 사탄의 가르침이 된다.

- "저희 교회는 만원사례요, 믿음은 다 같으니 이웃의 개척 교회에 가서 예배를 드리시오." 하며, 이웃 교회의 부흥을 먼저 생각하여 제 신도를 보내는 종교 지도자가 있다면 그를 따르라. 그가 하나님의 사랑을 실천하는 자다.

- "부자가 천국에 들어가는 것은 낙타가 바늘구멍을 통과하는 것보다 더 힘들다" 하였거늘, 지금의 교회에서는 부자가 되기만을 기도하고 소원하니, 이는 곧 천국을 포기하고 지옥 행 열차의 티켓을 사는 것과 같다.

- 예수는 빈손이었다. 종교 지도자가 예수보다 더 호화롭고 편안하게 살아간다면 잘못된 것이다. 부귀영화와 명예를 바라는 자는 절대로 갈 수 없는 좁고 협착한 길이 종교 지도자의 길이다.

- 종교 지도자는 유리로 비춰 봐 한 점의 부끄러움이 없이 살아야 한다. 의식주도 직접 일해서 해결하고, 예수의 가르침과 행함을 그대로 따라야 한다.

- 종말은 없다. 지금의 잘못 가는 종교 집단에게만 종말이 있다. 보이지 않는 하나님은 보이는 육의 종말은 관여하지 않으신다. 환경 파괴로 인간이 스스로 멸망을 자초하는 것이다. 종파끼리 싸우기 전에, 무너진 인성을 바로잡고 지구의 몸살을 해결하는 데 뜻을 모으는 게 급선무다.

4. 성전이란

- 이 세상 자체가 하나님께서 만드신 성전이다. 자연보다 더 아름다운 성전이 있는가? 보이는 건물이 성전이 아니라, 성스러운 마음가짐이 성전이다.

- 반석 위에 교회를 지으라 했다. 지상의 단단한 돌은 인간이 쪼갤 수 있으나, 마음속의 굳은 결의는 세상 무엇으로도 쪼갤 수 없다. 바르고 굳건한 믿음으로 성경의 가르침을 실천하는 것이 마음의 반석 위에 교회를 짓는 것이다.

- 손으로 지은 건물의 교회에 모여서 복음을 전하는 것이 아니라, 교회를 개인과 가정에 심어 주어야 한다. 무너지고 부서지는 건물을 짓지 말고, 마음속에 영원히 불변하는 참진리의 교회를 지으라.

5. 십계명

- 십계명은 인간이 죽어서 반드시 통과해야만 하는 열 개의 관문이다.

- 부모를 공경하지 아니한 자는 "네 부모를 공경하라." 하는 제5계명의 관문이 열리지 않으니 구원받을 수 없다.
- 살인, 간음, 거짓, 우상 등의 나머지 계명도 마찬가지다.

- 십계명은 하나님의 친필이다. 모기소리만 한 하나님의 음성이라도 들어 보겠다고 여기저기 찾아 헤매지 말고, 십계명부터 암송하고 지키라.

- 십계명은 영혼을 구원하는 양식이며, 십계명을 지키는 것이 구원을 받는 길이다. 인간이기에 지키고자 노력하고 또 노력한다면 지킬 수 있다.

- 십계명을 지키고 천사처럼 아름답게 살아가는 그 마음 하나면 세상에 이루어지지 않는 것이 없다.

6. 보물

- 하나님은 재물이 아니라 우리의 마음을 받으신다. 사랑을 실천하며 천사처럼 변하는 마음이 하나님께 바치는 보물이다.

- 보이지 않는 하나님께 재물을 바치려 하지 말고, 너희를 길러 준 부모에게 용돈 드리고, 찾아뵙고, 효성을 다하라. 그것이 하나님께 효도하는 것이다.

- 하늘에는 선과 악의 창고가 있다. 자기 창고에 선이 많으면 천국으로 구원을 받고, 악이 많으면 심판받아 지옥으로 간다. 그것이 바로 "선한 일을 행한 자는 생명의 부활로, 악한 일을 행한 자는 심판의 부활로" 나오는 것이다.

- "선악과를 따먹지 말라"는 것은 양심을 지키라는 것이다. 선과 악을 구분할 수 있는 양심을 최초에 인간에게 주셨다. 선한 열매는 취하고, 악한 열매는 버리며, 양심에 비추어 부끄럼 없는 삶을 살아가라.

- 가장 작은 거짓말을 하지 않고, 가장 작은 죄를 짓지 않으며, 가장 작은 선행을 하고, 가장 작은 악행을 멀리하는 것이 율법의 일점 일획도 빠뜨리지 말고 다 지키는 삶을 사는 것이다.

7. 우상

- 박물관에 있는 불상은 하나의 예술품이다. 그 조각품에 대고 제 소원을 빌 때 우상숭배가 된다. 십자가라 하여도 그 앞에서 소원을 빈다면 우상숭배하는 것이며, 하나님께 소원을 빈다면 하나님을 우상으로 전락시키는 것이다.

- 지금 기복신앙에 젖어 있는 모든 사람이 우상 앞에 절을 하고 있다. 조각품을 우상이라며 파괴하지 말고, 네 마음속에 있는 욕심의 우상을 무너트리라.

- 생수를 약초가 먹으면 약을 만들고 독사가 먹으면 독을 만든다. 같은 성경을 봐도 선한 지도자는 신도를 천사로 만드는 데 활용한다. 그러나 욕심이 가득한 지도자는 재물을 거두어들여 제가 부귀영화를 누리는 데 악용한다. 그가 바로 성경을 우상숭배의 도구로 전락시키는 거짓 선지자다.

- 성경을 한 획도 빼거나 더하지 말라는 것은, 그 가르침을 빠트리지 말고 온전히 지키라는 것이다. 성경 속에서 자기에게 유리한 구절만 보는 것은, 자기에게 불리한 구절들을 빼 버리는 것이다. 믿음이 제일이요, 행함은 구원과는 관계없다는 것은 자신에게 유리한 쪽으로 성경을 악용하는 것이다.

- 진정한 종교 지도자는 종파에 관계없이 어떤 종파든 어떤 책이든 접하고 보고 깨우쳐 견문을 넓히도록 인도한다. 참진리를 모르고 자신이 없는 자가 남을 이단이라며 배척하고, 신도들의 눈과 귀를 가린다.

8. 예수

- 예수의 재림은 없다. 예수가 다시 온다 해도, 과연 누가 그를 예수라고 믿겠는가? 예수와 같은 삶의 행함이 곧 예수의 재림이다. 각자 모두가 "재림 예수"가 되는, 차원 높은 믿음으로 가야 한다.

- 예수는 "주여 주여 하지 말고, 아버지의 뜻대로 행하라"고 했다. 예수가 전한 하나님의 뜻이 곧 "길이요, 진리요, 생명"이며, 그 가르침이 예수의 보혈처럼 소중한 것이다. 예수를 믿는 것은, 예수의 가르침을 믿고 따르는 것이다.

- 예수는 낮은 자로서 만백성을 섬기고자 했다. 만나는 모든 사람을 다 하나님이라 생각하라. 돈을 벌수록 겸손하고, 높은 지위를 얻을수록 낮아지라.

▪ 예수는 종파를 만들지 않았다. 인간이 만든 종교와 인간의 교리를 따르지 말고, 예수를 통해 전한 하나님의 참진리를 연구하고 따르라.

▪ 예수가 2천 년 전에 만백성을 위해 죽었으니, 지금 이 땅에는 예수의 가르침대로 사는 천사만 존재해야 한다. 예수가 죽어 가면서 바란 것은 만백성이 천사가 되어 예수의 자리를 채워 주는 것이지, 지금과 같이 재물을 바치면서 중언부언 제 소원만을 비는 백성들을 바란 것이 아니다.

9. 구원

▪ 천사가 사는 천국에는 천사만 갈 수 있으니, 천사 같은 마음을 길러야 한다.

- "천국 열쇠를 네게 주리니 땅에서 무엇이든지 매면 하늘에서도 매일 것이라" 했다. 땅에서 천사같이 사는 자가 하늘에서도 천사가 되어 천국에 들어간다. 모든 사람에게 천사같다는 말을 듣는 삶을 살아야 한다.

▪ 천사의 곱고 아름다운 마음은 부모를 공경하고 어른을 어른으로 대접하는 데에서 출발한다. 효도하는 자는 형제와 화목하게 지내기에 가정이 화목해지고, 이웃과 화목해지고, 국가가 화목해지고, 온 인류가 화목해진다.

- 그러므로 지상의 아름다운 소왕국은 가정에서부터 이루어야 한다.

▪ 선택된 14만 명만 구원받는 것이 아니라, 천사처럼 변하고자 하는 14만 명을 기초로 온 인류가 천사처럼 거듭나는 영적인 개혁이 시작되는 것이다.

▪ 천 년에 걸쳐서 하늘에서 이루어진 것같이 이 세상을 낙원으로 만들어, 만백성이 지상의 천국에서 살다가 죽어서 그대로 하늘의 천국으로 들어가는, 영원한 지상 낙원을 건설하는 것이 하나님의 계획이다.

- 이것이 구약과 신약에 이어 "새로운 성경"으로 역사하시는 하나님의 창조의 완성이다.

▪ 지금의 믿음으로 구원받을 수 있다면 그 길을 가라. 그러나 자신이 없다면 하나님께서 직접 내리신 160권의 "새로운 성경"을 읽고 구원의 길을 보라!

하나님 머리말씀

이 새로운 성경을 읽는 너희 모두는
이 율법에 따라 행하면 영원히 구원받을 것이니라.

너희 인간이 수년, 수십 년, 평생
성서를 공부하고 기도하는 것은
하늘나라 나의 곁으로 오고 싶은 소망일진대,

몇천 년 전의 너희 인성과 생각이
지금의 너희와는 판이하게 다르니,

꺾여 가고 병들어 가는 너희를 고칠 수 있는 길은,
오늘 내가 선지자에게 내리는 새로운 성경과 같이
너희가 변화되는 것뿐이니라.

나의 예수가 태어난 것처럼
내가 아들 선지자를 선택하여
나의 새로운 성경을 온 세계에 전하고자 하니,

묵은 것은 버리고 새로운 것은 취하여,
너희 모두는
'여호와 하나님! 저의 죄를 용서하여 주옵소서.'
하는 기도문으로 기도하고, 죄를 뉘우치라.

이 새로운 성경은
수천 년간 내려온 성서를 요약한 것이니,
너희는 이 책을 정독하여 쉽게 깨달음을 얻고,
이대로 실천하여 하늘에 오르라.

대역자 머리말

■ 하나님의 율법을 지키는 선지자로 선택을 받도다.

저는 남들처럼 그저 열심히 살아온 평범한 사람이었습니다. 그러나 50대 중반에 사업에 실패하여 많은 부채에 시달렸으며, 건강도 악화되어 눈이 잘 안 보이고, 걷기도 어렵고, 두통이 심해서 잠을 이룰 수 없는 고통의 나날을 보냈습니다. 그때 제가 선택할 수 있는 것은 육의 삶을 끝내는 길뿐이었습니다.

죽기 직전에 그동안에 죄를 지은 이들에게 용서를 빌고 인생을 끝내기로 작정하였습니다. 어려서부터 지은 죄를 빌고 빌다 보니 끝이 없었고, 죽음으로도 그 많은 죄를 용서받을 길이 없다는 생각에 하염없이 눈물이 흘렀습니다. 그 순간 '재래식 화장실의 구더기는 죄를 짓지 않는데, 나는 인간으로서 구더기만도 못한 삶을 살았구나.' 하는 생각이 들면서 괴로움에 몸부림칠 때, 갑자기 하나님의 음성이 들렸습니다.

"나는 여호와 하나님이니라. 너는 십계명을 암송하고 내가 내려 주는 메시지를 받아 책으로 만들어 만백성을 구하라." 하시며, 제 눈을 손으로 문지르게 하시고, 아픈 머리와 다리를 손으로 두드리게 하셨습니다. 그러고 나니 눈도 잘 보이고 걸을 수 있었으며 머리의 통증도 말끔히 낫게 되었습니다. 그때부터 십계명을 암송하고 나면 들려주시는 말씀을 기록하였고, 1999년 8월부터 2004년 7월까지 권당 288쪽, 총 160권을 받아서 "새로운 성경"이라는 책으로 펴내게 되었습니다.

그러한 저에게 죽기보다도 힘든 길이 시작되었습니다. 모든 교인들이 저에게 사탄이요, 이단이요, 악마요, 마지막 시대에 온 거짓 선지자라 하면서 공격하였고, 저를 짐승을 보듯이 대하는가 하면, 편협한 종교 지도자들의 선동으로 신도들이 이 책을 직접 읽어 보고 평가할 기회마저 막아 버렸습니다. 그래서 하나님의 말씀을 세상에 내는 데 많은 어려움을 겪으며, 피를 토하는 심정으로 책을 전하고 있습니다.

그러나 아무리 인간의 힘으로 막으려 해도, 하나님의 뜻이 세상에 전해지는 위대한 역사는 계속될 것입니다. 책으로 전해지는 "하나님의 말씀"은 세상 끝날까지 항상 우리와 함께하실 것입니다. 사람은 죽어도, 책에 기록된 말씀은 영원히 남으니까요.

■ 따뜻한 실천

하나님께서는 어려운 사람들에게 삶의 터전을 마련해 주고, 미래를 열어 주는 것을 기뻐하십니다. 어려운 이웃이 스스로 자립할 수 있도록 이끌어 주는 것이 진정으로 이웃을 돕는 것이라고 말씀하셨습니다. 그래서 일자리가 없는 제자들에게 작은 사업장을 만들어 주는 "달란트 사업"을 하고 있습니다. 식당, 반찬 가게 등을 차려 주고, 기존의 어려운 사업장이 자립할 수 있도록 돕고 있습니다(커피숍, 미용실, 의상실 등).

하나님께서는 교회에 나와서 모든 시간과 재물을 쏟기를 원하지 않으시고, 그 시간과 재물을 교육에 투자하여 스스로 미래를 열어 가기를 원하십니다. 그래서 제때 공부하지 못한 제자들에게 학업을 이어 가도록 하였습니다. 중화요리 주방장을 하며 초등학교 검정고시부터 공부하여 2012년에 방통대를 졸업한 36세 남성, 만학도들의 2년제 중학교에 입학해서 2007년에 명지대학을 졸업한 38세 여성, 중학교 검정고시를 시작으로 숭의여자대학을 졸업한 47세 여성 등이 있습니다. 그밖에도 많은 제자들에게 나이를 초월하여 배우고 깨우쳐서 사회 속의 당당한 일원이 되도록 인도하고 있습니다.

학자금 대출로 힘겨워하는 젊은이들을 위해 "따뜻한 바람 장학회"를 발족하여(2016년 12월) 대출받은 학자금 전액을 매월 갚아 주고 있습니다. 또한, 다문화 가정을 위해 "다문화 가족 랜드"를 조성하여, 각종 시설을 무료로 활용하도록 하고 있습니다.

이러한 따뜻한 실천이 아직은 미약합니다. 그러나 책의 수입이 늘고, 저와 뜻을 같이하는 분들이 늘어나면 계속 확대할 것입니다. 지도자로서 신도의 재물을 헌금으로 거둬들여 착복하는 것이 아니라, 하나님께서 기뻐하시는 일에 사용하도록 중매 역할만 하며 살아가고자 합니다. 이런 제가 과연 사탄이고 이단인가요? 하나님께서 기뻐하시는 일이라면, 저에게 사탄이라 하든 거짓 선지자라 하든 굽히지 않고 실천해 나갈 것입니다.

끝으로, 일상의 삶 속에서 "지금 내가 하는 행동이 과연 하나님께서 기뻐하실까, 슬퍼하실까?" 생각하고, 매사에 하나님께서 기뻐하시는 길을 택하기 바랍니다. 교회에 모여서 집단적으로 예배 드리는 것이 아니라, 개인이나 가정 단위로 새로운 성경을 읽어 스스로 깨우치고 그대로 행하면 충분합니다. 그것이 마음속에 성전을 짓고, 신령과 진정으로 예배 드리는 길입니다. 그러면 천국의 문에 들어서게 됩니다.

2017. 2. 1.

하나님 말씀 대역자 김용철

차 례

- 하나님 말씀 중에서 ... 3
- 하나님 머리말씀 ... 9
- 대역자 머리말 ... 10
- 차　례 ... 12
- 십 계 명 ... 14

2002년 12월 ... 15

일요일
4,272 _ 2002년 12월 22일 21시 34분........*15*
4,273 _ 2002년 12월 22일 21시 51분........*17*
4,274 _ 2002년 12월 22일 22시 00분........*19*
4,275 _ 2002년 12월 22일 22시 15분........*21*
4,276 _ 2002년 12월 22일 22시 40분........*24*

월요일
4,277 _ 2002년 12월 23일 09시 54분........*26*
4,278 _ 2002년 12월 23일 23시 50분........*28*
4,279 _ 2002년 12월 23일 23시 58분........*30*

화요일
4,280 _ 2002년 12월 24일 00시 17분........*31*
4,281 _ 2002년 12월 24일 00시 30분........*34*
4,282 _ 2002년 12월 24일 00시 41분........*36*
4,283 _ 2002년 12월 24일 09시 14분........*38*
4,284 _ 2002년 12월 24일 09시 22분........*39*
4,285 _ 2002년 12월 24일 09시 33분........*41*
4,286 _ 2002년 12월 24일 09시 41분........*43*
4,287 _ 2002년 12월 24일 12시 12분........*45*

수요일
4,288 _ 2002년 12월 25일 11시 41분........*46*
4,289 _ 2002년 12월 25일 11시 47분........*48*
4,290 _ 2002년 12월 25일 11시 54분........*50*
4,291 _ 2002년 12월 25일 12시 05분........*51*
4,292 _ 2002년 12월 25일 12시 13분........*54*
4,293 _ 2002년 12월 25일 13시 07분........*55*
4,294 _ 2002년 12월 25일 13시 26분........*58*
4,295 _ 2002년 12월 25일 13시 48분........*60*
4,296 _ 2002년 12월 25일 14시 02분........*62*
4,297 _ 2002년 12월 25일 14시 11분........*64*
4,298 _ 2002년 12월 25일 14시 17분........*66*
4,299 _ 2002년 12월 25일 16시 16분........*68*
4,300 _ 2002년 12월 25일 16시 22분........*70*
4,301 _ 2002년 12월 25일 16시 34분........*72*
4,302 _ 2002년 12월 25일 20시 45분........*75*
(강론을 마치며)

목요일
4,303 _ 2002년 12월 26일 08시 14분........*76*
4,304 _ 2002년 12월 26일 08시 19분........*77*
4,305 _ 2002년 12월 26일 08시 24분........*79*
4,306 _ 2002년 12월 26일 12시 05분........*80*
4,307 _ 2002년 12월 26일 12시 20분........*82*
4,308 _ 2002년 12월 26일 12시 23분........*83*
4,309 _ 2002년 12월 26일 16시 15분........*84*
4,310 _ 2002년 12월 26일 16시 19분........*86*
4,311 _ 2002년 12월 26일 16시 22분........*87*
4,312 _ 2002년 12월 26일 16시 28분........*88*
4,313 _ 2002년 12월 26일 16시 51분........*90*
4,314 _ 2002년 12월 26일 16시 59분........*91*
4,315 _ 2002년 12월 26일 17시 30분........*92*
4,316 _ 2002년 12월 26일 17시 40분........*94*

금요일
4,317 _ 2002년 12월 27일 00시 12분........*95*
4,318 _ 2002년 12월 27일 08시 32분........*97*
4,319 _ 2002년 12월 27일 08시 38분........*98*
4,320 _ 2002년 12월 27일 08시 45분........*99*
4,321 _ 2002년 12월 27일 08시 49분.......*101*
4,322 _ 2002년 12월 27일 08시 58분.......*102*
4,323 _ 2002년 12월 27일 10시 39분.......*104*
4,324 _ 2002년 12월 27일 13시 58분.......*107*
4,325 _ 2002년 12월 27일 14시 01분.......*109*
4,326 _ 2002년 12월 27일 14시 16분.......*110*
4,327 _ 2002년 12월 27일 14시 26분.......*113*
4,328 _ 2002년 12월 27일 14시 38분.......*116*
4,329 _ 2002년 12월 27일 14시 49분.......*118*
4,330 _ 2002년 12월 27일 14시 55분.......*120*
4,331 _ 2002년 12월 27일 15시 10분.......*122*
4,332 _ 2002년 12월 27일 20시 07분.......*125*
4,333 _ 2002년 12월 27일 22시 16분.......*126*
4,334 _ 2002년 12월 27일 22시 29분.......*129*
4,335 _ 2002년 12월 27일 22시 50분.......*132*
4,336 _ 2002년 12월 27일 23시 01분.......*133*
4,337 _ 2002년 12월 27일 23시 08분.......*134*
4,338 _ 2002년 12월 27일 23시 26분.......*136*
4,339 _ 2002년 12월 27일 23시 34분.......*138*

토요일
4,340 _ 2002년 12월 28일 08시 19분.......*140*
4,341 _ 2002년 12월 28일 08시 24분.......*143*
4,342 _ 2002년 12월 28일 08시 35분.......*144*
4,343 _ 2002년 12월 28일 09시 26분.......*146*
4,344 _ 2002년 12월 28일 09시 34분.......*147*
4,345 _ 2002년 12월 28일 09시 41분.......*149*

부 록 ... 152
【하나님께서 가르쳐 주신 운동】 *152*

간 행 사 ... 153

십 계 명

이 책은 십계명을 암송하고 나면 내려 주시는 "하나님의 음성"을 듣고 그대로 받아쓴 기록입니다. 하나님께서 십계명을 모세에게 내려 주셨지만, 그것은 만백성에게 내려 주신 것입니다. 마찬가지로 이 책의 모든 말씀도 저에게 내려 주셨지만, 만백성 각자에게 들려주시는 말씀입니다. 여러분도 이 책을 접할 때마다 십계명을 암송하고 나서 정독해 주시기 바랍니다.

제일은, 너는 나 외에는 다른 신들을 네게 있게 말지니라.
제이는, 너를 위하여 새긴 우상을 만들지 말고, 또 위로 하늘에 있는 것이나, 아래로 땅에 있는 것이나, 땅 아래 물 속에 있는 것의 아무 형상이든지 만들지 말며, 그것들에게 절하지 말며, 그것들을 섬기지 말라.
제삼은, 너는 너의 하나님 여호와의 이름을 망령되이 일컫지 말라.
제사는, 안식일을 기억하여 거룩히 지키라.
제오는, 네 부모를 공경하라.
제육은, 살인하지 말지니라.
제칠은, 간음하지 말지니라.
제팔은, 도적질하지 말지니라.
제구는, 네 이웃에 대하여 거짓 증거하지 말지니라.
제십은, 네 이웃의 집을 탐내지 말지니라.

나 여호와가 존재함을 믿는 그 자체가 구원의 길에 들어서는 기본이요 근본이며, 나의 새로운 성경을 가슴에 안고 정독하는 자, 반석 위에 서서 하늘에 오르는 찬란한 빛을 보게 되는 영광을 얻게 됨이니라. 진정 나를 따르고 믿는 자는 감히 사탄이나 마귀도 근접하지 못하느니라.

〈하나님 말씀〉

2002년 12월

4,272 번째 하나님 말씀

2002년 12월 22일 21시 34분

1 사랑하는 나의 아들아!
2 "네, 아버님! 말씀하옵소서."
3 나 여호와는 너희들을 만들어 세상에 내보낼 때 너희들에게 그 마음을 주었음이니, 내가 너희들에게 처음에 심어 주었던 그 마음의 뜻대로 너희들이 사는 것을 원하며 그와 같은 모습으로써 살아가는 인간이 되기를 바라는 것이 나 여호와이니라.
4 내가 사랑하는 너희들을 만들어 영혼을 불어 넣었음이니, 너희들의 마음이 얼마나 곱고 아름다우며 깨끗했던가?
5 그와 같은 너희들의 본연의 마음으로 완전한 모습으로 인간을 만들고자 하는 것이 나 여호와의 뜻임을 너희들은 알아야 할 것이니라.
6 너희들이 그와 같이 내가 처음에 만들었던 인간의 완전한 형태로 변화될 때, 나 여호와를 볼 수 있으며 나의 나라에 올라올 수 있는 것이며, 그것이 나로부터 선택된 백성이 가야 할 길임을 알아야 할 것이니라.
7 너희들이 가장 완전한 인간 그 자체만이 구원을 받을 수 있기 때문이니, 그리하여 내가 너의 제자들을 완벽한 인간으로 만들고자 함이니라.
8 너희들 인간은 완전한 인간으로서 변화되고 그와 같이 변화되었을 때 너희들이 구원을 받을 수 있을 것이며,
9 너희 스스로 자신이 구원을 받을 수 있을 때 완벽한 선생으로서 너희들이 만백성을 구할 수 있기 때문이니,
10 내가 그리하여 너희들에게 그리 어렵고 힘든 이 길을 가게 하는 것이며, 너희들이 스스로 하나하나 깨우쳐 가도록 그리 내가 가고 있음을 알아야 할 것이니라.
11 너희들 인간 세상에서 가르치는 선생이 잘못되며 그가 모를 때 과연 그 학생들이 무엇을 배우며 어찌 변화되겠는가?
12 그리하여 너희들이 많은 생명을 구하고 하늘에 오르는 길을 인도하는 중요한 역할을 할 수 있는 선생이 되어야 하기 때문에, 너희들이 완벽한, 내가 처음에 너희들에게 심어 주었던 그 마음의 자세로 돌아가도록 하기 위하여 내가 너희들에게 시련과 고통을 주는 것이니라.
13 너희들이 완벽한 선생이 되지 아니하면 나의 피조물 만백성을 구할 수 없기 때문이니라.
14 선생으로서 역할을 충분히 할 수 있기에 너희들은 내가 선택한 백성임을, 아직도 그 소중함을 깨우치지 못하고 있음이니,
15 너희들이 나로부터 선택된 이유가 너희들이 완벽한 선생으로서 만백성을 구할 수 있는 충분한 능력과 자질이 있기 때문이라는 것을 잊어서는 아니 될 것이니라.

16 너희들은 나의 법전을 통하여 개인뿐
만 아니라 만백성을 구하는 길의 안내
자로서 훌륭한 선생으로서 존재하지
아니하면 나의 피조물 만백성을 구할
수 없기 때문이니, 나 여호와의 이 마
음을 너희들이 알겠는가?
17 선생으로서 지도자로서 완전히 그 역
할을 하고 충실히 수행해야 하는 것이
너희들이 지금 지고 있는 책무임을 알
아야 할 것이니라.
18 지금 많은 종교 지도자들이요, 나의
피조물 만백성이 따르고 있으며 그들
을 인도한다는 자들이 과연 어찌 가
고 있는가?
19 모든 종파는 나의 만백성 위주로 교육
하여 나의 만백성이 가지고 있는 원래
의 그 선한 마음을 계발하도록 하며,
잠재되어 있는 그들의 아름다운 마음
을 계발하며 그 마음을 찾아내며 그와
같이 변화될 수 있도록 그들을 가르치
면 되는 것을, 그리 가르치지 못하고
있느니라.
20 그들은 과연 어찌 가르치는가?
21 지금의 모든 종파들은 나의 백성에게
내가 원래 주었던 그 선한 마음으로
돌아갈 수 있도록 일깨워 주고 잠에서
깨워 가르치는 것이 아니라,
22 저희들은 권위적인 교육의 방법으로
써, 무조건적인 복종의 교육 방법으로
써, 저희 뜻을 따르지 아니하면 아니
되며 저희 뜻에 복종하는 그와 같은
교육을 주입시켜 나의 피조물 만백성
을 그와 같은 방법으로 세뇌시켰으며,
오로지 재물을 숭배하는 그와 같은 믿
음으로써 나의 피조물 만백성을 이끌
어 가고 있음이니,
23 여기에 사랑의 기초가 어디에 있으며
깨우침이 과연 어디에 있다 너희들은
생각하는가?
24 그와 같이 지금 나의 피조물 만백성을
잘못 이끌어 가기에 그들은 알지도 못
하며 지옥 불로 가고 있는 그와 같은
형국임을 너희들은 알아야 할 것이니
라.
25 그리하여 나 여호와가 내 뜻과 관계없
이 가고 있는 그들을 변화시키고 가르
치고자 지금 너희들을 선택하였으며,
내가 새로운 법전을 세상에 만들어 그
들을 깨우치고자 함이니,
26 너희들이 바른 선생으로서 변화되지
아니하면 내가 이루고자 하는 그 역사
가 이루어질 수도 없으며 많은 백성들
이 구원의 길을 볼 수가 없음이니,
27 너희들의 오늘의 고통과 시련의 어려
운 그 길은, 내가 최초의 완전한 인간
으로서 완성된 인간으로서 만들고자
함이니라.
28 내가 준 천사와 같은 마음이요, 곧 나
의 성령과 같은 마음으로 변하는 것이
너희들이 하늘에 오를 수 있는 길이라
하였음이니,
29 그는 곧 나의 만백성을 개인적으로 집
단적으로 너희들이 깨우치고 가르치
는 스승으로서 내가 쓰고자 함이니,
30 나 여호와의 뜻을 깊이 깨우쳐 너희들
이 최선을 다하여 나의 법전을 읽고
정독하며 그 깊은 뜻을 깨우쳐 행하
는 백성으로 변하도록 그리하라.
31 내가 너희들을 사랑함이며, 너희들의
오늘의 고통과 시련의 그 상이 영원히

너희들에게 있을 것이니, 그때 가서
너희들의 오늘의 고통이 얼마나 즐거
움이었는가를 알게 될 것이니라.
32 오늘의 시련과 고통을 겪지 못하는
자, 너희들이 축복의 상을 받을 때 뒷
자리에 앉아 눈물을 흘릴 것이며, 앞
에 상을 받는 자들을 보고 너희들이
평생 후회해도 이룰 수 없는 그와 같
은 관계로 거기에서 분류된다는 것을
잊지 말라.
33 영원히 나의 품에 오는 자, 나의 품에
서 살 수 있는 축복된 영광의 나라에
오기를 원하는가?
34 너희들이 그곳에 오지 못하며, 동료와
같이 배우고 깨우친 자들 중에서 눈
물 흘리며 지옥으로 가는 그 불쌍한
뒷모습을 생각해 볼 때, 너희들이 과
연 어찌 가야 하는가를 알게 될 것이
니라.
35 이를 듣고 깨우쳤으면 너희들이 영광
의 길에 올 수 있도록 그리 그 길을 가
도록 하라.

4,273 번째 하나님 말씀

2002년 12월 22일 21시 51분

1 사랑하는 나의 아들아!
2 "네, 아버님! 말씀하옵소서."
3 이 세상에 나의 백성으로서 나가 인간
의 한 형태를 가지고 살아가는 너희들
은 죄를 두려워하며, 죄짓는 것을 무
서워하며, 죄짓는 행위를 하는 것을
부끄럽게 생각하는 그와 같은 마음을
가지고 사는 것이 나의 백성들의 본
래의 마음이요, 본래의 자세이며, 나
로부터 받아 나간 너희들의 마음이니
라.
4 그리하여 너희들을 그대로 두었으며
그대로 너희들이 살아가는 그와 같은
형국으로 되었더라면, 너희들은 정녕
처음에 나로부터 받아 나간 성격의 뜻
대로, 마음의 뜻대로 너희들이 죄짓는
것을 무서운 줄 알며 죄의 두려움을
알며 그와 같은 마음으로 살아왔을 것
이며,
5 너희들이 그와 같이 행하여 왔더라면
지금과 같이 이렇게 무서운 세상은
되지 않았을 것이니라.
6 그와 같이 순박하고 착한 나의 백성들
을 과연 누가 그리 만들었는가?
7 너희들이 지금 모든 종교 집단이요,
나의 피조물 만백성에게 사랑을 베풀
며 구원의 길로 인도한다는 그와 같은
너희들의 수많은 종교 집단이 생겨 너
희들이 각자가 가는 길이 맞다 하여
나의 백성들을 유혹하며 천 갈래 만
갈래 갈기갈기 서로 갈라 놓는 그와
같은 형국이 되지 아니하였다면, 나의
백성들은 지금 그와 같은 형국으로
되어 있지는 아니할 것이니라.
8 너희들의 본래의 마음은 순박하고 아
름다웠으며 죄를 무서워하며 두려워
하는 그와 같은 마음으로 사는 백성들
이었으나,
9 너희들을 가르치는 그 종교 지도자들
이 너희들의 마음을 갈기갈기 서로 갈
라 놓고 찢어 놓고, 오로지 제 것만이
옳다 하며 저만을 사랑하며 자신을
위하여 살아가는 그와 같은 삶으로 가
도록 너희들을 깨우치며 그리 인도하

였음이니,
10 너희들이 살아가면서 무엇이든 자신
의 욕구요, 자신을 위하여 하다 보니
자연적으로 인간 본연의 순박하고 아
름다운 마음에서 서서히 무너져 죄를
짓게 되었음이니라.
11 그러나 너희들의 가장 두렵고 무서운
것은, 너희들이 한 번의 죄를 지으면
그 죄의 두렵고 무서운 마음에서 면역
성이 생기니, 너희들이 죄를 짓고 악
행 하는 것을 너희 자신이 무섭게 생
각하지 아니하며 죄라 생각하지 아니
하는 그와 같은 잘못된 마음으로 서서
히 변하게 됨이니,
12 너희들도 모르게 악의 행위를 하며 악
에 빠지게 되는 것이 나의 사랑하는
백성 너희들이니라.
13 너희들이 선한 것을 갈구하고 선한 것
을 행하면 너희 마음속에 선한 것만이
자리를 잡으며 뿌리를 내리게 되어 있
으나,
14 너희들이 악한 짓을 한 번 함으로써
너희들이 거기에 자연적으로 빠져들
며 무서우리만큼 변화되는 것이 너희
들의 마음 자세이니라.
15 지금 사랑하는 마음이요, 순박한 마음
이요, 아름다운 마음을 가지고 나온
백성들이 죄를 무서워하지 아니하며
죄를 두려워하지 아니하며, 저희들이
나에게 거역하는 행위를 해도 두렵지
않은 그와 같은 오늘의 사악한 형국
으로 만들어진 것은,
16 너희들이 피조물 만백성이 죄를 지으
면 지을수록 그 두려움을 모르게 면
역성이 생기도록 그들을 가르쳤으며
죄가 죄인 줄 모르도록 그리 가르쳤
음이니라.
17 지금의 모든 종교 지도자 너희들이 나
의 성령이요, 나의 계명의 뜻을 어기
고 살면서 죄의 두려움을 모르기 때
문이니,
18 그를 악용하여 나의 피조물 만백성을
너희 마음대로 이끌어 가며 너희 마음
대로 착취하며 갈취하는 그와 같은 도
구로 전락시키고 세뇌시켰기 때문이
니,
19 너희들이 과연 이 죄를 다 어찌하려
하는가?
20 지금의 모든 종파의 그 근본이 잘못되
어 있으며, 죄를 짓고도 용서를 비는
마음이 없으며 깨닫지 못하고 살아가
는 것이 지금의 너희들 백성이니라.
21 이제는 면역성이 강해져 너희들이 살
인을 하면서도 죄라 생각하지 못하며,
자식과 부모 간에 재물 하나를 놓고
치고받는 그와 같은 싸움이 되어도 그
게 죄인 줄을 모르며 부끄러운 줄을
모르며, 형제지간에 반목하며 싸우는
것도 또한 죄인 줄 모르고 이와 같이
살아가는 형국으로 되어 있음이니라.
22 내가 성서에 일찍이 너희들에게 가르
쳐, 형제지간에 불화하는 자 지옥으로
가며 구원을 받지 못한다 하였음이니,
23 너희들이 형제지간에 재산을 가지고
싸움하는 것을 부끄럽게 알지 못하며,
이웃을 넘어트리면서 제가 일어서는
것을 부끄럽게 생각하지 아니하는, 죄
중에서도 가장 무서운 이와 같은 죄
를 짓고도 저 자신이 무서운 줄 모르
며 두려운 줄 모르는 그 백성으로 지

금까지 변질된 것은,
24 모든 종교 지도자들이 잘못 인도하여
그들이 죄를 지음으로 인하여 그와 같
이 죄를 짓는 것을 두렵게 생각하지
아니하도록, 그리 면역성이 생기도록
만든 것이니, 그것이 바로 무엇이더냐?
25 죄를 짓고도 너희들이 금화와 은화를
바치고 용서를 빌며 회개의 눈물을 흘
리면 나 여호와가 용서해 주며 너희들
을 천국의 문이요, 내 가슴으로 받아
들인다 그와 같이 나의 피조물 만백성
을 잘못 가르치며 현혹하여, 그들이
불안하고 두려운 마음을,
26 또는 그들이 죄를 짓고도 그를 죄인
줄 모르고 즐겨 하며 살아갈 수 있도
록 면역성을 키워 준 너희들이 재물과
금화를 그들로부터 거둬들이기 위하
여 그와 같이 나의 피조물 만백성을
세뇌시켜 놓았음이니, 그 죄의 두려움
을 너희들이 어찌 감당하려 하는가?
27 그것이 머지않았음을 너희들은 알아
야 할 것이니라.
28 이제는 모든 죄를 지으면서도 죄인 줄
모르는 면역성이 강한 나의 백성들로
만들어 놓았음이니, 이들이 사악한 마
음으로 그리 다 변하여져 너희들이 말
하는 지금 말세의 형국이 되었으니,
29 이를 바로잡을 수 있는 것은 나의 법
전이요, 나의 성령밖에 이룰 수 없다
는 것을 알아야 할 것이니라.

4,274 번째 하나님 말씀

2002년 12월 22일 22시

1 사랑하는 나의 아들아!
2 "네, 아버님! 말씀하옵소서."
3 이 세상에 나로부터 가장 축복된 백성
이며, 또 내가 창조한 나의 피조물 만
백성 너희들 중에 가장 큰 은혜와 축
복을 받은 백성이 누군 줄 아는가?
4 나의 아들을 따르는 너희 제자들이며,
나의 법전을 읽고 깨우친 백성 너희들
이 가장 큰 은혜와 영광을 받은 것을
알아야 할 것이니라.
5 기적의 역사요, 재물의 역사요, 너희
들이 보이는 그 환상의 어떠한 것을
이루는 것만이 축복이요, 영광이 아님
을 알라.
6 너희들이 육의 삶에서 얻어지는 그것
으로써 축복이요, 은혜를 받은 척도를
재지 말며, 나로부터 영광을 받은 것
으로 계산하지 말라.
7 너희들이 오로지 육의 삶에서 얻어지
는 것보다 너희들이 죽어 내 앞에 왔
을 때 얻어지는 그 영광이야말로 너희
들의 가장 큰 은혜고 축복임을 알아
야 할 것이니라.
8 나의 법전을 읽고 깨우친 많은 백성들
과 또 나의 아들을 따르는 제자 너희
들이 얼마나 나로부터 은혜와 영광을
받으며 가장 큰 사랑을 받고 있는 백
성인가, 그리고 얼마나 영광된 자들인
가를 알아야 할 것이니라.
9 지금 나의 피조물 만백성이 살아가는
형국이 어떠하던가?
10 저희들이 그 무서운 죄를 짓고도 죄인
줄 모르며, 저희들이 지금까지 살아온
습성과 살아온 그 삶에 길들여진 그
것을 벗어나지 못하여 저희들이 무서
운 죄를 지으면서도 두려운 줄 모르

고 그 마음을 가지고 살아가는 것이
지금 나의 피조물 만백성이니라.
11 사랑이라는 것을 베풀며 나의 뜻에
따라서 하늘에 오르는 길이요, 저희들
이 구원의 영광을 받았다 하는 자들
또한 저희들이 지금까지 내려온 관습
이요, 습성 속에서 죄악의 길로 가는
것인지 축복의 길로 가는 것인지를 모
르고 살아가는 것이 그들의 형국이니
라.
12 내가 너희들에게 말하기를 뭐라 했느
냐?
13 믿음은 너희들이 믿음의 길을 간 만
큼의 세월을 말하는 것이 아니요, 그
세월 속에 너희들이 얼마나 변하고 얼
마나 나의 뜻에 따라 살아가느냐 하는
그 모습으로 변화되는 것이 가장 위대
하며, 깨우침이 어떤 경지에 올랐느냐
그것이 중요한 것이라 하였음이니라.
14 모든 백성들이 저희들이 짓는 죄를
두려워하지 아니하며 무서운 줄 모르
며, 저희들이 눈물로써 회개하며 말로
써 그 용서를 빌면 다 구원을 받는다
그리 말하는 백성들은 행함이 없으며
말로써만 부르짖음이니, 그 부르짖는
기도 소리를 내가 듣지 않는다 하였음
이니라.
15 그러나 너희들은 어떠한 백성이더냐?
16 나의 법전을 읽고 깨우친 너희들은 죄
의 두려움을 알며, 죄의 무서움을 알
며,
17 너희들이 죽어 와 어떤 벌을 받으며,
지금 창조주인 나 여호와가 어떠한 역
사를 이루고자 하는지를 알고 있음이
니,
18 너희들이 지난날에 살아오면서 지은
죄에 대한 두려움을 알며, 그를 회개
하고 용서를 빌기 위하여 '저의 죄를
용서하여 주옵소서.' 하고 수없이 기
도하며, 내가 불로 써 내린 십계명을
지키고 살겠다 하여 그를 암송하고 지
키고자 노력하는 그와 같은 너희들은
바로 무엇이더냐?
19 죄를 무서운 줄 알며 죄가 두려운 줄
알며, 그 죄에 따라서 너희들이 지옥
에서 잘못 살아온 대가를 치른다는 그
엄연하고 무서운 사실을 알고 있는 것
이 너희들이 첫째 나로부터 받은 큰
은혜요, 영광이니라.
20 너희들이 또한 선행을 베풀고 사는 것
이 축복의 길이요, 하늘에 오르는 길
이라 그리 깨달으며,
21 나 여호와가 만백성을 구하기 위해 세
상에 내려왔을 때 너희들이 천군의 나
팔소리를 울리며 호화찬란한 황금 도
포를 입고 내려가는 나 여호와가 아니
라,
22 가장 불쌍한 모습이요, 가장 초라한
모습이요, 너희들이 보기에도 흉한 모
습으로 길거리에 구부려 잠자는 그와
같은 불쌍한 사람으로 내가 세상에 내
려가 너희들의 마음을 들여다보는 그
와 같은 역사를 이룬다 하였음이니,
23 그 이치를 깨닫고 너희들이 항상 불쌍
하고 가난한 자들을 너희 형제같이 생
각하며, 그들이 즐겁고 행복한 삶을
살아갈 수 있도록 생각하며, 그들을
돕고자 하는 마음을 가지고 가며, 그
들이 나 여호와일지도 모른다는 그와
같은 두려운 마음으로 살아가는 것이

너희들이 두 번째 받은 큰 은혜요, 영
광이요, 축복이니라.
24 또한, 너희들이 선행을 베풀고 또 베
풀다 보면 너희들의 마음속에 선행을
베푸는 일을 계속 행하도록 하며 선
행을 베풀 곳을 보게 되며 선행을 할
것이 너희들의 눈에 들어옴이니,
25 남들은 선행이 오는 것을 피하여 가
며, 어쩔 수 없이 선행을 베풀러 왔을
때 그를 생색내며 그를 자랑삼아 선행
을 베푸나,
26 너희들은 그를 두려워하고 감추려 하
며, 너희들이 스스로 선행을 하고 또
선행을 하다 보면 너희들 눈에 선행
할 기회가 많아짐이니라.
27 그리하여 선한 일을 쌓고 또 쌓음으로
인하여 너희들이 천사와 같은 마음으
로 베풂이니, 선행을 베푸는 것이 하
늘에 내 앞에 기록되어 하나하나 올라
옴이니,
28 그가 많이 쌓였을 때 너희들이 나의
품에 올 수 있는 가장 큰 선물이요, 가
장 큰 행운이라는 것을 알게 될 것이
니,
29 그 길을 가고 있는 것이 너희들이 세
번째 나로부터 가장 큰 축복이요, 영
광의 은혜를 받은 백성이라는 것을 절
대 잊지 말라.
30 너희들이 바로 그러한 백성들이니라.

4,275 번째 하나님 말씀

2002년 12월 22일 22시 15분

1 사랑하는 나의 아들아!
2 "네, 아버님! 말씀하옵소서."
3 내가 너에게 일러 말하기를, '거짓 하
는 것은 살인과 같다.' 하였음이니라.
4 그리고 나 여호와가 너희들에게 말하
기를, 나 여호와에게 용서받지 못할
자는 겉과 속이 다른 자라 말하였느
니라.
5 겉으로는 세상에 가장 인자한 모습이
요, 모두를 다 주고 나누며 남을 용서
하는 것같이 웃음으로써 모두를 대하
나, 속으로는 상대방을 넘어트리기 위
하여 무서운 칼날을 갈고 있는 사람이
니,
6 그 형국을 너희들이 상상만 해 봐도
얼마나 무섭고 잔인한 자들인가?
7 내가 그와 같은 자들을 뭐라 말하였는
가?
8 속과 겉이 다른 자이며, 겉에 꿀을 발
라 놓고 그 속에 독약을 발라 놓으니,
그리하여 벌과 나비들이 그 꿀을 보고
따라와 앉으면 그 꿀 속에 있는 독약
으로 인하여 그들이 다 죽게 됨이니,
바로 너희들이 무엇이던가?
9 속과 겉이 다른 자가 그와 같이 만백
성을 죽이는 자와 같음이니라.
10 지금 모든 종교 집단이요, 그들이 가
는 형국이 어떠한지 알겠느냐?
11 사랑하는 나의 아들아, 너의 제자들에
게 일깨워 줘야 할 것이니라.
12 그들은 속에 아무것도 들어 있지 않은
빈 상자를 비단이요, 황금빛으로 감싸
고 감싸, 너무나도 호화롭고 찬란하여
많은 사람들이 볼 때 그 상자는 신비
하고 그 속에는 하늘에서 비치는 진
주와 같은 것이 들어 있으며 하늘에
오르는 길이 있을 것 같은 착각을 할

수 있도록 그 포장을 너무나도 황홀하
고 아름답게 하였음이니라.
13 그리하여 그들은 그것을 들고 그것을
열기만 하면 너희들이 하늘에 오르는
길이요, 무조건 구원을 받는다 그리함
이니,
14 그리하여 그것을 열 수 있는 자는 금
화와 은화를 많이 갖다 바치는 자며,
그가 구원을 받을 수 있으며 하늘에
올 수 있다 그리 말함이니라.
15 그들은 그리 장막을 쳤으며 울타리를
쳤으며, 그 울타리 안에 들어오고 그
장막 안에 들어오는 자만이 그 아름
다운 상자를 열 수 있으며 그 상자를
열었을 때 그곳에 있는 자만이 구원을
받는다 그리 장막을 치고 또 울타리
를 쳐, 그곳에 들어오는 백성들에게
금화와 은화를 받아들이며,
16 집에 있는 재산 모두를 다 팔아 갖다
바치는 자, 그리고 많은 것을 바치는
자, 많이 갖다 바치는 자를 앞자리에
앉게 함이니, 그가 먼저 그 빛을 보게
되며, 먼저 보는 자가 구원을 받으며,
17 뒷좌석에 있는 자는 그 영광의 빛이
흐린 만큼 늦게 구원을 받으며, 구원
을 잘 못 받을지도 모른다는 그와 같
은 감언이설이요, 사기극을 벌이고 있
는 것이 지금의 종교 집단이 가고 있
는 형국이라면, 너희들은 과연 믿겠느
냐?
18 그들은 그 상자가 텅텅 빈 것을 알고
있느니라.
19 저희들이 짊어진 상자에는 아무것도
들어 있지 않은 것을 아느니라.
20 저희들이 나의 성서의 깊이를 모르며
그 의미를 모르며 비유의 뜻을 모르는
것과 마찬가지로, 그 상자가 아무것도
아니며 텅텅 비어 있는 것이니라.
21 그러나 그것을 황금빛으로 포장하여
겉으로 보기에 만백성의 눈을 현혹시
키며 그것을 열었을 때는 위대한 것이
들어 있는 양 말함이니,
22 아무것도 모르는 나의 피조물 만백성
앞에 그것을 갖다 놓고 구경할 수 있
는 자 들어오라며 장막을 쳐 놓고 울
타리를 쳐 놓고 성벽을 쳐 놓았으니,
23 그곳에 들어가기 위하여 제가 가진
재산을 팔아 바치며 모든 노동력을 다
바침이니라.
24 그것도 앞자리에 앉아 그 강렬한 빛을
보는 자가 제일 먼저 구원을 받으며
하늘에 오른다 하니, 앞자리에 앉고자
하여 그들이 있는 것 없는 것 다 팔아
바치는 그와 같은 형국이 되어 있으
며, 그리 사기극을 벌이고 있느니라.
25 그리하여 적게 바친 자는 두려워하여
없는 자도 있는 것 없는 것 다 털어
평생을 갖다 바침이니, 그 뚜껑을 연
들 어찌하겠는가?
26 그 뚜껑은 영원히 열리지 아니할 것이
며 그대로 남아 있을 것이니라.
27 그리하여 그를 기다리고 기다리던 백
성들이 죽어 가면 그저 그 시체를 치
우고 지옥에다 던지며 짐승의 밥이
되도록 던지는 것이 그들이니,
28 앞에 먼저 온 자가 죽어 나자빠지며
뒤에 온 자도 또 계속 죽어 밀려오니,
앞에 죽어서 가는 자를 뒤에 오는 자
들이 보지 못함이니라.
29 다만, 앞에 가고자 하여 발버둥치며

그저 있는 것 없는 것 다 갖다 받쳐 들고 소리소리 지르며 저희들을 앞자리에 앉혀 달라 악을 쓰는 것이니,

30 너희들이 지금 소리 지르며 광란의 짓을 하고 있는 것이 앞에 가고자 하는 것이니라.

31 그러니 그 상자를 열 사람은 아무도 없느니라.

32 감히 그 신기한 것을 열게 되는 자는 손만 대면 다 죽을 것이며 감히 저희 종교 지도자 외에 다른 사람이 손을 대면 그 자리에서 타 죽을 것이라 하니 아무도 열지도 못하며,

33 오로지 종교 지도자 저희들만이 연다 그리 말하고 그리 가르치기에 그를 열 수도 없으며, 그저 바라보다 목마르고 지쳐 죽어 가는 것이 나의 백성들이니, 그들이 지옥으로 가는 자들이니라.

34 이제 그를 열 자는 아무도 없느니라.

35 바로 이 세상에 나의 아들만이 그를 열 수 있음이니라.

36 나의 성령이요, 나의 법전으로 만백성이 깨우쳐, 그 상자를 이제는 열어 봐야 한다,

37 너희들이 더 이상 그게 열리기를 기다리다 지옥으로 가는 그와 같은 현혹되는 어리석은 삶을 사는 것이 아니라 그를 열어 봐야 한다는 백성들이 나올 수 있는 것이 나의 법전을 읽고 깨우친 너희들이며,

38 오로지 나의 아들이 그 지팡이로써 그 상자를 쪼갤 것이며 때려 부술 것이니라.

39 부수어 그것이 허황된 것을 알았을 때, 그 백성들이 바친 재물을 얼마나 되돌려받고자 하며, 얼마나 속은 것을 분해하며,

40 저희들 조상까지 지옥으로 간 것을 그 상자를 풀어서 찢었을 때 확연히 알게 될 것이니, 그때 그리 인도한 종교 지도자를 얼마나 너희들이 갈기갈기 찢어 놓겠는가?

41 그와 같은 것을 막기 위하여 나의 법전으로써 나의 아들이 그를 너희들에게 깨우치고자 함이니,

42 너희 마음을 진정시켜 놓고 너희 마음을 달래 놓고, 정녕 그 상자 속에 아무것도 없다 하더라도 너희들은 실망하지 말며,

43 지난날 속아서 간 너희 부모의 명복을 빌며, 그를 분히 여겨 지금에 있는 모든 종파의 종교의 지도자들을 갈기갈기 찢는 행위를 하지 아니하도록 나의 백성들의 마음을 누그러트리고 달래는 것이 나의 법전이니,

44 이를 읽고 깨우치는 백성이 많이 있을 때 그 상자를 열 것이니, 그때 바로 너희들의 성전의 문을 닫으며 거미줄을 치는 그와 같은 변화가 이루어지는 것이며, 종교 개혁의 깃발이 높이 설 때이니 그리 알라.

45 이와 같은 뜻을 너희들이 읽고도 깨우치지 못한다면, 내가 나의 아들을 통하여 너희들에게 전하는 나의 법전에 기록된 이 내용이 과연 맞는 것인가 틀린 것인가, 그리될 것인가 그리되지 아니할 것인가, 그리 가야 할 것인가 그리 행하지 아니해야 할 것인가 한다면,

46 그저 무조건 찢어 버려 그 속에 아무
것도 없는 것을 보여 주어 광란의 시
대로 너희들이 그와 같이 미치도록 만
드는 것이 과연 잘하는 것인가?
47 그와 같이 되었을 때 너희들의 죄만
가중되며, 용서받지 못하는 죄를 짓게
됨이니,
48 광란한 그 백성들은 사랑이라는 것을
모르니, 사랑이 무엇인가를 모르도록
하여 그들이 지금까지 속아 온 종교
집단을 갈기갈기 찢는 그 처참한 형국
이 되어서는 아니 되기에,
49 그들을 용서하고 이해할 수 있는 사랑
의 마음으로 돌려놓은 다음에 그를
깨고자 하는 것이 나의 뜻이며, 나의
아들에게 160권의 법전을 내려보내며
천 년의 역사가 흐른다는 그 이치를
알라.

4,276 번째 하나님 말씀

2002년 12월 22일 22시 40분

1 사랑하는 나의 아들아!
2 "네, 아버님! 말씀하옵소서."
3 내가 너에게 깨우쳐 가르쳤음이니라.
4 지금 모든 종교 집단들이 속이 없는
그 상자를 아름답게 포장하고 가꾸어
그들이 그곳에서 하늘에 오르는 빛이
라 하며,
5 그 빛을 보고 쬐는 자 하늘에 오를 수
있는 자라 그리하여 너희들이 천막을
쳐 놓고 울타리를 해 놓고 그곳에 오
는 자, 금화와 은화를 많이 바치는 자,
앞자리를 준다 하니,
6 앞에 앉는 자가 축복을 받으며 뒤에
있는 자는 축복의 빛이 강도가 약하다
그리하여 너희들이 모든 재물을 거둬
들이는 그와 같은 형국을 하고 있음이
니,
7 과연 이것이 얼마나 너희들이 나의 피
조물 만백성을 우습게 보며 그들을 우
롱하는 행위며 너희들이 사기극을 벌
이고 있는가 그와 같은 형국을 들여다
보라 하였음이니라.
8 여기서 또한 나의 피조물 만백성 너희
들이 앞에 와 앉은 자는 축복을 받으
며 하늘에 오르는 빛을 많이 받기 때
문에 먼저 구원을 받는다 하며,
9 뒤에 앉은 자는 빛을 약하게 받아 구
원의 강도가 약하다 그리 말하여 너
희들이 있는 재산 없는 재산을 다 팔
아 앞에 앉고자 하는 것이니, 얼마나
그것이 추악한 모습이던가?
10 사랑을 베푸는 자가 뒤에 앉으며 남을
앞에 앉힐 수 있는 그와 같은 마음의
자세를 갖지도 못하는 신도라는 너희
자신들이 얼마나 부끄러운 것인가를
보라.
11 너희들이 있는 재산 없는 재산을 다
털어 금화와 은화를 많이 바치는 자
앞에 앉혀 준다 하니 그 경쟁이 그리
심하지 않을 것이니라.
12 그러나 너희들이 재물을 받지 아니하
고 먼저 들어와 앉는 자가 축복의 영
광이 크다 하면 너희들은 어찌하겠는
가?
13 전쟁터를 방불케 하는 그와 같은 아비
규환 속에서 앞에 앉고자 쟁탈전을 벌
일 것이니라.
14 금화요, 은화요, 재산을 많이 바치는

자가 앞에 앉는다 하여도 그 재물을
바치지 못하는 자가 있기에 경쟁이
심하지 아니하며, 있는 자만이 그와
같이 경쟁을 하고 있는 것이 너희들
의 지금의 자세이나,
15 재물을 바치지 아니하고 먼저 힘 있는
자 앞에 와 앉으라 하면 너희들은 얼
마나 아비규환 같은 속에서 서로 짓
밟고 앞에 와 앉으려 하겠는가?
16 그와 같은 형국이 너희들이니, 거기에
사랑이 어디 있으며 나눔이 어디 있으
며, 나로부터 사랑을 받아 하늘의 구
원의 영광을 받을 수 있는 백성이 거
기에 있다 생각하는가?
17 하나도 없음이니라. 한 명도 눈을 씻
고 찾으려 해도 찾을 수 없는 것이 너
희들이니라.
18 앞에 있는 자가 큰 은혜요, 영광을 받
는다 할 때, 앞자리를 양보하며 뒤로
앉는 백성이 어디에 있겠는가?
19 그저 재물을 바치는 것도 많이 바치고
그 앞에 좋은 자리에 앉고자 하여 서
로 발버둥치며 아비규환 같은 것이 너
희들이니,
20 그와 같은 재물을 바치지 아니하고 힘
있는 자 능력껏 앞에 와 앉으라 할 때,
너희들은 얼마나 아수라장이 되겠는
가?
21 이것이 너희들의 모습이며, 곧 나에게
오르는 길이요, 깨우침을 가르치는 자
요, 그를 배워서 만백성에게 모범을
보이며 하늘에 오르는 축복을 받았다
하는 자들이 하는 행동이니라.
22 너희들은 여기서 얼마나 너희들이 어
리석은 자들인가를 알아야 할 것이니
라.
23 나의 아들 예수의 보혈로써 구원을 받
았다 하면 믿는 것으로써 너희들이 구
원을 받으면 그것으로 끝나는 것이지,
24 얼마나 너희들이 나의 아들 예수의
보혈로써 구원받았다는 것이 불안하
며 그를 믿지 못하면, 금화와 은화를
더 많이 바쳐 너희들이 또 하나의 표
를 사서 완벽한 구원을 받고자 하는
그와 같이 추하고 더러운 행위에 연연
하고 있겠는가?
25 그리고 그와 같이 장사라 하여 팔아먹
는 자들의 말이 어찌하여 너희들은
구원하는 길이라 말하는가?
26 나의 아들 예수의 보혈로써 구원을 받
았다면 나의 아들 예수의 고통을 생
각하며 그가 전하고자 깨우쳤던 그의
뜻을 알아 너희들이 그리 행하고 살면
될 것이며,
27 너희들이 말하는 성전에 와 기도하면
구원을 받는다 하며 거기에 오는 자,
나의 아들 예수의 이름으로 보혈로써
구원을 받았다 그리 말하는 자, 그리
오는 자에게 너희들이 성령을 가르치
며 하늘에 오르는 뜻을 가르치면 될
것을,
28 그 가르치는 대가로 평생 재물을 거둬
들이니, 이것이 곧 추한 사기극을 벌
이고 있는 것임을 나의 사랑하는 백
성 너희들은 어찌 그리도 깨우치지 못
하며 보지 못하는가?
29 이를 들여다보도록 그리하라.

4,277 번째 하나님 말씀

2002년 12월 23일 09시 54분

1 사랑하는 나의 아들아!
2 "네, 아버님! 말씀하옵소서."
3 네가 나로부터 깨우침을 얻었으며 나
의 성령을 들어 책으로 만들어 하늘에
오르는 길이라 하여 법전을 만들었음
이니, 지금에 네가 깨달음이 과연 무
엇이던가?
4 "네, 아버님!
5 가장 행복한 사람이요, 제가 가야 할
길은 남들이 말하는 조금 부족한 사람
이요, 바보 같은 삶을 살며 바보 같은
마음으로 세상을 보고 살아가는 것이
제가 가야 할 길이며, 그와 같은 삶이
행복이라는 것을 알았사옵나이다.
6 그리고 아버님께서 내려 주시는 성령
의 말씀이요, 아버님께서 이리 세상에
내리신 성경이요, 그 모두의 가르침보
다도 가장 위대하고 소중한 것은, 인
간의 행하는 그 모습에서 얻어지는
가르침이 더 위대하다는 것을 알았사
옵나이다.
7 아버님께서 성령을 내려보내며 말씀
을 전하나, 그것보다도 저와 더불어
가는 제자들의 그 변하는 모습 속에
서 깨닫고 느끼는 것이 더 위대하고
더 무서움을 알았으며,
8 그리하여 인간은 인간으로서 아름다
운 모습을 보여 주고 사는 사람이 얼
마나 위대한 스승인가를 깨달았사옵
나이다.
9 아버님께서 말씀하시기를, 저의 제자
들이 모두 저를 위해 희생한다 하셨
으며, 희생자라는 그 이유를 알아 그
들을 높이 제가 사랑하며 아끼라 하
신 그 뜻도 알았사옵나이다.
10 모든 제자들이 가지고 있는 그 특성
하나하나를 보고 제가 배워 깨우치도
록 하셨으며,
11 또한 그가 그 특성을 하나 고쳤을 때
그가 받는 영광이요, 축복이 얼마나
위대한 것인가를 알았사옵나이다.
12 아무리 가까이에 있는 사람도 항상
변할 수 있다는 것을 가르쳐 주셨으
며, 그와 같이 정을 다 주는 듯하여도
그가 그 변하는 마음이 아니라, 그가
변할 수 있는 그 마음을 버리고 진정
한 아름다운 마음을 가졌을 때 그에게
서 배움을 얻게 하시는 것을 알았사
옵나이다.
13 아무리 정을 주고 아무리 가까우며 모
두를 다 준다 하여도, 그와 같이 변할
수 있는 사람이 저의 스승이요, 그를
보고 제가 깨우치나, 그 제자가 남을
배신하는 그 성격을 버렸을 때 그 가
르침이 제 것이 되는 것을 이제야 깨
달았사옵나이다.
14 아버님의 법전이요, 지금 전하는 성령
이 아무리 옳은 말이라 하여도, 아내
가 만류하는 것 때문에 성전에 나오지
못하며 자식들이 말리는 것 때문에 성
전에 못 오는 나약한 마음을 가진 사
람도 있으며, 자기 자신이 옳다 하면
서도 그 소신을 펴지 못하는 사람이
있음을 알았사옵나이다.
15 그러나 그가 저에게 보여 주는 것은
소신이 없는 삶의 행태이나, 그가 소
신 있는 삶으로 변화되었을 때 그것

이 제 것으로 되며 제 스승이 됨이니,
16 그가 소신 있는 사람으로 변하여 아
버님께 영광을 얻는 그 순간에 제가
소신 있는 사람으로서 변해져 가는
것을, 그와 같은 아버님의 이치를 이
제야 깨달았사옵나이다.
17 묵묵히 말없이 저를 사랑하며, 법전이
세상에 나오는 것이 얼마나 위대한 것
인가를 알고 그를 위하여 모두를 다
바치며 가는 그 제자가 정녕 그와 같
은 마음으로 확고히 섰을 때, 그와 같
은 마음이 제 것이 되며 제가 깨달음
을 얻는 것을 이제야 알았사옵나이다.
18 묵묵히 저를 위해 돕고 가며 말없이
변해 가는 그 제자의 아름다운 모습
을 제가 보고 듣고 수없이 보나 제가
깨달음을 얻지 못하니,
19 그가 그것이 형식이 아니요, 진정한
마음으로 꾸준히 변하며, 법전을 위해
하나님의 말씀을 전하는 것을, 그 생
명을 모두 바쳐 이 세상에 살아 있는
동안 그 일만을 하겠다고 생각하는 그
마음이 완전히 굳게 굳어졌을 때,
20 그때 그것이 저의 것이 되는 것을 이
제 알았으며 아버님의 뜻이 거기에
있음을 알았으니,
21 그 제자의 변하는 마음이 그 제자에게
큰 상을 주며 저에게 깨우침을 주심을
제가 알았사옵나이다.
22 거짓 하는 그 제자를 보고 제가 거짓
해서는 안 된다는 것을 깨우치나, 그
가 거짓 하는 마음을 다 정리했을 때
그는 이미 아버님께 선택되며 사랑을
받으니,
23 그때부터 제가 깨달음을 얻게 되는 것
을 알았으며 거짓 하지 않는 것을 제
가 알았사옵나이다.
24 말없이 조용히 살아가는 사람이요, 침
묵 속에 아름답게 살아가며 순종하며
살아가는 사람의 모습을 보고 제가 순
종하는 사람으로 변하고자 노력하나,
그러나 제 눈이 뜨여지지 아니함을
알았사옵나이다.
25 그가 정녕 딴생각하는 것이 없으며
조건이 없으며 완벽하게 순종하는 사
람으로 변화되었을 때, 그것이 제 것
이 되는 것을 이제 알았으니, 저의 제
자들에게 큰 상을 주시며 저를 깨우치
심을 알겠사옵나이다.
26 모두를 진심으로 저의 제자들이 그와
같이 말과 행동이 일치됐을 때, 그가
가지고 있는 장점이 제 것으로써 제
가 행할 수 있도록 하시며 저에게 그
눈을 뜨게 하시는 아버님의 뜻을 이
제야 알았으며, 아버님의 가르침을 이
제야 알고 있사옵나이다.
27 진정으로 저의 제자들이 변했을 때 그
가 가지고 있는 장점이요, 단점을 제
가슴에 심어 주어 제가 변하는 사람으
로 설 수 있도록 하시는 아버님의 그
가르침을,
28 저의 제자들이 오로지 저를 위한 희
생이라 말씀하셨던 그 뜻 이면에는 그
들이 변함으로써 그들이 단점을 고쳐
확고히 그 마음을 굳힘으로 하여 그가
그와 같이 살아갈 수 있는 사람으로
됨이니,
29 그가 나쁜 점을 제거하며 아름다운 마
음의 뿌리를 내리며 더 아름답게 살
아갈 수 있는 자로 확고히 섰을 때 그

를 아버님께서 기억하시며 그를 아버
님의 백성으로 쓰시며 아들딸로 인정
하실 때,
30 그가 가지고 있던 장단점이 제 가슴에
와 닿아 그를 제가 실천하는 사람으로
변해 가며, 이 아들을 그리 가르치심
을 제가 이제야 알았사옵나이다, 아버
님!"
31 알겠느냐? 네 앞에서 충성을 다하다
돌아설 수 있는 사람, 그가 돌아서지
않는 마음으로 되었을 때 네가 그와
같이 됨이니, 그는 네가 잘 깨닫고 보
고 있었음이니라.
32 네 주변에 있는 모든 백성들이요, 너
를 따르는 제자들이 천사가 되라 함을
알겠는가?
33 그들이 도저히 넘길 수 없으며 용서할
수 없으며 이해할 수 없는 그 길을 이
해하고 용서할 때, 그가 가진 그 마음
이 변하는 그 아름다운 마음이 바로
네 마음으로 됨이니라.
34 이와 같이 내가 너를 가르쳐 쓰고 깨
우쳐 쓰며 네가 그 뜻을 알았음이니,
이제 너의 제자들 또한 살아감에 그
리해야 함을 알라.
35 가장 흉악한 생각을 하고 있는 제자
가 흉악한 생각을 하지 아니하고 그가
변했을 때, 흉악한 생각을 하지 아니
할 수 있는 그가 가지고 있는 그 변화
를 네 가슴에 내가 심어 줌이니,
36 바로 그리하여 너를 다스려 가고 있
음을 네가 알았음이니, 그 너의 제자
들이 살아가는 것이 얼마만큼 바르고
고와야만 되는 것인가 그를 깊이 깨우
쳐 주도록 그리하라.
37 잘못 가는 아내를 용서할 수 없는 자
가 그를 용서했을 때, 그리고 그 용서
해 주는 것을 알았을 때, 그 용서해 주
는 마음이 정녕 진실일 때, 그것이 네
마음이 되며,
38 잘못 가는 여인이 깨달아 그가 바로
가고자 할 때 잘못 가다 바로 설 수 있
는 것이며, 잘못 가다 그가 바로 행함
을 네가 그를 보게 됨이니, 그리하여
네 살과 뼈가 되는 것이니,
39 그게 바로 내가 너를 깨우쳐 가르친
지금까지의 방법이었으며 길이었음
이니 그리 알라.

4,278 번째 하나님 말씀

2002년 12월 23일 23시 50분

1 사랑하는 나의 아들아!
2 "네, 아버님! 말씀하옵소서."
3 네가 살아가며 나의 법전을 만들어 만
백성을 구하고자 하는 그 어렵고 힘든
길을 감에 있어서 네가 너의 제자들의
어렵고 힘든 그 모두를 역사하고자
하며,
4 네가 지금까지 인생을 살아오면서 많
은 사람들에게 음으로 양으로 신세
진 그 은혜를 보답할 수 있는 길을 가
고자 하는 것이 네가 말없이 바라는
소망이며,
5 또한 그와 같은 역사의 기적이 이루어
지기를 바라는 네 마음을 나 여호와가
모르고 있음은 아니니라.
6 그 모두를 다 알고 있음이니라.
7 이제는 너와 너의 제자들에게 내가
명하나니, 너희들이 인간의 삶의 그

고리를 끊지 아니하고는 정녕 변화되
며 새로운 역사를 할 수 없기 때문이
니, 그 고리를 끊으라 하는 것이 나의
뜻이니라.
8 네가 가야 할 길은 정해져 있으며, 네
가 이 굴레를 벗어날 수도 없으며, 네
앞에 놓여 있는 그 운명을 어찌 바꿀
수도 없는 것이 너임을 알아야 할 것
이니라.
9 아무리 너희들이 변화되고 또 변화되
는 삶을 산다 하여도 인간의 고리요,
인간의 생각의 삶의 고리를 놓지 아
니한다면 너희 마음속에 스스로 너희
들이 실수하는 마음이 생기며, 사악한
마음의 뿌리가 너희를 다시 지배하고
자 하는 것이 인간 너희들이며,
10 또한 나의 아들 너도 마찬가지며, 만
백성 그 모두가 그러하니라.
11 너희들이 바로 갈 수 있는 것은 인간
의 고리요, 인간의 삶의 그 모두를 다
놓아야만 됨을 너희들은 알아야 할
것이니라.
12 나의 아들 예수가 2천 년 전에 세상에
나와 모든 역사를 이룸이니, 그가 나
의 명에 따라 죽음을 선택하며 그를
거부하지 아니하며 순종한 것만이 나
의 아들로서 그가 영원히 내 옆에 있
는 것이 아니라,
13 그는 그 모두의 인간 세상의 고리요,
삶의 고리를 다 놓았으며, 그를 생각
하지 아니하였으며, 그것에 연연하지
아니하는 그와 같은 단절된 마음을 가
질 수 있었기에 그가 바르고 곧은 길
을 갈 수 있었음이니라.
14 이제 사랑하는 나의 아들 너와 나의
법전을 읽은 너의 제자, 모든 백성들
은 인간의 삶의 세속에 얽히고설킨
그 고리를 정녕 놓지 아니하며 그를
놓을 수 없다 하면, 너희들이 완전히
변화된 삶이요, 변화된 사람이라 할
수 없음이니,
15 그 인간 세속의 어떠한 고리라도 너
희들의 손에서 놓지 아니하는 것이
있어서는 아니 되는 것이니라.
16 그 모두를 다 놓은 그와 같은 형태로
되어야 함이니, 이제 너는 더 이상 버
틸 수도 없으며 더 거역할 수도 없으
며 돌아갈 수도 없는 것이 네 운명이
니라.
17 어서 모든 인간의 고리를, 천 가지 만
가지 그 모두를 다 털어라, 그리고 놓
아야 함이니라.
18 네가 그를 완벽하게 놓지 못했을 때
네가 스스로 언제 변화되며 언제 쓰러
질지 모르기에 내가 너에게 모든 역사
를 임하지 못하고 있는 그 뜻을 알겠
는가?
19 어서 그 모두의 고리를 다 놓아야 할
것이니라.
20 얽히고설킨 고리요, 슬프고 괴로웠던
고리요, 그리고 만나고 싶은 사람, 역
사하고자 하는 네 생각, 이루고자 하
는 생각, 그 모두의 고리를 네가 다 놓
아야 함이니, 어서 그 고리를 다 놓도
록 그리하라.
21 네가 일부만 놓고 일부는 버리지 못
했을 때, 그 남아 있는 고리는 항상 사
악한 생각이요, 너를 쓰러뜨릴 수 있
는 인간의 욕심의 근본의 뿌리가 남아
있는 것이니, 그를 다 놓도록 하라.

22 놓는 것만이 네가 바로 설 수 있으며,
네가 원하는 그 모든 역사를 이룰 수
있을 것이니라.
23 네가 지금까지 달구고 노력하여 변화
된 그 경지 또한 나 여호와의 기쁨이
한이 없으나, 이제는 모두를 다 놓으
라.
24 놓을 때가 되었음을 알라.

4,279 번째 하나님 말씀

2002년 12월 23일 23시 58분

1 사랑하는 나의 아들아!
2 나의 법전을 만들어 만백성을 구하고
자 밤과 낮을 가리지 아니하며 나의
성령의 뜻을 받아 책으로 만들어 내는
너를 나의 아들이라 부름을, 그를 가
지고 시시비비하지 말라 그리 깨우쳐
주며, 그들이 시시비비함이 얼마나 어
리석음인지 그들에게 전하여 깨우쳐
주어야 할 것이니라.
3 이 세상 모든 백성들이 창조주 나의
아들과 딸이 아닌 자가 누가 있으며,
과연 아닌 자 어디에 있는가?
4 지금 나의 성령을 대신하여 나의 뜻을
전하니 그리고 새로운 성경이 세상에
내려온다 내가 말하였음이니,
5 지금 새로운 역사를 이루기 위하여
나의 새로운 성경을 받아 책으로 만드
는 데 그를 받아 기록하여 천 년에 걸
쳐 만백성이 새로운 역사를 이루는 그
대업을 이루니, 이는 나의 뜻을 대행
하는 것이며,
6 또한 나의 뜻을 대행하는 것을 증명하
며, 나로부터 선택된 나의 아들이라
함을 증명하기 위하여 내가 나의 아들
이라 명하여 부름이니, 너희들은 이를
갖고 시시비비하지 말라.
7 너희들 모두는 다 나의 아들딸이나,
그중에 나의 명을 받아 특히나 그 뜻
을 이루고자 행하는 선택된 나의 아들
이니,
8 내가 나의 아들이라 명하여 책에 기록
하여 그리 가르치며 전하는 나의 뜻을
시시비비하며 그를 갑론을박한다면
너희들이 얼마나 어리석은 백성들인
가를 알아야 할 것이니라.
9 내가 누구던가? 창조주 나 여호와는
빛이요, 나는 생명이요, 나는 형체가
없다는 것을 너희들이 너무나 잘 알
고 있음이니,
10 빛이요, 생명인 나 여호와가 형체가
없으니 나의 뜻을 대신하여 전할 수
있는 자를 선택하는 것은 당연한 나의
뜻이 아니던가?
11 그리하여 나의 뜻을 대행하는 자, 그
누군가가 세상에 있어야 할 것이니라.
12 너희들과 같이 육을 갖고 세상에 살아
가는 나의 백성들 중에서 한 사람을
선택하여 나의 뜻을 전하여 만백성을
구하는 그 역사를 하는 것은 당연히
그와 같이 하여야 하는 것이니라.
13 다만, 너희들은 그 임무를 누가 받았
느냐 하는 것이 중요한 것인 것처럼
따지나, 이는 할 수 있는 자, 선택된
자가 나의 아들로서 선정되어 그 역
사를 이룸이니라.
14 너희들이 직접 임무를 받지 못했으며
너희들이 선택되지 아니하였다 하여
나의 성령이요, 만백성을 구하는 나의

법전, 참진리가 세상에 나가는 것을
사탄이요, 이단이라 말하며 그를 버리
고자 하는 것은 너희들이 다 부질없
는 욕심에서 이루어지는 역사임을 알
아야 할 것이니라.
15 2천 년 전 나의 아들 예수의 부활이
요, 예수의 재림은 그와 같은 뜻을 전
할 다음의 사람이 있다는 것을 너희
들에게 알려 주는 것이니, 그를 어찌
하여 너희들은 그리 모르는가?
16 내가 성서에 기록하여 나의 아들이 부
활한 그 역사가 무엇이더냐?
17 너희들이 봉사하고 희생하는 그와 같
은 삶을 살아갈 때 너희들은 부활의
역사를 얻는다는 것을 나의 아들 예수
를 통하여 너희들에게 깨우쳐 주고자
하였음이니라.
18 그리고 내가 나의 아들이 그 고통 속
에 죽어 가 그가 다시 부활할 것이며,
너희들 세상에 다시 그가 나타나 너희
들을 구원한다는 그와 같은 재림하는
나의 예수가 올 것이라 그 뜻을 전한
것은,
19 너희들은 예수가 그와 같은 육의 형태
로써 세상에 오는 것이 아니요, 나의
성령의 뜻이요, 나 여호와 창조주의
뜻을 세상에 전하기 위하여 다른 자가
그를 갖고 세상에 온다는 그와 같은
의미의 가르침이 여기에 있음을 너희
들은 알아야 할 것이니라.
20 이제 내가 나의 아들을 통하여 다시
나의 뜻을, 새로운 성령의 뜻을 만백
성에게 전하여 너희들을 주관하고자
하는 나의 아들이 지금 나의 뜻을 가
지고 너희들에게 깨우치고자 이 법전
을 만들어 전하는 대역사의 변화를 하
고 있음이니,
21 너희들은 이와 같은 뜻을 깊이 알아야
할 것이며,
22 나의 아들 예수가 부활한다는 것은 너
희들이 육으로써 나의 아들 예수가 세
상에 다시 오는 것이 아니요, 나의 성
령이요, 너희들이 말하는 창조주의 말
씀인 나의 뜻이 세상에 다시 내려오는
것이며,
23 그를 가지고 올 자가 있다는 것을 예
언하는 의미임을 너희들은 알아야 할
것이니라.

4,280 번째 하나님 말씀

2002년 12월 24일 0시 17분

1 사랑하는 나의 아들아!
2 "네, 아버님! 말씀하옵소서."
3 내가 내린 그 성경을 너희들이 깊이
연구하며 그 뜻을 알고자 하며 그 기
록된 비유의 내용들을 연구하고 잘
분석하며 그 내용을 깨달으며,
4 너희들이 하얀 마음과 같이, 또한 나
의 아들 예수의 마음과 천사와 나의
심성과 같은 마음으로써 정독하고 깨
달아 볼 때, 거기에서 너희들은 그 속
의 위대한 가르침을 얻게 될 것이니라.
5 너희들은 지금 나의 아들 예수가 세상
에 내려가 너희들을 깨우치고 가르쳤
던 것은 완벽한 구세주로서 세상에
나의 아들 예수가 내려갔으며, 너희들
의 완벽한 구세주로서 그와 같이 만
백성을 깨우치고자 했던 것이라 말하
나, 그것이 아님을 알아야 할 것이니

라.
6 너희들은 완벽한 구세주로서 예수가
세상에 내려갔다 하나, 나의 아들 예
수는 완벽한 구세주로서 너희들의 세
상에 내려간 것이 아니니라.
7 나의 아들은 곧 무엇을 의미하는가?
8 너희들이 지금 구약과 신약의 시대에
배우고 가르친 그 성서가 아니요, 새
로운 성경으로써 새로운 시대를 이루
어 간다는 나의 뜻을, 나의 아들 예수
는 그를 전하며 알리고자 하였음을 너
희들은 알아야 할 것이니라.
9 또한, 나의 아들 예수는 새로운 시대
를 열고자 할 때, 곧 새로운 시대가 열
리는 그 순간에 너희들이 심판을 받게
되며,
10 나로부터 구제할 자와 구제하지 못할
자, 버릴 자와 버리지 아니할 자를 구
분하는 그와 같은 역사가 이루어지는
것을 위하여 나의 아들 예수가 세상에
그리 내려가 나의 성령을 전하였던 것
이며,
11 영원한 생명에 대한 믿음과 희망을
안겨 주며 그와 같은 깨달음을 얻게
하는 그 역사를 만백성에게 깨우쳐 주
고자, 그리하여 너희들에게 일깨워 주
고자 예수가 그와 같은 임무를 띠고
세상에 내려갔음을 너희들은 알아야
할 것이니라.
12 그리하여 나의 아들 예수가 세상에 보
내진 그 임무는 그와 같이 내가 너희
들에게 나열한 것처럼, 새로운 시대가
열리며, 새로운 성경이 세상에 나오
며, 그리고 새로운 시대가 열릴 때 내
가 너희들을 심판한다는 그와 같은 것
을 나의 피조물 만백성에게 전하고 깨
우치면 되기에,
13 그가 30년이라는 그 삶을 그저 그대
로 살아왔으며 그리고 3년이라는 그
세월로써 너희들을 깨우치기에 충분
하였으니,
14 깨우치고 완벽한 인간으로 만드는 시
간은 3년으로써는 이루어지지 아니할
것이니라.
15 완벽한 구세주로서 나의 아들 예수가
세상에 내려간 것이 아니기에 그는
30년의 삶의 행적을 세상에 드러내지
아니하였으며, 3년이라는 그 짧은 세
월로써 너희들을 깨우치고자 하였음
이니라.
16 이는 완벽한 구세주로서 그 임무를
띠고 세상에 내려간 것이 아님을 너희
들에게 알려 주는 뜻임을 알아야 할
것이니라.
17 완벽한 인간으로서 완벽히 너희들의
구세주로서 내 명을 받아 그가 내려
갔다 하면, 3년의 세월로써는 그 역사
를 이룰 수 없음을 알아야 할 것이니
라.
18 그리하여 나의 아들 예수의 죽음으로
써 너희들의 죄를 대속한 것이라 너희
들이 그리 믿고 나의 아들의 보혈로써
구원을 받았다는 그와 같은 생각을
버려야 할 것이니라.
19 대속하는 그와 같은 길로써 대속의 길
을 가도록 나의 아들을 너희들에게 보
낸 것이 아님을 알아야 할 것이니라.
20 나의 아들은 오로지 새로운 성경으로
써 새로운 시대에 심판하게 될 것이
며, 그리고 너희들에게 진정한 믿음으

로써 구원을 받을 수 있는 그와 같은
역사의 가르침을 전하기 위하여 세상
에 내려간 것이요,
21 너희들이 지은 그 죄를 대속하는 그와
같은 임무로 완벽한 구세주로서 세상
에 내려감이 아님이니라.
22 그는 다만 새로운 성령이 내려와 새
로운 뜻으로써 너희들을 구원하는 시
대가 오게 되어 있음이니,
23 너희들이 오로지 봉사하는 마음으로
써 살 때 부활의 역사요, 새로 태어남
의 역사를 얻을 수 있는 것을 너희들
에게 전하고자 하였던 것이 나의 뜻
이며, 나의 아들 예수가 세상에 내려
간 그 뜻임을 알아야 할 것이니라.
24 그리하여 그와 같은 뜻을 나의 아들
예수와 그 제자들은 그 임무를 충실히
수행했으며, 그리고 그들은 그 임무를
그것으로써 다 마쳤음을 너희들은 알
아야 할 것이니라.
25 너희들이 지금 모든 죄를 대속했다고
믿는 너희 종교 집단의 그 종파들이
믿고 있는 그 믿음이 얼마나 어리석고
잘못된 것인가를 알아야 할 것이니라.
26 지금의 모든 종파요, 믿음의 길을 가
는 자, 가르치는 종교 지도자, 평생을
다 바쳐 구원을 받겠다 몸부림치는 그
신도라는 백성들, 너희들이 얼마나 성
서를 잘못 이해하고 잘못 깨우치고 잘
못 가고 있는가를 알아야 할 것이니
라.
27 나의 사랑하는 아들 예수가 너희들의
모든 죄를 대속하여 그와 같이 피 흘
려 죽어 갔으며 그 역사를 이루었다
하면,
28 정녕 나의 아들 예수가 너희들의 모든
죄요, 잘못을 안고 갔기에 지금의 종
교 집단 너희들이 있는 지금 이 세상
에서 어떠한 죄도 있어서는 아니 되
는 것이 이 세상의 이치가 아니던가?
29 너희들은 어찌하여 그 이치 하나를 깨
우치지 못하는가?
30 너희들의 종교 집단이 지금 믿든 안
믿든, 모든 종파가 나의 아들 예수가
너희들의 죄를 대속하여 지고 갔다 하
든 말든 관계없이,
31 너희들이 살아가는 이 세상에서 나의
아들 예수가 너희 죄를 다 대속하여
그 죄를 안고 죽었다 하면, 살아가는
백성 너희들은 죄가 없는 세상을 만들
었어야 할 것이며,
32 너희들의 죄를 다 안고 갔음이니 죄
짓지 않는 그와 같은 백성만이 이 세
상에 살아남아 있으며 살아가는 그와
같은 삶이 있어야 할 것이 아니던가?
33 그러나 지금 너희들이 살아가는 형국
은 과연 어떠하던가?
34 나의 아들 예수가 너희들의 모든 죄를
사해 주었으며 그 죄를 안고 갔음이
니, 과연 너희들은 죄가 없는 세상에
서 살고 있으며, 너희들은 죄를 짓지
않고 살고 있는가?
35 너희들은 그것이 아님을 알라.
36 나의 아들 예수가 너희들의 죄를 대속
하기 위해 너희 죄를 안고 너희들이
사악하게 이루어지는 모든 미래에 이
루어질 그 죄를 다 감싸 안고 간 것이
아님이니라.
37 그리하여 나의 아들 예수가 세상에 내
려온 것이 아님을 알라.

38 나의 아들은 오로지 이 세상에 제3의
성경이 내려와 죄 없는 세상, 아름다
운 세상을 만들고자 하며, 새로운 시
대가 온다는 것을 너희들에게 알려
주는 그 임무의 역할을 맡고자 이 세
상에 내려왔음이니,
39 이는 창조주 나 여호와가 직접 관장하
여 너희들에게 전하는 뜻이니, 이를
너희들이 믿어야 할 것임을 알라.
40 나의 아들 예수가 정녕 너희들의 모
든 죄를, 과거요, 현재요, 미래의 것을
다 지고 갔다 하면, 너희들이 아름다
운 세상이요, 죄의 싹이 이 세상에 존
재하지 아니하였다면, 나의 아들 예수
가 너희들의 죄를 대속하여 죽어 간
그 뜻이 맞을 것이니라.
41 그러나 그게 아님을 알라.
42 새로운 제3의 시대요, 새로운 성경이
새로운 시대를 열어 가는 그와 같은
시대에 심판의 역사가 이루어진다는
것을 증거하며 너희들에게 깨우쳐 주
고자 나의 아들 예수가 세상에 와 그
삶을 살아갔음을 알라.
43 그리하여 예수의 죽음은 희생의 교훈
이며, 희생만이 너희가 구원받을 수
있다는 것을 알려 주고자 하며,
44 바로 나의 아들이 3일 만에 부활하는
그 역사를 이룬 것 또한 희생하는 자
만은 구원받을 수 있으며 구원될 수
있다는 것을 근거하기 위하여 그가 3
일 후에 부활하는 그 역사를 이루도록
나 여호와가 하였음이니, 부활의 역사
가 바로 여기 있음을 너희들이 알라.
45 희생을 실천하는 것만이 부활의 역사
를 얻는다는 그 교훈을 남기는 것으로
써 나의 아들이 모두의 임무를 충실히
수행하였음을 이제 알아야 할 것이니
라.

4,281 번째 하나님 말씀

2002년 12월 24일 0시 30분

1 사랑하는 나의 아들아!
2 "네, 아버님! 말씀하옵소서."
3 네 마음의 심정이 과연 어떠하던가?
4 이 밤에 네가 잠을 자지 아니하고 나
에게 기도를 드리는 그 뜻을 나 여호
와는 알고 있음이니라.
5 예수가 그 죽음 앞에 그 길을 가지 아
니할 수 없겠는가 기도드렸던 그 예수
의 애절한 마음과 똑같은 그 마음으
로써 네가 이 깊은 밤, 잠자리에서 다
시 일어나 나에게 눈물의 기도를 드리
는 그 뜻을 나 여호와는 알고 있음이
니라.
6 "만물의 창조주이시며 전지전능하신
아버님!
7 정녕 저에게 용기와 힘을 주옵소서.
8 이 세상 많은 선구자요, 선지자요, 아
버님으로부터 지혜를 얻었으며 깨달
음을 얻었다는 백성들, 그 모두는 다
어찌 가고 있었사옵나이까?
9 저희들이 재물을 모으기 위하여, 안일
한 편의를 위하여, 육신의 향락을 위
하여, 바로 서야 할 종교 지도자가 아
버님의 말씀을 전하기도 바쁘거늘 그
소중한 말씀의 뜻을 깨닫지 못하며 그
의미의 사용함을 잘못하며 전함을 잘
못하여,
10 그들이 저희들의 조직이요, 저희들의

안일을 위하여 부녀자를 겁탈하며 여
인들을 농락하여 제 주변을 다스리며
그와 같이 추하고 더러운 그 생활 속
에서 벗어난 자가 없으며,
11 그 누구든 재물에 넘어지며 여인의
육체에 넘어져 그 향락에 빠져 들어
가 물불을 가리지 않고 부녀자를 겁
탈하며 구원의 길이요, 영원의 길이
요, 병을 고쳐 주며 안식을 준다 하여
그 부녀자들을 겁탈하기에 급급한 그
와 같은 자들이 세상에 수없이 있었음
이니,
12 그는 바로 아버님의 말씀이요, 아버님
의 이름을 빌어 사악한 사탄들이 그와
같이 새로운 역사를 이룬다 하여 그
추하고 더러운 역사가 이루어져,
13 아버님의 순박하고 착한 백성들이 그
누구의 말에도 귀를 막으며 고개를
흔드는 그와 같은 그들의 삶이 지금까
지 흘러온 것이 역사의 흐름인 것이옵
나이다.
14 아버님! 정녕 이 길을 간다는 것은 천
가지, 만 가지 유혹이 따르며, 사탄의
유혹이 따르며, 저 자신의 마음에 파
장을 이루는 그와 같은 어렵고 힘든
길에서 제가 바로 설 수 있는 그 힘과
용기를, 아버님, 주옵소서.
15 모든 자들이, 아버님의 이름을 팔아
사탄과 사악한 자들이 많은 부녀자를
농락하였으며, 남의 재산을 농락하였
으며, 능력 없는 자가 능력 있는 것처
럼 기만하여 만백성을 우롱하였으니,
16 수천 년 동안 흘러오는 그 속에서 그
와 같은 추하고 더러운 역사를 반복
하고 또 반복하며 때와 장소를 가리
지 아니하고 이곳에서 그와 같은 추한
모습이 터지면 또 저곳에서 더 추한
모습이 터지며,
17 그러한 것을 듣고 본 나의 형제요, 아
버님의 사랑하는 그 자녀들이 이제는
정녕 아버님의 진정한 성령의 뜻이 내
려오며 세상을 구하며 만백성을 구하
는 말씀이 내려온다 하여도, 그들 또
한 저를 그와 같은 자로 보며,
18 또한 한 시대의 잘못된 자가 만백성의
귀를 더럽히며 눈을 더럽히는 그와
같은 자가 세상에 나왔다 그리 생각하
는 것이 지금의 실정이오며, 지금의
흘러가는 형국이옵나이다, 아버님!
19 저 자신만큼은 그와 같은 것에 넘어지
지 아니하며 그와 같은 유혹에 넘어지
지 아니하며,
20 굳건히 서서 아버님의 말씀을 아름답
게 전하며, 아버님께서 이루고자 하시
는, 천 년에 걸쳐 하늘의 천국처럼 이
지상에 천국의 낙원을 이루는 그 뜻
을 이룰 수 있도록 저에게 용기와 힘
을 주옵소서, 아버님!
21 간곡히 이 밤에 아버님께 기도를 드리
옵나이다.
22 제가 아무리 세상 것을 다 놓고 바로
선다 하여도, 수천수만 가지의 그 사
탄들의 유혹과 그들의 동요함에 제가
그 소리를 듣게 되며 거기에 눈을 돌
리게 되는, 아직도 죄 많은 이 삶을 살
고 있사옵나이다.
23 아버님께서 사람의 미래를 알려 주며
그 미래를 보게 하며 그들의 병을 고
쳐 주며 미래의 어렵고 힘든 길을 고
쳐 주는 그 역사며 이 무서운 법전의

말씀을, 저를 통하여 내리는 이 위대
한 역사를 들으면서도,
24 그것이 얼마나 소중하고 위대한 것인
가를 순간순간 잊어버리고 저 자신이
육의 세상 속에 돌아가고자 하는 그와
같은 마음이 이를 때마다 이 죄인 몸
둘 바를 모르며, 무너지고 쓰러질까
두려운 마음을 감히 감내할 수 없사옵
나이다.
25 간곡히 아버님께 눈물로 기도를 드리
오니, 제가 바로 설 수 있는 힘과 용기
를 주옵소서.
26 지금의 모든 사탄들이 넘어지고 사탄
들이 사악한 행위를 했듯이, 이제 제3
의 시대에 진정 아버님의 성령이요,
아버님의 말씀이요, 아버님의 뜻으로
써 만백성을 구하는 새로운 역사를
이루어 천 년에 걸쳐서 악의 씨를 다
뽑아내며 새로운 역사가 이루어지는
그를 미리 막고 그 역사가 이루어지지
못하도록, 그것이 존재할 수 없도록,
27 사탄들이 수없이 많이 아버님의 말씀
이라 하여, 아버님의 뜻이라 하여 거
짓 선지자의 형국으로써 세상에 나와
그들은 그 본색을 드러내는 그와 같
은 형국이 되었사옵나이다.
28 재산을 모으기 위해 부녀자를 농락하
며, 이웃 형제에게 거짓 하며 사기극
을 벌이며 그들이 재가 되어 쓰러지
는 그와 같은 것은
29 사탄들이 오늘의 진정한 아버님의 말
씀이 내려올 것을 대비하여, 두렵고
겁이 나 그를 받아들이지 못하며 그를
또한 사탄의 장난이라 그리 치부하게
하기 위하여 그들이 먼저 장막을 쳤
으며, 그들이 그와 같이 장난을 하여,
30 이 세상이 너무나도 혼탁하며, 순수하
고 순진한 저의 형제들인 아버님의 자
식, 순박한 그 백성들의 귀를 막으며
눈을 막으며 고개를 흔드는 그와 같
은 형국이 되었사옵나이다.
31 그리하여 그와 같은 사탄들이 지금도
저를 넘어트리려 하며 저를 유혹하고
있사오니, 그 모두에서 제가 견디고
바른길을 갈 수 있도록 저에게 용기와
힘을 주옵소서, 아버님!
32 이 아들이 쓰러질까 두려우며, 손을
내미는 여인의 손을 잡을까 두려우며,
재물로써 유혹하는 그 짤랑거리는 금
화와 은화를 받아들일까 봐 두렵사옵
나이다.
33 한 번의 실수로써 160권의 법전이 재
가 되며 아버님이 이루고자 하시는 그
역사를 이룰 수 없사오니,
34 이 불쌍한 자식에게 힘과 용기를 한
번만 주옵소서.
35 그리하여 모두를 뿌리칠 수 있는 용기
를 주시고 바로 설 수 있는 힘을 주옵
소서.
36 아버님! 눈물로써 간곡히 이 밤에 기
도를 드리옵나이다."

4,282 번째 하나님 말씀

2002년 12월 24일 0시 41분

1 사랑하는 나의 아들아!
2 "네, 아버님! 말씀하옵소서."
3 너를 따르며 너와 더불어 같이 가는
그 제자들에게 전하여 깨우쳐 주도록
그리하라.

4 너는 죽은 자요, 내가 보낸 자요, 내가
명한 자며, 너는 네 의지대로 네 생각
대로 사는 것이 아니요, 보낸 창조주
나의 뜻에 따라 네가 살아가는 나의
아들이라 그리 말하였음이니라.
5 너의 제자들이, 구원을 받으며 믿음을
가졌으며 경지가 높아졌으며 세상의
깨달음을 얻었다 하는 자들, 그리고
법전을 읽고 공부했으며 법전 속에 깨
달음을 가졌다는 그 백성들이 어찌하
여 너에게 콩 한 알을 갖다 주면 그 콩
한 알만큼 격려와 칭찬을 들으려 하며,
6 너희들이 말하는 밤 한 톨을 갖다 주
면 거기에 대한 너로부터 인사의 말과
감사와 격려의 뜻과 말로써라도 그
대가를 듣고 받고자 하는 것이 너의
제자들이며,
7 그와 같이 저희들을 위로하는 말이요,
칭찬하는 말이요, 저희들을 자랑하는
말을 하지 아니하였을 때, 나의 아들
을 원망하며 사랑을 모르며 정을 모르
는 자라 그리 말함이니,
8 생수 한 그릇을 떠다 준 자, 그 인사를
듣고자 하는 것이 너의 제자들이니,
9 이는 너의 제자들이 얼마나 어리석으
며 얼마나 잘못 가고 있는가를 깨우쳐
줘야 할 것이니라.
10 너희들이 죽은 자요, 나의 뜻에 따라
움직이는 나의 아들에게 그와 같은 무
엇인가를 전해 주며 봉사했다 하여
그 칭찬과 격려의 말을 듣고자 한다
면, 이는 나의 아들의 입을 간사하게
만들며, 나의 아들의 생각을 간사하게
만들며,
11 나의 아들이 물질에 의하여 모든 인
간을 평가하게 되며 물질의 크고 작
음에 따라서 너희들을 다스리며 가까
이하고 멀리하는 그와 같은 너희들
인간의 종교 지도자들과 똑같은 사람
으로 만들고자 하는 것이니,
12 어찌하여 나의 아들의 마음을 간사하
게 만들며 나의 아들의 입에서 나오
는 말이 간사한 말을 할 수 있도록 하
며,
13 나의 아들이 바로 서 깨우쳐 가기도
저 혼자 힘들거늘, 어찌하여 너희들이
그와 같은 나의 아들로서 전락하게
하려 하는가?
14 너희들은 나의 아들로부터 너희들에
게 칭찬하며, 주는 것만큼 아름다운
말로 속에 없는 겉의 말로써 격려하
는 그와 같은 야비하고 추한 인간으로
나의 아들을 만들고자 하며, 그리되기
를 원하는가?
15 너희들이 밤 하나를 갖다 놓았을 때
밤 하나의 사랑을 받고자 하는 것은
나의 아들을 그리 몰락시키는 것이며,
나의 아들을 쓰러지게 함이니,
16 나의 아들이 깨우쳐 가고자 몸부림치
고 발버둥치는 그 모습을 보기에 너희
들이 불쌍하고 초라하지도 아니하던
가?
17 그와 같은 나의 아들을 바로 서도록
너희들이 격려하며 힘을 줌이 아니요,
18 나의 아들을 인간 세속으로써 간사한
마음으로, 간사한 눈으로, 간사한 입
으로 살아가는 사람으로 너희들이 만
들기를 원하며 그리 변화되기를 바라
는 것이니,
19 만백성을 구하는 나의 아들이요, 나의

목자를 쓰러트리게 하는 사악한 자들
이며 가장 무서운 자들이요, 사탄이
너희들임을 알아야 할 것이며,
20 그와 같은 마음으로써 나의 아들을 바
라보며 나의 아들에게 요구하며 나의
아들을 그리 평가한다면, 너희들이 나
의 아들을 무너트리며 쓰러지게 하는
얼마나 무서운 직접적인 사탄의 역할
을 하고 있는 것인가를 알아야 할 것
이니,
21 이 깊은 의미를 깨달아 너희들이 그
와 같은 역사를 하지 않도록 그리하라.

4,283 번째 하나님 말씀

2002년 12월 24일 09시 14분

1 사랑하는 나의 아들아!
2 "네, 아버님! 말씀하옵소서."
3 내가 너의 제자들에게 일러 너희들이
하나씩 가지고 있는 그 악습을 버리도
록 하라 그리하였음이니라.
4 그를 버림으로써 너희들이 변화를 알
며, 너희들의 근본의 색깔을 찾을 수
있으며, 나 여호와로부터 사랑을 받는
것이며, 내가 너희들에게 은혜를 내릴
수 있는 것이라 하였음이니라.
5 이제는 네가 너의 제자들에게 물을
때가 되었음을 알라.
6 너의 제자들에게 물어 한 사람씩 그
뜻을 전하도록 하며, 내가 너를 다스
려 이와 같이 새 역사를 이루고자 함
이니,
7 그 바로 설 수 있는 것은 네가 가장 중
요한 자이며 가장 급한 자이니라.
8 네가 어찌 변해야만 너희들이 변하는
가, 한 제자 한 제자마다 나의 아들 네
가 변할 수 있는 너에게 변화를 요구
하는 것을 하나씩 전하라 그리 부탁하
라.
9 그리하여 그들에게 네가 무엇이 변할
때 가장 행복할 수 있는지 그것을 너
에게 하나씩 요구하라 그리하라.
10 이제는 네가 그를 받아들여도 지킬 수
있는 나의 아들이 되어 있으며, 그들
을 위해 네가 살아갈 수 있으며, 그들
이 너에게 원하는 것을 하나씩 들어
너는 이제 변할 수 있음이니,
11 나 여호와의 마음이 기쁘기가 한량없
음이니라.
12 너의 제자들이 네가 하나 고침으로써
그가 가장 기뻐하고 즐거울 수 있는
것 하나씩을 너에게 말하라 하여,
13 그들이 말하는 것을 거둬들여 네가 그
를 하나하나 점검하여 지킬 수 있고
변할 수 있는 사람이 되라.
14 너의 제자들을 기쁘게 하기 위하여 네
가 이제 변할 수 있는 사람이 되었으
며 변할 수 있기 때문이니,
15 그리했을 때 네가 굳건히 다져지는 나
의 아들이요, 만백성을 이끄는 목자로
서 바로 설 수 있고 바로 갈 수 있음을
알라.
16 이제 내가 너를 통하여 너의 사랑하는
제자들에게 그들의 가장 나쁜 악습
하나씩을 버리라 하였음이니,
17 네가 어떠한 것이 변함으로써 그가 가
장 행복하며 그가 간섭하지 아니하며
시비하지 아니할 것인가를 하나씩 너
에게 말하라 그리하라.
18 사랑하는 나의 아들아!

19 너희들이 시기하고 질투하는 것은 사
랑이 있으며 아낌이 있기 때문이니,
시기하고 질투하는 것보다 더 무서운
것이 무엇인지 알겠는가?
20 불필요한 간섭을 하고자 함이니라.
21 너희들은 간섭을 버리지 못하기에 너
희들이 시기하는 자, 질투하는 자와
같이 비치나,
22 시기하고 질투하는 것과 간섭하는 것
과는 차이가 엄연히 다름이니, 간섭하
고자 하는 것이 더 무서움이니라.
23 너희들이 간섭하고자 하는 그 마음을
버리지 못할 때, 의심하게 되며 의혹
하게 되며,
24 새로운 마음으로써 그를 볼 수 없는
것이 너희들이 간섭하고자 하는 마음
이니라.
25 즉 간섭하고자 하는 마음은 변화가
될 수 없으며, 변화되지 아니한 마음
이니라.
26 이제는 간섭하는 마음들을 너희들이
다 지우고 버리는 그와 같은 마음의
자세로써 나의 아들을 바라본다 해도
손색이 없을 것이니,
27 이제 너희들이 간섭하고자 했던 그 마
음 하나하나를 나의 아들에게 전하여,
그를 나의 아들이 고침으로 해서 너희
가 가장 행복한 것이라 너의 제자들
이 그와 같이 깨달을 수 있도록 그 역
사를 이루어 주도록 하라, 사랑하는
나의 아들아!
28 지금까지 너의 제자들이 너를 시기하
고 질투하기 전에, 너에게 간섭하고자
했던 그 내용을, 그리고 간섭하고자
했던 것을 네가 변화되도록 그와 같은
것을 하나씩 다 너에게 전하도록 그리
하라 하라.
29 그리하여 그를 고쳤을 때 그들이 그
행복이요, 기쁨을 얻을 수 있도록 그
들에게 그리 전하도록 하여,
30 그를 받아들여 네가 변화되는 진정한
나의 목자요, 나의 아들로서 바로 설
수 있음을 보여 주라.
31 그들이 간섭하고자 했던 것을 변화시
키며, 간섭하고자 했던 내용을, 그들
이 스스로 간섭했음을 부끄럽게 여기
며,
32 간섭하지 아니해도 되는 기쁨을 얻을
수 있도록 그리 전하도록 하라, 사랑
하는 나의 아들아!

4,284 번째 하나님 말씀

2002년 12월 24일 09시 22분

1 사랑하는 나의 아들아!
2 너의 제자들과 만백성, 또한 지금의
믿음의 길을 가고 있는 백성 너희들은
알아야 할 것이니라.
3 성서에 기록되어 전하는 한 토막의 뜻
을 너희들은 알지 않는가?
4 성서에 기록되어 전해지는 그 깊은 뜻
을 너희들이 알지 못하며, 알지 못하
기에 잘못 해석하며 그 뜻을 알아듣지
못하는 부분이 너무 많이 있음이니라.
5 내가 성서에 기록되어 말하기를, 나의
아들이 뭐라 전하였는가? '내가 가면
내 아버지가 약속한 것을 보낸다'는
구절이 있음이니라.
6 예수가 그 죽음의 길을 선택하며 그
길을 감으로 인하여 나 여호와와 나의

아들 사이에 약속한 그것을 내려보낸
다는 그 구절을 너희들은 과연 어찌
해석하고 가르치고 있는가?
7 이는 나 여호와와 나의 아들 예수와
의 약속을 내가 지킴이니, 그것은 바
로 무슨 뜻인지 알겠는가?
8 나의 아들 예수가 그와 같은 길을 거
쳐 나에게 올라오게 됨이니,
9 그가 그 길을 선택하여 버리지 않고
나에게 오게 된다면 내가 새로운 보혜
사를 세상에 내려보낸다는 뜻을 약속
한 것이니, 그게 바로 무엇이던가?
10 그를 거둬들인 다음에 그를 대신하여
새로운 나의 뜻이요, 새로 나의 성경
을 세상에 내려보내어 만백성을 구제
하며 바로 설 수 있도록 하겠다는 그
와 같은 굳은 약속이며,
11 우리 부자지간의 그 약속은 그가 오
늘의 그 고통스러운 길이요, 그 선택
된 길을 가 나에게 올라올 때, 내가 새
로운 보혜사요, 새로운 뜻이요, 나의
성령의 새로운 뜻을 내려보냄이니,
12 새로운 성경을 세상에 내려보내겠다
는 그와 같은 굳은 약속이었음을 너
희들은 알아야 할 것이니라.
13 너희들은 그와 같은 나의 뜻을 잘못
이해하며 잘못 깨닫고 있기에 나의 사
랑하는 백성들을 잘못 인도하고 잘못
가르치고 있음을 알아야 할 것이니라.
14 이 뜻은 너희들이 모르는 것이니, 너
희들이 모르거든 모르는 채 그대로
있으면 될 것이거늘,
15 어찌하여 너희들이 알지도 못하면서
아는 체하여 나의 뜻을 다른 뜻으로
전하여 만백성을 혼동하게 그리하는
가?
16 그와 같은 가르침이 얼마나 잘못되어
있는지를 알아야 할 것이니라.
17 내가 나의 아들과 약속하여 기록된
것을, 아버지가 약속한 것을 보낸다는
구절이 얼마나 소중한 것인가?
18 그는 새로운 역사요, 새로운 선택이
요, 새로운 말씀이요, 새로운 성경이
세상에 내려와 너희들을 구원하고자
한다는 나의 아들과 나와의 굳은 언약
이었음을 이제 내가 너희들에게 전함
이니,
19 너희들은 그 뜻을 깊이 깨달아 이를
그대로 만백성에게 전하도록 그리하
라.
20 그리하여 나의 아들 예수가 육신으로
써 재림하며 그가 옛날의 그 모습으로
써 다시 세상에 온다는 그와 같은 환
상과 그와 같은 기대와 그와 같은 꿈
에서 너희들이 깨어날 때,
21 나의 성령의 깊이를 알며, 성경에서
전하고자 하는 것을 알며, 십계명의
의미를 알며, 십계명을 지켜야 하는
뜻을 알게 되며, 나의 법전을 너희들
이 인정할 수 있으며, 나의 법전의 그
뜻을 알게 되며, 그 뜻대로 너희들이
깨달음을 얻게 될 것이니,
22 이를 명심하여 너희들이 살아가는 삶
에 도움이 되며 너희들이 하늘에 오
르는 진정한 길을 볼 수 있도록 그리
전해 주라.

4,285 번째 하나님 말씀

2002년 12월 24일 09시 33분

1 사랑하는 나의 아들아!
2 방대한 조직과 방대한 인원과 물자를
소유하고 있는 지금의 모든 종파의 지
도자들이 무어라 말하는가?
3 그들은 말하느니라, 거짓 선지자가 말
세의 시대에 나올 것이며, 적 그리스
도가 이 세상에 나와 너희들을 멸망
의 길로 인도한다 그리 말하고 있음이
니라.
4 그러나 너희들은 알아야 할 것이니라.
5 적 그리스도요, 거짓 선지자는 이방인
으로서 오는 것이 아니며, 너희들과
별개의 세상에서 그와 같은 자가 오는
것이 아님을 알아야 할 것이니라.
6 적 그리스도요, 거짓 선지자는 무엇이
던가?
7 내가 선택된 백성으로 하여금 이와 같
은 새로운 시대의 변화를 이루고자
할 때, 이를 거부하며 이를 받아들이
지 못하는 자들이 바로 거짓 선지자요,
8 나의 뜻이라 하면서 지키지 않는 자
들, 그와 같은 자들이 바로 무엇이던
가?
9 그것이 적 그리스도며 그들이 거짓 선
지자임을 알아야 할 것이니라.
10 너희들이 지금 가지고 있는 종교 집
단의 수와 그리고 물질적인 힘과 그
방대한 조직보다 더 큰 것이 어디 있
기에 한두 사람이 무슨 말을 한다 하
며 그것이 적 그리스도라며 너희들이
놀라는가?
11 너희들은 한 권의 책이 세상에 나와
도 그 방대한 집단이요, 그 비대한 몸
통을 가진 자들이 적 그리스도라며
그리 놀라고 또 그를 짓밟으려 함이
니,
12 너희들의 실체가 무엇인가를 스스로
너희들이 반영하는 것이니라.
13 일개 인간의 세상에 살아가는 자도 수
천수만이 뭐라 말하여도 자기가 진실
이요, 거짓 하지 아니한 자는 당당한
모습이거늘,
14 지금 너희들의 종교의 집단에서 물리
적으로 너희 손으로 지은 그 위대한
성전이요, 그 많은 인력을 가지고 있
는 너희들이,
15 어찌하여 한두 권의 책이 세상에 나오
며 한두 사람이 바른말을 할 때 그것
은 적 그리스도라 거짓 선지자라 그
리 매도하며 그를 짓밟으려 하는가?
16 그는 바로 무엇이던가?
17 한 사람도 진실한 것은 굽히지 아니하
며 그 진실을 가지고 버티고 가는 것
이 너희들의 삶의 세상이거늘,
18 그와 같이 방대한 조직을 가지고 있는
자들이 한마디 말하는 것, 한 권의 책
을 전하는 것을 가지고 이단이요, 사
탄이요, 거짓 선지자요, 말세의 적 그
리스도라 그리 몰아붙이는 것은 바로
무엇이더냐?
19 너희들이 허구가 있으며, 너희들의 그
몸통이 진실한 것이 아니며,
20 너희들이 그와 같이 만든 것이 나 여
호와의 뜻에 의해 이루어진 것이 아니
요, 사탄의 뜻에 의하여 너희들이 사
탄의 길을 가고 있는 것을 스스로 알
기 때문이니라.

21 하늘을 향하여 한 점의 부끄러움이 없
는 삶을 사는 것이 구원을 받는 길이
요, 나의 십계명을 지키며 나의 율법
대로, 나의 법전대로 사는 것이 하늘
에 구원을 받는 것이라 그리 말하면
서, 그와 같이 너희들이 살지 못하며
그와 같이 지키지 못하기에,
22 한 사람이 하늘의 뜻이라 하여 아름다
운 말을 전할 때, 아무리 귀하고 소중
한 말을 해도 너희들은 그를 믿지 아
니하며, 그것은 적 그리스도요, 거짓
선지자라 하는 것이 너희들의 추한
형태이니라.
23 너희들이 물에 빠진 자를 너희 스스
로 건지지 아니하면서 다른 사람이 건
져냈을 때, 그는 나 여호와로부터 사
랑을 받지 못하며 나로부터 은혜를 받
지 못한다 그리 말하니,
24 얼마나 흉악무도한 그 수법으로써 나
의 피조물 만백성을 이끌어 가며 그를
인도하는가?
25 지금의 너희들이 그 추한 모습이니라.
26 그러니 나의 십계명대로 살며 나의 율
법대로 살며 나의 법전대로 살고자 노
력하는 백성, 그들이 바로 거짓 선지
자요, 적 그리스도가 아니니라.
27 진정한 나의 새로운 뜻을 따라 세상
에 전하고자 대변화를 이루고자 하는
그와 같은 나로부터 선택된 백성들이
진정 적 그리스도요, 거짓 선지자가
아님을 너희들은 여기서 깨우쳐야 할
것이니라.
28 진정 거짓 선지자요, 적 그리스도는
무엇이던가?
29 진정한 나의 뜻이요, 아름다운 참진리
를 세상에 전하여 만백성을 구하고자
하나, 그를 받아들이지 못하도록 하는
자,
30 저 자신의 안일을 위해 진실을 말하지
못하며 진실을 밝히지 못하는 종교 지
도자 그들이요, 성경을 연구하는 박사
라는 자들이 바로 그 사탄이요, 적 그
리스도요, 거짓 선지자임을 너희들은
알아야 할 것이니라.
31 믿음의 길에 저 자신이 바친 그 세월
이 너무나도 아깝고 억울하여, 성경을
연구하는 자, 그리고 그 믿음의 길을
가는 자, 그리고 성경 학도들을 길러
내는 박사요, 지도자라 하는 자, 나의
피조물 만백성을 가르치는 너희들이
바로 그것을 밝히지 못하며 진실을 말
하지 못하며 그 진실을 외면하고 돌
아서는 자,
32 그리하여 너희들이 잘못되었다는 것
을 알면서도 그를 바로잡지 못하는
자, 그와 같이 살아가는 형태를 가진
자들이 바로 적 그리스도요, 거짓 선
지자이며 거짓 지도자임을 알아야 할
것이니라.
33 나 여호와가 새로운 나라를 건설하고
자 하는 역사를 반대하는 자들, 그들
이 바로 거짓 선지자이며, 적 그리스
도이며, 지금의 잘못 가는 종교 지도
자 너희들이 그러한 자들임을 알아야
할 것이니라.
34 진정한 길이요, 아름다운 것을 전하고
자 하며 진실한 나의 뜻을 전하고자
하는 그 백성이요, 새로 나로부터 선
택된 자들이 적 그리스도요, 거짓 선
지자가 아님을 알라.

35 내가 너희들에게 말하여 새로운 보혜
사요, 새로운 말씀이 세상에 내려간다
하였음이니라.
36 나의 아들 예수도 그리 전하였으며
또 성서에 그리 기록되었느니라.
37 그가 감으로 인하여 새로운 보혜사가
온다는 것은 새로운 성경이요, 새로운
성령의 말씀인 나의 뜻이 세상에 내
려온다는 것을 그가 부르짖고 그리 기
록하였건만, 그와 같은 뜻이 역사가
이루어지는 것을 바로 보지 아니하려
하며,
38 지금까지 흘러온 관습이요, 너희들이
믿어 온 종교의 형태가 잘되었는가
잘못되었는가를 돌아다보지 아니하
려 하며, 그저 그것만이 구원의 길이
요, 절대적이라 생각하고 가는 너희들,
39 그리하여 새로운 나의 성령이요, 새로
운 보혜사가 세상에 내려와도 그를
보지 아니하려 하며 그를 들여다보지
아니하려 하며 그를 보고 깨우치지
아니하려 하는 자,
40 그저 저희들이 가는 길만이 구원의
길에 오르는 길이라 절대적이라 부르
짖는 그와 같은 백성들이요, 그와 같
은 종교 지도자들이요, 종교의 신앙을
연구하는 박사라 하는 자들이요, 종교
지도자를 육성하는 과정을 가고 있는
자들이요, 수십 년 동안 믿음의 길을
온 자들이요,
41 저희들이 가지고 있던 것을 놓기가
두렵고 그 무너짐이 두려워 그를 반
대하며 그를 세상에 뿌리내리지 못하
도록 방해하는 자, 그들이 곧 거짓 선
지자로서 행하는 자들이며 적 그리스
도임을 알아야 할 것이니,
42 이제 나의 아들의 제자 너희들은 이
뜻을 알아 만백성에게 전하며,
43 나의 법전을 읽고 깨우치는 만백성은
정녕 누가 거짓 선지자이며 적 그리
스도인가를 알라.
44 내가 너희들에게 일찍이 깨우쳐 전하
였음이니라.
45 이방인이 무엇이라 말하였더냐?
46 나의 뜻대로 하늘에 오르는 길이라 부
르짖고 가르치면서 나의 뜻을 거역하
는 자들이 바로 이방인이요, 사탄이
요, 사악한 자라 했던 그 뜻을 깨우쳐
너희 것으로 만들어 하늘에 오르는 진
정한 길을 보도록 그리하라, 사랑하는
나의 만백성들아!

4,286 번째 하나님 말씀

2002년 12월 24일 09시 41분

1 사랑하는 나의 아들아!
2 "네, 아버님! 말씀하옵소서."
3 너희들은 새로운 성경이요, 새로운 시
대요, 심판이 시작되는 그와 같은 시
대가 어떤 과정이라 말하는가?
4 너희들 종교 지도자들이 그리 가르치
고 말할 것이니라.
5 불신과 배반이 만연하는 세상, 불법과
불륜을 이루며 도덕적 타락이 만연되
는 세상이 이루어졌을 때, 그리고 나
의 사랑하는 백성 너희들이 각종 유혹
등으로 견디지 못하며 쓰러져 갈 때,
세상이 혼탁해졌을 때,
6 그와 같이 도적이 세상을 지배하고 들
끓는 그와 같은 시대가 되었을 때, 나

의 재앙이 내리며 나의 심판이 내려올
것이라 하여,
7 너희들은 그와 같은 행위를 하지 말고
바로 서라 종교 지도자들이 수없이 부
르짖을 것이니라.
8 그러나 너희들은 이와 같은 것으로써
내가 너희들에게 재앙의 심판이요, 너
희들을 심판하는 시대가 온다는 그
생각을 지워 버리라.
9 내가 너희들에게 심판이요, 새로운 역
사를 이루고자 하는 것은 종교 집단들
이 우리 부자의 이름을 팔아먹으며,
우리 부자의 이름을 빙자하여 나의 백
성들로부터 수많은 재물을 거둬들이
기에 급급하며,
10 내가 이룬 이 아름다운 지상의 성전
에 저희들의 성전이라는 두꺼비집 같
은 것을 지어 놓고 나의 피조물 만백
성을 그리 긁어모아 재물을 바치는
것이 구원을 받는 길이라 그리 가르치
며,
11 죄를 지은 자 그곳에 와 재물을 바치
고 용서를 빌면 그를 용서해 준다 하
는 자,
12 너희들이 최초의 성직자들이 재물을
긁어모으기 위하여 죄지은 자에게 면
죄부를 주던 그와 같은 습성을 버리
지 못하고 지금까지 세상에 전해져 그
와 같은 행위가 만연할 때,
13 그리고 나의 백성이 너희들의 세 치
혓바닥에 현혹되어 이성을 잃게 될 때
이가 더 무서운 것이며, 이와 같은 세
상이 될 때 나 여호와가 더 이상 묵과
할 수 없으며 이 시대를 그대로 둘 수
없음이니,
14 그와 같이 되었을 때 바로 내가 새로
운 시대를 열게 되며, 새로운 성령이
세상에 내려와 심판이 시작하는 시대
임을 너희들이 알아야 할 것이니라.
15 나의 백성들이 잘못 가고 잘못 깨우
치는 그 시대를 가지고 심판함이 아니
요, 나의 피조물 만백성을 잘못 인도
하는 종교 지도자들이 세상을 덮었을
때 내가 너희들에게 심판을 내림이니,
16 지금이 바로 그 시대임을 알아야 할
것이니라.
17 지금보다 더 추악해지고 종교 지도자
들이 더 타락해졌을 때, 이는 더 이상
볼 수 없으며 나의 사랑하는 백성들
까지 사탄에게 끌려가 그들의 종이 되
는 그와 같은 형국이 이루어지는 것을
이제는 더 이상 묵과할 수 없어,
18 지금 내가 바로 나의 법전이라 하여
나의 아들을 통하여 세상에 내려보내
너희들을 심판하고 바로잡고자 하는
것이 나의 뜻임을 알라.
19 새로운 시대의 증거는 바로 무엇이더
냐?
20 나의 뜻이요, 나의 성령이 책으로써
세상에 나와 세상을 덮어 만백성을 깨
우치는 역사가 시작될 때가 바로 첫
번째 내가 심판의 시대를 열어 감을
너희들은 알아야 할 것이며,
21 그것이 새로운 심판의 역사가 시작될
때임을 너희들은 알아야 할 것이니라.
22 그러나 너희들이 그때 나의 법전이요,
나의 뜻을 접하지 아니하며 그때도 깨
우치지 못했을 때, 너희들은 영원히
구원을 받을 수 없음을 알아야 할 것
이니라.

23 너희들이 이성이 무엇이며 믿음이 무
엇이며 진정한 삶이 무엇인가를 판단
하지 못하여, 종교 지도자들의 그 간
악한 혓바닥에 현혹되어 나의 백성들
이 바로 서지 못할 때가 바로 그와 같
이 심판이 시작됨을 알아야 할 것이
니라.
24 그렇다면 너희들은 심판이 시작되었
을 때 그 증거가 무엇인가 또한 깨달
아야 할 것이니라.
25 거짓 선지자가 자리를 빼앗길까 봐
전전긍긍하며 그 자리를 빼앗기는 것
이 불안하여 종교 전쟁도 불사하는
그와 같은 마음의 형태로 초조한 마음
으로 변하게 되는 것이 심판이 시작되
는 증거이며,
26 종교 집단이 만들어 놓은 그 죄악의
온상인, 너희들이 재물을 바치며 눈물
로 기도하며 광란의 짓으로써 구원을
받는다는 그 성전이 서서히 문을 닫
기 시작하는 것이 역사할 것이며,
27 그와 같이 문을 닫기 시작할 때, 그리
고 맹종하고 맹목적으로 따르던 너희
백성들이 그 길이 진정한 구원의 길
이 아니라 하여 등을 돌리기 시작하
는 것이 보일 때, 그것이 심판이 시작
됨을 너희들은 알아야 할 것이니라.
28 새로운 성경이 세상에 나와 퍼져 나가
며 나 여호와가 선택된 백성만을 구하
기 시작할 때며,
29 진정한 나의 백성이요, 나의 백성이
아님은 나의 법전을 보고 깨우치는
자가 늘어나고 줄어드는 그와 같은 현
상이 있을 것이니,
30 나의 법전을 읽고 깨우치는 만백성이
세상을 덮는 그와 같은 변화가 이루어
질 때, 그것이 심판이 진행되고 있음
을 너희들이 아는 증거임을 깨닫도록
그리하라.

4,287 번째 하나님 말씀

2002년 12월 24일 12시 12분

1 사랑하는 나의 아들아!
2 "네, 아버님! 말씀하옵소서."
3 너의 제자들과 나의 법전을 읽은 백성
너희들은 여기서 깨닫고 가야 할 것이
있음을 알라.
4 내가 나의 아들을 나의 종이라 불렀으
며, 나의 선지자라 불렀으며, 나의 아
들이라 직접 그를 부르니, 이 부름이
과연 누가 부르는 것이던가?
5 그리고 지금 누가 아들이라 불러 그에
게 내리는 이 모든 성령의 가르침이
누구의 뜻으로써 지금 세상에 전해지
고 있는가?
6 이 무섭고 두려움을 너희들은 어찌하
여 깨우치지 못하며 이를 들여다보지
못하는가?
7 나 여호와 창조주가 나의 아들을 통하
여 나의 아들이라 부르며 그에게 나의
성령의 가슴의 뜻을 전하며,
8 그를 내가 직접 종이라 부르며 선지
자라 불러 나의 성령이요, 나의 가슴
의 모두를 태워 그를 세상에 전하여
책으로 만듦이니, 누가 명하는 것이던
가?
9 이 이치를 너희들이 돌이켜 생각할
때, 그 두렵고 무서운 마음이 먼저 와
너희들의 가슴을 울려야 할 것이거늘,

너희들은 지금 어찌 생각하는가?
10 그 두렵고 무서움을 생각하기 전에,
이를 사탄이요, 이단이요, 거짓 선지
자의 장난이라 그리 말함이니,
11 그는 너희들이 직접 받지 못했으며 너
희를 통하여 내려가지 아니하기 때문
에 그리 생각하는 것이니, 그게 바로
너희들의 욕심이며 너희들의 사악한
마음이니라.
12 그와 같은 욕심을 가지고 있기에 나의
성령을 받을 수 없으며 나를 볼 수 없
으며 나의 뜻을 들을 수 없는 것이 너
희들임을 알라.
13 너의 제자들은 여기서 나의 법전을
읽어 첫 장을 넘기고 또 나의 법전을
수없이 정독해 가면서 알아야 할 것
이니,
14 과연 나의 종이요, 나의 선지자요, 목
자라, 나의 아들이라 부르는 것을 누
가 부르던가?
15 그리고 누가 그를 통하여 이 책으로
기록하여 만백성을 구원하고자 나의
뜻을 전하는가?
16 그 뜻이 잘못된 것이 있으며 너희들
이 악을 쌓도록 하는 가르침이 있으
며, 악의 씨가 존재할 수 있도록 거기
에 악의 양식이 되는 가르침이 있는가?
17 그 모두는 선을 행하는 것이며 선이
선을 낳는 그와 같은 가르침을 전하는
것이니, 이 160권의 장정의 나의 성령
의 뜻이 세상에 내려지는 것을 보아도
너희들이 기적이요, 두려워할 것이거
늘,
18 내가 직접 나의 아들이라 불러 나의
아들의 가슴을 통하여 나의 성령의 뜻
을 전하는 그 무섭고 두려운 것을 너
희들이 깨닫지 못하며 그 음성을 듣지
못하며 그를 보지 못함이니, 얼마나
너희들이 우매한 백성인가 알아야 할
것이니라.
19 너희들의 작은 가슴에 가지고 있는
작은 인간의 그 욕심의 한계를 버리지
못하고 벗어나지 못하기에, 나 여호와
창조주가 나의 아들이라 이름을 부르
며 그에게 나의 성령을 내려보내는 이
무서운 현실이 있는 것을 너희들이 모
르며,
20 그를 접하고도 모르며 그를 듣고도 모
르는 것이 지금 너희들임이니,
21 너희 제자들만이라도 이를 깨우쳐 다
시 한 번 깊이 생각해 보라.
22 내가 나의 아들이라 부르며 나의 종
이라 부르는 그것을 누가 부르는 것
이며, 누가 그 가슴을 통하여 이 법전
160권의 장서에 하늘의 뜻인 천기를
누설하며 가르쳐 주고 깨우쳐 주는가?
23 그 이치를 너희들이 들여다볼 때, 얼
마나 무서운 현실에 너희들이 있으며,
얼마나 영광된 축복을 받고 있으며,
얼마나 그 부르는 음성이 두려운 것인
가?
24 나의 음성을 듣는 너희들이 그와 같은
깨달음을 얻도록 그리 노력하여 변하
도록 그리 살아가라 하는 것을 내가
너희에게 오늘 전함이니 그리 알라.

4,288 번째 하나님 말씀

2002년 12월 25일 11시 41분

1 사랑하는 나의 아들아!

2 "네, 아버님! 말씀하옵소서."
3 나의 아들 예수가 세상에 탄생한 날이라 너희들이 기억함이니,
4 이는 나와는 아무런 관계없으며 나의 아들과 관계도 없는 날을 너희들이 임의로 정하여 그날을 나의 아들 예수의 탄생한 날이요, 세상에 온 날이라 하여 온갖 법석을 떨고 있음이니,
5 그것 하나를 보더라도 너희들이 진정한 참진리요, 그리고 그가 태어난 날을 너희들이 알고 찾으려 연구하는 것이 아니라 그저 누가 한마디 흘리는 그것이 전례가 되어 지금까지 그리 전해짐이니,
6 그 행사가 너희들이 얼마나 낭비며 소모적인가를 생각해 보았는가?
7 사랑이 무엇이더냐?
8 불쌍한 백성에게 너희들이 한 끼의 쌀을 전해 주며 한 끼의 식사를 대접할 수 있는 것이 사랑이니라.
9 너희들이 나의 아들 예수가 탄생한 날도 아닌 날을 너희 임의로 정하여 그날에 벌어지고 온갖 호들갑을 떠는, 온갖 너희가 이루는 행사의 낭비를 한 번 생각해 보라.
10 세계적으로 나의 백성 너희들이 그와 같이 호들갑 떨며 낭비하는 그 경비를 단 하루 것만 모은다 해도 굶어 죽어가는 만백성을 구할 수 있는 그와 같은 역사를 이룰 수 있는 능력이 거기에 잠재해 있음이니,
11 너희들이 정녕 사랑을 알긴 무엇을 아는가?
12 너희들이 정녕 눈으로 봐야 되며 손으로 찍어야 되며 정확한 날을 지켜야 되는 나의 아들 예수가 탄생했다는 세상에 나온 날도 제대로 찾지 못하며 지키지 못하고,
13 너희 임의로 정한 날에 온갖 호들갑스러운 행사를 하며 떠들고 즐기며 행복에 젖어 있음이니,
14 그것 하나만 보더라도 너희들이 성서의 참진리를 연구하고 참진리의 성령을 깨우치는 자들이라 말할 수 있는가?
15 너희들이 인간 세상에 살아가면서도 생일이라는 날은 너희들이 태어난 날을 기억하여 그날을 기리는 것이 아니던가?
16 그런데 그날이 아닌 날을 너희들이 지금 예수가 세상에 태어난 날이라 하여 그와 같이 행사를 벌이는 것을 본다 하면,
17 너희들이 진정 예수가 태어난 그날을 찾으려 하지 아니하며 그 진실을 밝히지 못하고 있음이니,
18 성서를 공부하는 것이며 나의 백성을 하늘로 이끌어 깨우친다는 종교 지도자 너희들이 또한 그와 같이 진실을 모르고 왜곡된 그와 같은 가르침으로써 허덕인다는 것을 알아야 할 것이니라.
19 예수가 세상에 태어난 그날 하나를 밝히지도 못하며, 그날을 확실히 밝히려 하지 않는 너희들이 그저 어느 날을 정해서 너희 마음대로 그리 낭비하며 행사를 하는 것을 보더라도
20 너희들이 성서를 공부하고 깨우치는 것이 진정한 진리를 깨우쳐 가르치고자 한다 할 수 있는가?
21 그저 너희들이 집단을 만들며 편안한

삶이요, 육의 삶의 행복을 위하여 지
금 모든 작태를 부리고 있음이니,
22 진실은 뒷전이요, 호화로운 행사요,
즐거움에 도취되어 그와 같이 너희들
이 오늘에 예수의 탄생한 날을 기억
하고자 하는 것처럼, 너희들의 믿음
또한 그러하니라.
23 진실한 믿음을 찾아 깨우치는 것이 아
니라 그저 너희 기분에 도취되어 너
희 나름대로 가고 있는 종파의 형국이
니, 그리하여 그게 다 잘못된 것이며
나와 관계없다 하였음을 알라.

4,289 번째 하나님 말씀

2002년 12월 25일 11시 47분

1 사랑하는 나의 아들아!
2 "네, 아버님! 말씀하옵소서."
3 내가 만백성 너희들에게 깨우쳐 전하
였느니라.
4 너를 따르는 제자들이 가지고 있는 가
장 버릴 수 없는 악습 하나씩을 고칠
때 그 은혜가 나로부터 있다 하였음이
니, 이는 곧 무엇을 내가 말하는 것인
가?
5 그것이 너희들이 가지고 있는 본연의
색깔이니라.
6 너희들은 나의 아들과 나의 아들의
제자 너희들이 분리되어 있는 별개의
사람의 만남이라 하지 말라.
7 너희들은 나의 아들과 하나의 끈으로
연결되어 있는 각자의 너희들임을 알
라.
8 너희들은 각자 수천 가지의 색깔로서,
그 색깔이 완벽하게 하나의 색으로 변
했을 때 나의 아들이 그를 받아들이
며, 그 나의 아들이 또한 그와 같이 변
하게 되어 있음을 알라.
9 너희들의 하나의 악습을, 도적질하고
자 하는 자, 남의 것을 훔치고자 하는
자, 그것을 버리지 못하는 자가 그것
을 버렸을 때, 그리고 그것을 고쳤을
때, 그것이 바로 나의 아들과 직결됨
이니,
10 그때 나의 아들이 도적질하고자 하는
마음이 다 없어지는 것이니, 그것이
너희들과 나의 아들이 하나의 끈으로
연결되어 있음이니라.
11 너희들이 도둑질하는 마음을 버리는
것이 너희가 하얀 색깔이라 하면, 너
희가 도둑질하지 않는 마음으로 변했
을 때 너의 제자들이 하얀 색깔로 변
하게 됨이니,
12 그 하얀 색깔은 나의 아들에게 바로
직결되어 너희들이 하얀 색깔을 나의
아들에게 보냄으로 인하여 나의 아들
이 또 하얀 색깔로 변하게 되는,
13 나의 아들과 너희들은 하나요, 하나의
색깔이요, 끈으로써 연결되어 있는 하
나의 동심체요, 둘이 아님을 알아야
할 것이니라.
14 그리하여 너희들이 그 악습을 버렸을
때, 너희들이 나의 아들에 대해 고쳐
지길 바라는 것이 하나씩 나의 아들
이 변화된다는 사실을 알아야 할 것이
니라.
15 너희들이 도적질하고자 하는 자가 도
적질하지 아니하는 마음으로 깨끗한
마음으로 변했을 때,
16 그 도적질하는 마음을 변한 자가 나의

아들에 대해 나의 아들이 말이 많음을 고치고 싶어 한다면, 내가 너희에게 상을 내리기 위하여 나의 아들이 말을 하지 아니하게 할 것이며,

17 너희들이 하나를 고쳤을 때 너희들이 나의 아들에게 바라고자 하는 그 잘못된 나의 아들의 습관이 하나씩 고쳐짐이니, 바로 너희들은 나의 아들과 일심동체요,

18 너의 제자들이 다 한 가지씩 색깔을 가지고 있음이니, 너희들 열 사람이 열 가지를 고쳤을 때 나의 아들의 악습이 열 가지가 고쳐짐이니, 너희들은 나의 아들과 한몸임을 알아야 할 것이니라.

19 분리되어 있는 제자들이 아님을 알라.

20 너희들이 원래의 가진 색깔이 흰색일 때, 너희가 완전히 흰색으로 변해지지 아니하였을 때는 나의 아들이 변할 수 없으며 내가 너희들에게 은혜를 내릴 수 없으며,

21 검은색으로 세상에 나온 나의 아들의 제자인 너희들이 완벽한 검은 색깔로 되지 아니하였을 때 나의 아들이 검은 색을 받아들일 수 없음이니라.

22 너희들이 가장 큰 악습 하나를 고치고 나의 아들에게 고칠 것을 원할 때 내가 나의 아들의 그 버릇을 고쳐 줌이니, 이는 너희들과 나의 아들이 하나임을 알아야 할 것이니라.

23 너희가 악습을 고쳤을 때만이 만백성을 구원하고자 내가 보낸 목자인 나의 아들이 가지고 있는 악습을 하나씩 고치게 된다는 것을 너희들은 알아야 할 것이니라.

24 그러니 너희들은 나의 아들과 각자의 색을 가지고 나의 아들을 본체로 하여 너희들이 다 하나씩 색깔을 가지고 있음이니,

25 그 색깔을 완벽하게 너희들이 찾았을 때 나의 아들이 너희들이 원하는 한 가지씩을 완벽하게 변화되는 그와 같은 것을 알아야 할 것이니,

26 너희들이 순수한 색깔로 변하는 것이요, 너희들의 색깔을 찾는 것이 얼마나 소중한 것인가를 알아야 할 것이니라.

27 너희들이 아름답게 하나씩의 악습을 버리며 변해지는 것이 너희들의 본연의 색깔을 찾음이니, 그와 같은 변화가 있어야 할 것이니라.

28 그를 이루기 위하여 너희들은 고통과 시련 속에서 그 어렵고 힘든 악습을 버렸을 때 나의 아들의 마음속에 그 악습의 뿌리가 다 제거됨이니, 너희들과 나의 아들이 하나가 됨이니라.

29 이와 같은 하늘의 이치요, 나의 뜻을 안다면, 나의 아들을 따르는 제자요, 나의 법전을 읽는 만백성 너희들이 가장 버릴 수 없는 악습을 하나씩 버리라.

30 그리하였을 때 나의 아들이 천사와 같이 변해질 것이며, 예수와 같이 변해져 너희들 앞에 크나큰 은혜와 역사의 기적을 이룰 것이니,

31 너희들과 나의 아들은 분리되어 있는 것이 아니라 하나의 동심체임을 잊어서는 아니 될 것이니라.

32 동일한 자임을 잊지 말라.

33 너희들이 존재하여 완벽히 변하여 너

희들의 원래의 색깔을 그대로 나의
아들에게 보낼 때, 나의 아들이 그 위
에 바로 선다는 것을 잊지 말라.

4,290 번째 하나님 말씀

2002년 12월 25일 11시 54분

1 사랑하는 나의 아들아!
2 "네, 아버님! 말씀하옵소서."
3 나 여호와가 새로운 땅을, 새로운 나
라를 건설하며 새로운 시대를 열고자
함에 있어서 이를 가장 거부하며 이를
이루지 못하도록 하는 것이 무엇이더
냐?
4 바로 사탄이요, 사악한 자들이니라.
5 나 여호와 창조주가 이루는 것을 가장
거부하며 그를 지상에서 이루지 못하
도록 하는 것이 누구던가?
6 지금의 너희들이 가고 있는 그와 같은
종파의 집단들임을 알아야 할 것이니
라.
7 내가 지금 너를 통하여 새로운 나라
요, 새로운 시대를 열기 위하여 새로
운 땅의 역사를 이루고자 하는 그와
같은 역사를 이루는 것을 반대하는 자
들이 과연 누구이며 이를 거부하는 자
들이 누구던가?
8 말없이 살아가는 사랑하는 나의 백성
들이던가, 하늘에 오르고자 구원의 길
에 섰다는 그 종파의 집단의 백성들
이던가?
9 너희들이 그 구분됨을 이제 봐야 할
것이니라.
10 그러하니 내가 새로운 시대를 열기 위
하여 기성 종교의 너희 모든 집단들
을 내가 버리지 아니하며 그를 뿌리
뽑지 아니하면 이 역사가 이루어질 수
가 없음이니라.
11 나의 순수한 백성들은 내가 내리는
성령의 뜻이요, 나의 뜻을 받아들이며
새로운 시대가 이루어진다는 것을 알
수 있을 것이나,
12 기성의 종파요, 모든 뿌리를 내린 종
교 집단 그들은 저희들의 말세요, 저
희들의 시대가 끝나는 것을 스스로
저희 눈으로 보고 알 수 있기에,
13 그들은 새로운 말씀으로 내가 바꾸고
자 하는, 새로운 세상을 이루고자 하
는 것에 절대적 참여하지 아니하며 동
조하지 아니하는 자들이니라.
14 그리하여 그들은 새로 내리는 나의
성령의 뜻을 사탄이요, 이단이요, 사
악한 자의 말이라 하며,
15 그리고 새로운 세상을 이루고자 하는
것을 그들이 믿으려 하지 아니하며,
바꾸는 것에 거역하는 그와 같은 자들
로서 이를 믿으려 하지 아니하는 것
이 지금 믿음의 기존 종파들이니,
16 나 여호와가 새로운 시대를 열며 만백
성을 구하는 길로 인도하는 것을 거부
하는 것이 바로 무엇이더냐?
17 잘못된 사악한 무리임을 너희들은 알
아야 할 것이니라.
18 그리하여 그들로 하여금 변화를 이룰
수 없으며 그들을 선택하여서는 새로
운 시대를 열 수가 없기에,
19 내가 영원히 변하지 아니하는 나의 법
전이요, 세상이 존재하는 그것보다 더
오래오래 지속될 수 있는, 나의 피조
물 만백성을 깨우쳐 하늘나라에 오를

수 있는 그 길의 기초가 되는 나의 법
전을 만듦이니,
20 이게 바로 새로운 성경으로써 세상에
내려옴의 그 뜻이 이루어짐을 알라.
21 나의 아들 예수가 감으로 인하여 새로
운 보혜사가 오며 새로운 뜻을 가지
고, 듣는 것만을 가지고 만백성을 구
하는 새로운 말씀이 올 것이라 그리
전하였음이니,
22 그 전한 내용이 지금 바로 이루어지는
역사임을 너희들은 알아야 할 것이니
라.
23 이제 내가 새로운 역사의 시대를 이루
는 것은 2천 년 동안 나의 아들 예수
도 그를 몰랐으며, 많은 천사들도 그
를 알지 못하였으며, 어떠한 사악한
무리도 오늘의 그 시대가 이루어진다
는 것을 아무도 모르고 있었음이니,
24 나 여호와만이 알고 있었던 것이며 나
여호와만이 시행할 수 있는 역사를 지
금 이루고 있음을 너희들은 알아야 할
것이니라.
25 이제 나의 법전이요, 나의 성령으로써
만백성을 구하는 참진리를 내가 직접
책으로 만들어 '하늘에 오르는 길'이
라 하여 내가 만백성 너희들을 구하고
자 하니,
26 이를 거부하는 자, 이를 반대하는 자,
그게 가장 사악한 사탄이며 나 여호와
의 뜻을 거역하는 자들임을 알라.
27 나의 법전에 기록되어 있는 내용이 너
희들에게 잘못 가라 하였으며, 너희들
을 잘못 가르쳤으며, 너희들이 인간
세상에 사는 도덕적인 삶에서 벗어났
으며, 하늘의 뜻의 진리를 벗어났는가?
28 단 한 가지만 보더라도 너희들이 알
것이니라.
29 나의 십계명을 지키고 사는 것이 영혼
의 양식이요, 구원의 길이라 하여,
30 그 십계명이요, 성서를 너희들이 이해
못 하던 부분들을 알기 쉽게 풀어내
리는 나의 법전이 과연 사탄이요, 이
단이던가?
31 이게 진정한 나 여호와의 뜻이며 나
의 성령이요, 참진리라 너희들의 가슴
에 와 닿는다면,
32 이를 거부하고 이가 존재하지 못하도
록 하는 그와 같은 사악한 무리들이
사탄이니 그들이 있어서는 아니 될 것
이니라.
33 그리하여 그들을 다 뿌리를 뽑고자 하
며 그들을 버리고자 하며 그들을 다
제거한 그 세상 위에 새로운 역사가
이루어지는 것임을 알라.

4,291 번째 하나님 말씀

2002년 12월 25일 12시 05분

1 사랑하는 나의 아들아!
2 "네, 아버님! 말씀하옵소서."
3 나의 피조물 만백성이요, 또한 믿음의
길을 가고 있으며 지금 구원을 받았다
말하는 그 종파에 속해 있는 집단의
모든 백성들이 뭐라 말하느냐?
4 나의 아들 예수가 반드시 재림하여
이 세상에 내려올 것이며, 그가 내려
와 너희들을 구원할 자와 구원하지 아
니할 자를 구분할 것이며,
5 그가 내려와 지금의 믿음의 종파의 길
을 가고 있는 그 백성을 구할 것이라,

그리고 너희들만이 구원을 받을 것이
라 그와 같은 환상과 착각 속에 헤매
고 있음을 알아야 할 것이니라.
6 나의 예수가 재림할 때 너희들은 또한
뭐라 말하느냐?
7 아무도 알 수 없도록 그저 조용히, 세
상의 백성이 알 수 없도록 비밀스럽
게 세상에 내려오며, 밤에 움직이는
도적과 같이 온다 너희들은 그리 말하
느니라.
8 그와 같이 조용히 비밀스럽게 나의 아
들 예수가 밤에 도적질하는 도적같이
살며시 와, 믿음의 길을 가고 있는 백
성 너희들만 잠에서 깨워서 구원의
길을 받으며 영광의 축복을 받는다 너
희들은 그리 생각하며,
9 그날을 위하여 너희들이 죄의 온상인
잘못 가르치는 종교 지도자의 세 치
혓바닥에 현혹되어 너희들의 자유로
운 삶을 다 포기하며 재물과 은화를
바치며,
10 부모와 형제간에 사랑을 모르며 의절
하고 이웃들과 의절하고 살아가며, 너
희들의 성전에 온 그 백성만이 새로운
형제요, 새로운 부모인 것처럼 그와
같이 살아가는 기현상의 형국 속에서
11 너희들만이 구원을 받을 것이며, 도둑
이 너희 집에 문을 따고 와 짐을 훔쳐
가듯이 그 도둑처럼 살며시 와 너희
들을 구원하며 너희들을 잠에서 깨워
축복의 나라로 데려갈 것이라는 그와
같은 착각 속에 있으니,
12 그 환상에서 너희들은 깨어나야 함을
알라.
13 너희들은 너무도 잘못 알고 있음이니
라.
14 너희들은 밤에 나의 아들 예수가 아무
도 모르게 조용히 비밀스럽게, 아무도
볼 수 없는 그와 같은 형체로 세상에
온다 그리 울부짖고 있음이니,
15 과연 그와 같은 것이 가능하다 생각하
는가?
16 육체의 형태를 가지고 온다는 나의
아들을 어찌하여 너희들이 볼 수 없
으며, 비밀스럽게 밤에 도적처럼 너희
들이 볼 수 없는 그와 같은 형체로 세
상에 온다 말하는가?
17 그러면서 너희들은 나의 아들이 육신
을 가지고 육신의 형태로 재림할 것
이라 그리 깨닫고 있으니, 거기에서
너희들은 이미 깨우침을 얻어야 할
것이니라.
18 육의 형태를 가지고 나의 아들이 어찌
하여 조용히 너희들이 알지도 못하게
비밀스럽게, 밤에 움직이는 도적의 그
림자같이 그와 같은 형국으로 재림하
여 올 수 있겠는가?
19 그와 같은 생각을 너희들은 하지 말라.
20 어떻게 밤에 오는 도적처럼 흔적 없이
육을 가진 나의 아들이 세상에 올 수
있다 생각하는가?
21 너희들은 그와 같이 육을 가지고 나의
아들이 세상에 내려옴이 아니라는 것
을 알아야 할 것이니라.
22 나의 아들이 재림한다는 것은 나의 뜻
을 가지고, 새로운 성령을 가지고, 새
로운 시대를 이루기 위하여 나의 뜻이
요, 내가 원하는 길의 가르침을 가지
고 세상에 다시 내려가는 것을 의미함
이니,

23 예수와 같은 똑같은 역사를 이룰 수
있는 나의 아들을 선택하며 나의 목
자를 선택하여 새로운 성경이요, 새로
운 시대가 열린다는 것을 알아야 할
것이니라.
24 너희들이 말하는 창조주의 말이요, 나
의 뜻이요, 말씀으로써 너희들에게 살
며시 내려옴이니,
25 바로 예수가 너희들에게 비밀스럽게
아무도 모르게 밤에 움직이는 도둑처
럼 살며시 온다는 그 뜻은 육을 가지
고 있는 나의 아들이 내려옴이 아니요,
26 너희들이 말하는 나의 말씀이요, 나의
뜻을 새로이 가지고 세상에 내려보낸
다는 뜻임을 너희들은 알아야 할 것
이니라.
27 그리하여 새로운 말씀이요, 새로운 성
경이요, 예수가 이루고자 한 그 뜻을
가지고 내려오는 자, 그가 새로운 성
경이니, 그 새로운 성경이 세상을 덮
게 되며,
28 그 성경이 덮음으로 인하여 나의 피
조물 만백성이 하늘에 오르는 길이요,
너희들이 선택된 길이 무엇이며, 너희
들이 구원을 받는 것이 무엇인가를 스
스로 각자가 깨우치는 그와 같은 역사
를 이루고자 하는 것이 나의 뜻이며
그와 같이 역사가 이루어지는 것을 의
미함이니,
29 이제 성서에 기록된 비밀스럽게 아무
도 모르게 온다는 것을, 나의 아들 예
수가 조용히 와 너희들만을 살며시
깨워 구원을 받는다는 그와 같은 착각
과 환상 속에서 깨우쳐야 할 것이니
라.
30 이 모두는 아무도 모르고 있음이니라.
31 이 나의 말씀이요, 나의 성령이요, 나
의 이 뜻이 세상에 내려와 새로운 역
사를 이룬다는 것을 너희들은 그 아
무도 모르고 있음이니, 바로 행하는
나와 이를 받아들이는 나의 아들밖에
는 모름이니,
32 나의 말씀이요, 나의 성령이, 예수가
재림하듯이 내가 이루고자 하는 성령
이 이미 도적처럼 세상에 내려와 있
으니, 이것이 바로 무엇이더냐?
33 나의 160권의 법전임을 너희들이 알
아야 할 것이니라.
34 이제 내가 나의 법전을 조용히 내려보
내며, 너희들은 예수가 재림하는 그
시대의 심판함을 알아야 할 것이니라.
35 이미 나의 성령이 도적처럼 너희들의
세상에 내려왔으니, 지금 바로 너희들
의 심판이 시작되었으며 너희들이 심
판을 받는 대열에 서 있음이니,
36 그 심판을 피할 수 없다는 것을 너희
들은 알아야 할 것이니라.
37 모든 종교의 지도자요, 많은 백성들은
나의 법전을 읽고 깨우치는 자, 그리
하여 너희들이 반성하는 자 심판대에
서 나에게 구원을 받을 것이요,
38 그렇지 않은 자 지옥행으로써 너희들
이 지은 죄의 대가를 벗어나지 못하며
그를 치러야 된다는 것을 알아야 할
것이며,
39 너희들이 나의 법전을 읽고 깨우치는
변화를 이루지 아니할 때, 너희들은
죽음의 길을 가고 있다는 것을 잊어서
는 아니 될 것이니라.
40 이미 도적처럼 아무도 모르게 비밀스

렵게 나의 아들 예수가 재림하듯이 나
의 성령이 세상에 재림하여 내려와 구
원할 자, 구원하지 못할 자 구분하는
그 심판이 시작되었음이니,
41 이 무서운 사실을 너희들은 알아 행하
도록 그리하라.

4,292 번째 하나님 말씀

2002년 12월 25일 12시 13분

1 사랑하는 나의 아들아!
2 "네, 아버님! 말씀하옵소서."
3 나의 법전이 세상에 전해지며 그 말이
꼬리에 꼬리를 물며 나의 법전이 흰
눈처럼 세상에 덮일 때, 그 소리는 천
둥번개보다 더 큰 무서운 소리로써 세
상이 변할 것이니라.
4 그리고 나의 법전이 진정한 나 여호와
의 뜻이요, 참진리요, 나 여호와가 만
백성을 구하기 위하여 마지막 내리는
성경이라 그들이 깨달을 때,
5 그리고 스스로 구약과 신약으로써 저
희들이 더 이상 무엇인가를 얻고 변화
될 수 없다는 것을 깨우쳐 그들이 일
어설 때,
6 그 소리는 바로 천둥번개보다도 더 무
서운 소리요, 큰 음성으로 큰 소리로
세상을 덮는 그와 같은 변화의 역사가
이루어질 것이니라.
7 그와 같이 나의 성령이 진정한 나 여
호와의 뜻이며, 나의 법전이 진정 새
로운 시대에 나의 아들 예수가 예언했
던 새로운 보혜사요, 새로운 말씀이라
는 것을 너희들이 알게 되었을 때, 그
천둥소리보다 더 큰 소리가 세상을 덮
을 때,
8 지금의 기존 종파 그 모두는 스스로
서서히 파괴될 것이며, 그들이 지금까
지 손으로 만들어 저희들이 하늘에 오
르는 길이라 하며 지상의 내가 만든
성전을 그리 오염시켰던 그 성전에 이
제는 거미줄을 치게 될 것이며,
9 나의 백성이 지금까지 잘못 살아오고
저희들이 속고 속아 온 그것이 너무나
도 분하여 그곳에 돌팔매질을 할 때가
도래할 것이니, 너희들이 그와 같은
시대가 옴을 알라.
10 그리하여 지금의 믿음의 종파들이 저
희들이 불안하며 공포에 떨며 이제 머
지않아 새로운 시대가 열린다는 것을
알고 있음이니라.
11 그리하여 저희들 자신이 흔들리기 시
작할 것이며, 저희들 자신이 내분이
일어나 서로 갑론을박하는 그와 같은
시시비비가 벌어지게 됨이니,
12 제 스스로 뿌리째 뽑아 버리며 그를
제거하는 자들이 그 속에서 나오게 됨
을 너희들은 알아야 할 것이니라.
13 나의 법전 즉, 나의 성령의 뜻을 알게
되는 백성이 이제는 인산인해를 이룰
것이며, 그들의 힘으로 인하여 그 모
든 종파가 잘못되었음을 알게 되며,
14 저희들이 지금까지 이끌어 온 그것이
얼마나 큰 죄악인지를 알고 깨우치는
종교 지도자, 그곳에서 평생을 살아와
고집스럽게 그를 돌이켜 보지 못하며
그를 버리지 못하는 자, 그 모두의 옳
고 그름이 세상에 드러날 것이니,
15 그것은 그들 스스로 심판하며 그들 스
스로 재판할 것이며, 그들이 구분하는

그와 같은 시대가 올 것이니라.
16 그리하여 지금의 종말의 시대를 이끌어 온 모든 종파가 새로운 개혁의 바람 앞에 저희들이 불합리하며 잘못된 것을 알게 될 것이며, 참진리가 무엇인가를 알게 됨이니,
17 그들이 불합리하고 잘못된 지금까지 이끌어 왔던 그 모든 추한 모습들이 노출되게 되며, 그리 노출될 때 나의 피조물 만백성이 그를 알게 됨이니라.
18 그리하여 너희들이 하늘에 오르는 길은 가장 유한 방법으로써 합리적이며 가장 기초적인 질서를 지키는 방향 속에서 하늘에 오르는 길이요, 나 여호와의 참진리가 거기에 있다는 것을 깨달은 만백성이 지금의 삶에서 탈바꿈하는 그와 같은 모습으로 변해질 때,
19 너희들이 나의 법전의 가르침을 알게 될 것이며, 나의 법전을 따르게 될 것이며, 나의 법전을 따르는 너희들의 가슴속에는 나의 성령이 충만되는 백성으로 됨을 너희들은 알아야 할 것이니라.
20 내가 너희들에게 약속하나니, 새로운 땅에 살 수 있는 나의 백성들을 내가 구분하고자 하여 그 자격을 갖춘 자를 지금 내가 심판하며 구분하고 있다 함을 너희들은 알아야 할 것이니라.
21 이제 나의 법전이 진정한 나 여호와의 뜻이라고 번개보다 더 큰 소리로 부르짖는 자들이 세상에 나올 때,
22 그때도 그 대열에 서서 나오지 못하며 그를 버리지 못하며 변화를 이루지 못하는 백성은 내가 손을 놓게 될 것이며,
23 그때라도 너희들이 깨우쳐 하늘의 두려움을 알고 나의 법전을 가슴에 안고 정독하며 새로 탈바꿈하여 변화될 때, 너희들은 내가 이루는 새로운 땅이요, 새로운 시대에 살아갈 수 있는 백성으로 선택됨을 잊지 말라.
24 내가 새로운 세상, 새로운 땅, 새로운 나라를 건설하는 곳에 너희들이 와 사는 자, 심판받을 자격이 있으며 구원을 받을 수 있는 길에 들어서는 역사가 이루어짐을 잊어서는 아니 될 것이니라.

4,293 번째 하나님 말씀

2002년 12월 25일 13시 07분

1 사랑하는 나의 아들아!
2 "네, 아버님! 말씀하옵소서."
3 세상에 나의 피조물 만백성 너희들이 나로부터 구원을 받기 원하지 않는 자 누가 있으며, 나의 성령을 들어 역사를 이루고자 하지 않는 자 누가 있는가?
4 참진리의 뜻을 따르며 참진리를 깨우쳐 나로부터 구원을 받고자 하는 것이 나의 피조물 만백성 너희들이 누구나 가지고 있는 생각이며,
5 그를 위하여 너희들이 목숨까지도 버리고자 하는 백성이 있지 아니한가?
6 그러니 내가 너희들이 갈구하는 그 뜻을 알거늘, 내가 너희들을 어찌 몰라라 하며 너희들을 등한시하겠는가?
7 나 여호와는 빛이요, 나 여호와는 형체가 없음이니,
8 너희들에게 나의 진리요, 나의 뜻을

전하고자 하면 그를 대행할 사람이 있
으며 받아 기록하여 너희들에게 전하
는 자가 있어야 하는 것은 너희들이
일찍이 알지 않느냐?
9 내가 2천 년 전 나의 아들을 통하여
예수로 하여금 나의 뜻을 전하게 했으
며 너희들을 깨우치려 하지 아니하였
던가?
10 지금 내가 새로운 성령이요, 새로운
뜻을 세상에 내려보낸다 해도 나 여호
와 창조주는 빛이요, 너희들이 말하는
형체가 없음이니, 내가 어찌하여 너희
들에게 그를 가르칠 수 있겠는가?
11 나의 아들 예수처럼 내가 나의 아들이
요, 나의 목자요, 내가 선택한 아들을
통하여 너희들에게 전하는 것은 당연
한 것이 아니던가?
12 그렇다면 너희들이 그리도 구원을 갈
구하며 참진리를 갈구함이니,
13 그러나 내가 예수에게 내려 너희들에
게 전한 성령을 가지고, 그 성경을 가
지고 지금 너희들이 바로 설 수가 없
으며,
14 만백성이 지금 이와 같이 험악한 세상
에 왔으며, 나의 성령인 성경을 가지
고도 저희끼리 서로 제 것만이 옳다
며 천태만상으로 갈라져 싸우고 있음
이니,
15 나 여호와가 과연 누구의 손을 들어줘
야 할 것이며, 거기서 누구를 선택하
여 나의 진정한 성경을 전할 수 있겠
는가?
16 내가 너희들에게 진정한 성경을 전한
다 해도 지금까지 머릿속에 박혀 있는
것을 버리지 못하며 그를 다스리지 못
하는 너희들이 되어 있음이니, 내가
너희들에게 줄 수 없음이니라.
17 지금 수천수만 가지 종교 지도자가 지
도자 나름대로 나의 하나의 성경을 가
지고 가르치는 방법이 각자 다르고 교
리가 다르며 설교함이 다르고 너희들
의 생각함이 다르니라.
18 그리하여 지금 너희들이 말하는 말세
요, 사악한 시대의 종말이 왔음이니,
19 이제 이와 같이 사악해져 악이 세상을
지배하며 선이라는 것은 찾아볼 수도
없는 형국에 도래하였음이니라.
20 너희들은 구원을 받기를 원하며 참진
리를 그리도 갈구함이니, 과연 내가
나의 사랑하는 백성 너희들을 저버리
며 너희들의 손을 놓아야 되겠는가?
21 너희들은 여기서 너희 스스로 깨우치
고 판정할 때가 되었음을 알아야 할
것이니라.
22 나 여호와가 너희들을 구원할 자와
구원하지 아니할 자로 심판하기 전에,
너희들 스스로 마음의 심판의 결심을
내려야 할 때가 되었음이니라.
23 나의 성령으로써 너희들을 이제는 더
이상 다스릴 수 없으며 바로 세울 수
없으며 너희들을 구원할 수 없는 이와
같은 험악한 지경에 이르렀음이니,
24 새로운 성령이요, 새로운 나의 뜻이
세상에 내려감은 당연한 것이 아니더
냐?
25 그렇다면 나의 성령이요, 나의 뜻을
통하여 만백성 너희들을 구원하고자
내가 한다면, 나는 빛이요, 형체가 없
는 창조주이니, 나의 뜻을 대행할 나
의 아들이 세상에 나가야 됨은 당연한

것이니,
26 그리하여 지금 나의 아들을 선택하여
내가 160권의 그 누구도 이룰 수 없는
대장서에 나의 가슴의 성령을 태워
하나도 아낌없이 나의 아들에게 전하
여 너희들을 구원하고자 지금 전하고
있음이니,
27 이와 같은 이치요, 순리를 너희들이
따져 본다 하여도, 지금의 나의 성령
이요, 나의 법전이 진정한 나의 뜻이
라는 것을 알 수 없겠는가?
28 너희들은 어찌하여 너희가 받지 못하
였으며 너희가 듣지 못하였다 하여 이
단이요, 사탄이라 말하는가?
29 바로 너희들이 사악한 마음으로써 악
마 쪽에 가 있는 백성으로 되어 있기
때문이니라.
30 가장 너희들이 대표적인 것이 무엇이
더냐? 성경 하나를 가지고 가르치는
너희들이 저희가 가르치는 것만이 진
정한 참빛이요, 나 여호와의 뜻이요,
그것만이 구원을 받는다 그리 생각하
고 믿고 감이니,
31 과연 그와 같은 것이 너희들의 욕심이
아니며 사악한 사탄의 마음이 아니던
가?
32 그러한 너희들이기에, 내가 나의 아들
을 통하여 지금 나의 법전이요, 나의
뜻을 내려보내나, 너희들이 그와 같은
마음을 갖고 있기에 너희들이 받지 아
니한 것은 사탄이요, 이단이요, 사악
한 것이라 그리 말하며 이를 들여다보
지 아니하려 하니,
33 잘못 가는 종교 지도자 너희들이 깨
우쳐 나의 피조물 만백성을 진정한 하
늘의 길로 인도하는 그 길을 가는 것
이 너희도 구원을 받으며 나의 피조물
만백성이 구원을 받는 길이거늘, 어찌
하여 너희들은 이를 보지 아니하려 하
는가?
34 이게 곧 너희들의 욕심 때문에 너희
들 자신이 화를 부르게 되는 것이며,
너희들이 구원을 받을 수 있는 그 길
마저도 잃게 되었음이니라.
35 나 여호와는 너희들을 사랑하기에, 너
희들이 참진리요, 진정한 하늘의 빛이
요, 하늘에 오르는 길을 보고자 하며
가르쳐 주기를 바라며 구원을 받기를
원하는 것이 너희들이 갈구하는 그 마
음이니,
36 나 창조주로서 갈구하는 너희들의 마
음을 받아들여 지금 내가 새로운 법전
이요, 나의 성령의 뜻을, 나의 아들을
통하여 160권의 장정의 이 법전을 내
려보내는 역사를 이루는 것이니,
37 바로 지금의 너희들의 믿음으로써 바
로 설 수 없고 실패를 하였으며 나의
성경을 가지고 가르치는 너희들이 다
실패를 하였음이니,
38 그 비유의 뜻 하나도 너희들이 모르고
있기 때문이니 내가 지금 이와 같이
역사를 이루느니라.
39 너희들은 손으로 쥔 것 하나도 바로
잡으려 하지 아니하는 것이 너희들이
라 아니 하였더냐?
40 너희들이 세상에 한 생명이 날 때 그
부모는 그 생년월일을 알며 그가 태어
난 날과 시를 아느니라.
41 그것은 변할 수 없으며 그것은 위장될
수 없는 정확한 답이 아니더냐?

42 몇 월 며칠날 그가 세상에 태어난 것
은 그 부모가 기록해 놓음이니 그것은
정확한 것이니라.
43 그러나 창조주인 나의 아들 예수가
세상에 태어난 날이 오늘의 너희들이
즐기고 그리 야단법석을 떠는 날이 아
니라 하였음이니,
44 그것 하나도 밝히려 하지 아니하고 그
저 우왕좌왕 너희들의 기쁨에 도취되
어 하루 즐기며 낭비하는 그 시간으로
써 보내니,
45 너희들이 그것이 나의 아들 예수가 세
상에 탄생한 날이라 그리 믿고 가는
그것 하나도, 눈에 보이는 것도, 정답
이 있는 것도 바로잡으려 하지 아니하
는 너희들이야말로 성서의 비유를 바
로잡으려 하지 아니하며,
46 그것이 비유로 된 것이 너희들에게 천
만다행이며 너희들을 위하는 길이라
하여 너희 마음대로 계명을 만들어 나
의 피조물 만백성을 지옥으로 인도하
며 재물과 금화를 거둬들이는 데만 이
용하고 있다 하였음이니라.
47 밝힐 수 있는, 나의 아들이 세상에 태
어난 날짜 하나도 밝히려 하는 자가
없으며 그를 알고 깨우쳐 그날을 지키
려 하는 자가 없는 너희들이,
48 과연 비유로 된 성경을 제대로 가르치
며 성서에 너희들의 힘들고 어려운
것을 너희 것으로 만들어 깨우쳐 가는
종교 지도자가 있을 수 있으며 그 길
을 가고자 하는 백성이 있겠는가?
49 그러니 너희들이 다 엉터리요, 사탄에
게 힘을 실어 주는 사악한 짓을 하고
있는 것이라 내가 수천 번 너희들에게
말했으니,
50 이와 같이 내가 하나하나 가르쳐 너희
손에 쥐여 주며 가슴에 안겨 주거늘,
그래도 깨우치지 못하는 백성 너희들
을 위하여 나 여호와가 이 법전을 다
내리고 있음을 알라.

4,294 번째 하나님 말씀

2002년 12월 25일 13시 26분

1 사랑하는 나의 아들아!
2 "네, 아버님! 말씀하옵소서."
3 너희들이 나로부터 명받아 세상에 나
감이니, 너희들은 모든 생명과 모든
영광의 은혜를 나 여호와로부터 무상
으로 받아 가지고 세상에 나가는 것이
니라.
4 그러나 너희들은 무상으로 나에게 모
두를 받아 나의 은총 속에서 세상에
나가나,
5 너희들이 세상에 나가는 그 순간에 그
모두는 다 정해져 있는 너희들의 생명
의 그 시간에 따라 너희들이 살아간다
는 것을 알아야 할 것이니라.
6 나 여호와가 너희들이 모두를 무상으
로 세상에 살아가도록 내보냈으나, 너
희들은 무상으로 사는 그 세월이 영원
히 사는 그 육의 삶이 아니요, 정해져
있는 내가 명한 그 시간을 산다는 것
을 알아야 할 것이니,
7 그와 같은 조건을 붙여 내가 세상에
너희를 내보냈음을 알아야 될 것이니
라.
8 너희들의 생명이요, 너희들이 나가 살
아가면서 너희들이 쓸 수 있는 그 시

간은 정확히 나로부터 한정되어 있으
며, 한정되어 정해진 그 시간을 가지
고 너희들이 세상에 나가서 오늘에
살아감을 알아야 할 것이니라.
9 너희들은 인생사 살아가면서 내가 내
려 준 그 생명이 정해진 그 속에서 살
며 명예와 재물을 위하여 살아가는 그
마음의 자세가 과연 어떠하던가?
10 너희들은 명예와 재물은 얻어도 또 잃
을 수도 있으며 잃었다 해도 다시 얻
을 수 있는 것이거늘, 그와 같은 생명
을 위해서는 너희는 모두를 다 바치며
살아가나,
11 나로부터 받아 나간 시간 즉, 너희들
의 생명이 흘러가는 것은 무엇으로써
도 다시 얻을 수 없으며 되돌릴 수 없
는 것이 너희들이 나로부터 가지고 나
간 생명의 그 시간이거늘,
12 그 정해져 있는 한정 되어 있는 그 소
중한 시간의 생명을 너희들은 소중함
을 모르느니라.
13 다시 얻었다 잃었다, 잃었다 또 얻을
수 있는 그 재물이요, 금화와 명예는
너희들이 그를 위하여 몸바쳐 몸부림
치고 구하고자 하나,
14 너희들이 정해져 있는 시간 속에 사는
그 생명의 삶을 얼마나 아름답고 곱
게 살아야 되는 것인지를 모르며,
15 내가 너희들에게 살라 명해 내려 준
계명에 따라 아름답게 내가 너희들을
세상에 내보내 준 원래의 그 모습으로
써 살아가고자 노력하는 것은 너희들
에게 찾아볼 수도 없음이니,
16 너희들은 어찌하여 돌릴 수도 없고 멈
출 수도 없는 정해진 그 소중한 너희
들의 시간을 위해서 그 시간 속에서
아름답게 사는 삶을 잊어버리고 사는
가?
17 정해지지 않은 돈이요, 명예요, 금화
요, 그 모든 것은 소중한 줄을 알면서,
한 번 써 버리면 다시 쓰지 못하며 다
시 돌아오지 못하는 나로부터 받아 나
간 생명의 그 시간은 소중한 줄을 모
름이니,
18 그 소중한 시간을 어찌 살라고 내가
너희들에게 그 정해진 시간을 내려 준
것인지 그 뜻과 이치도 모르고 사는
것이 너희들이니, 나 여호와의 이 아
픈 마음을 너희들은 아는가?
19 한정된 시간 속에 사는 너희가 어떻게
살아야 하겠는가?
20 정녕 불의한 짓을 하며, 거짓 하며, 남
을 욕하며, 남을 시기하며, 남의 것을
탐내며, 너희들이 과연 생명을 내려
준 나 여호와 외에 다른 신을 모시고
자 하며, 다른 신을 네 앞에 두고자 하
며 그와 같이 살아가는 것이 정녕 너
희들이 살아갈 수 있는 시간이며, 그
리 살아갈 수 있다 생각하는가?
21 이는 너희들이 상상할 수 없는 잘못된
삶을 사는 것임을 알라.
22 그와 같이 잘못된 삶 속에 살아가는
너희들이 지금 어떠한 길을 가고 있는
지 그 자체를 모름이니라.
23 내가 너희들에게 정해 준 그 정확한
시간 속에서는 내가 불로 써 내린 그
계명을 지키고 사는 것이 영원히 사는
길이라 하였거늘,
24 이를 지키고 살 수 없다 그리 말하는
백성, 너희들은 재물을 위해서는 몸을

바치나, 영원히 사는 그 삶을 위해서
는 노력하지 않는 어리석은 백성들이
니라.
25 이제 너의 제자들과 만백성 너희들은,
한정된 소중한 시간을 잘못 믿어 가며
잘못 살아가며 저희들이 가는 길만이
구원을 받는 길이며 하늘에 오를 수
있는 길이라 하며 가는 수없는 그 백
성들을,
26 그들을 멈추도록 하며, 그들을 되돌리
도록 하며, 그들이 가는 그 허무하게
쓰는 시간을 멈추는 그 역사를 너희들
이 이루어야 됨을 알아야 할 것이니라.
27 너희들의 형제들이 정해진 그 시간을
잘못 써 그들이 지금 살아가는 형국은
지옥으로 가는 그 시간이며,
28 나에게 구원을 받고자 하는 아름다운
쪽으로 정해진 그 소중한 시간을 쓰
는 것이 아니요,
29 너희들의 정해져 있는, 다시 한 번 돌
이킬 수 없으며 더 받을 수도 없으며
연장할 수도 없는 그 소중하고 소중한
생명의 시간을 지옥으로 가는 길을 위
하여 낭비하고 쓰고 있다면 과연 어찌
하겠는가?
30 사랑하는 나의 아들아!
31 "네, 아버님! 말씀하옵소서."
32 네가 아무리 힘들고 어려운 그 길이라
하여도 빠른 시간 속에 나의 법전의
160권을 세상에 내보내 그들을 구원
해야 될 것이며,
33 너를 따르는 제자들, 나의 법전을 읽
은 만백성 너희들은 나 여호와의 백성
들이 그 소중한 시간을 구원의 길이
요, 영원히 사는 길을 위하여 쓰는 것
이 아니요,
34 지옥으로 가는 그 삶을 쓰는, 그 황금
보다 더 소중하며 너희 목숨보다 더
소중한 그 목숨을 죽이고 살릴 수 있
는 그 시간을 지옥으로 가는 길을 위
하여 쓰는 너희들의 형제를 구원하는
데 두려워하지 말며 주저하지 말며,
35 남들이 이단이요, 사탄이라 너희들을
저주하고 욕하나, 그 말에 귀 기울이
지 말고 나의 법전을 그 가슴에 전하
여 주라.
36 너희들이 많은 짐승을 기르며 그들에
게 증거하기 위하여 불로써 저희들만
이 아는 암호를 그 몸뚱이에 새기듯
이,
37 나의 법전으로써, 나 여호와 하나님의
말씀이요, 나의 법전을 그들의 가슴속
에 깊이 심어 주는 데 최선을 다하여
그들을 바로 깨우치도록 그리하라.
38 그리고 너희들과 같이 올 수 있는 백
성으로 그들을 인도하는 것을 주저하
지 말라, 사랑하는 나의 백성들아!

4,295 번째 하나님 말씀

2002년 12월 25일 13시 48분

1 사랑하는 나의 아들아!
2 "네, 아버님! 말씀하옵소서."
3 지금 모든 종파의 집단은 정녕 나의
백성을 구원하고자 인도하는 것인가?
4 재물을 모아들이고자 하는 도구로써
너희가 전도하며 너희 성전으로 끌어
들이는 것이 너희들이 지금 그 길을
가는 행위는 아니던가?
5 너희들은 구원의 길을 안내하고 있다

말하는가, 그렇지 아니하면 재물을 긁
어모으는 그와 같은 행위로써 전도하
며 만백성을 너희 손으로 지은 성전
에 나와 구원을 받으라 그리 너희들이
아우성치며 소리 지르며 전하고 있는
가?
6 그러나 너희들에게 물을 때 너희들은
그리 말할 것이니라.
7 구원의 길을 안내하고자 함이요,
8 너희들은 재물을 긁어모으며 너희들
이 성전이라 하여 손으로 지은 곳을
지키며 그를 유지하기 위한 그와 같은
방법으로써 그런 행위를 하지 아니한
다 그리할 것이니라.
9 그렇다면 나 여호와가 너희들에게 한
번 물어보고자 하느니라, 너희들은 나
의 질문에 과연 답을 할 수 있는가.
10 너희들이 지금 나의 피조물 만백성을
너희들이 손으로 지은 그 성전으로 인
도할 때, 과연 너희들의 말을 듣고 따
라가는 나의 백성은 어떠한 마음으로
그 성전에 들어가는지 너희들은 아는
가?
11 그들은 자연의 이 성전이 나 여호와가
지은 성전이라는 것을 모르며
12 그리하여 너희들이 손으로 지은 성전,
너희들이 말로써 현혹하는 그리고 구
원을 받을 수 있다는 그 성전을 찾아
가는 나의 순박한 백성은 어떠한 마음
으로 간다 생각하는가?
13 그들은 아름다운 마음이요, 너희들이
지은 성전은 신비의 세계처럼 신성시
된 그곳이라 그들은 그리 생각하며,
14 그곳에는 천사와 같은 자들만 살며,
15 저희들이 지금 인간 세속에서 살아오
며 얽히고설킨 그 삶에 찌든 삶이 아
니라,
16 사랑이요, 베풂이요, 나눔이요, 그와
같은 신성한 곳이라 그들은 생각하며
기대를 갖고 그 속에 가느니라.
17 그리하여 세상사에 살아왔던 그것과
는 정녕 다른, 하얀 마음을 가지고 사
는, 하얀 눈으로 세상이 덮인 것처럼
순결한 사랑을 가지며 순결한 사람들
의 집단이라는 그 기대를 갖고 그들은
설레는 마음으로 너희들의 성전이라
는 곳을 찾아 들어가며 너희들을 따라
가느니라.
18 그리하여 그들은 너희들이 전도하는
말을 듣고 그리 들어감이니, 그들이
그곳에 가서 느끼는 것이 무엇인 줄
너희들은 알고 있는가?
19 그들이 얼마나 실망하며, 얼마나 추한
곳인지 그들은 머지않아 그곳에서 깨
닫게 됨이니라.
20 그리하여 그들은 그곳에서 나오고자
하며 발버둥치나, 이미 너희들이 거미
줄에 붙은 날파리처럼 거기서 나오지
못하도록 얽히고설켜 놓은 그와 같은
고리에 얽매여 나오지 못하는 그와 같
은 삶을 삶이니,
21 나의 사랑하는 백성들이 너희 손으로
지은 성전에 갈 때는 아름다운 신비의
세계요, 신성시된 세상이요, 그리고
하얀 눈이 세상을 덮은 것처럼 그 깨
끗하고 순결한 모습으로써 저희들이
살아왔던 찌들고 어렵고 힘든 그 세상
에서 도피하고자 가니,
22 너희들이 세 치 혓바닥으로 녹여 그
곳에 들어간 그들의 눈에는 어찌 비치

는지 너희들은 아는가?
23 처음에 너희들이 그를 맞이할 때는 눈
이 덮인 세상처럼 보나,
24 태양의 빛이 비칠 때 그 눈은 녹음이
니, 녹은 다음에는 더 추한 모습이 드
러나고 보이듯이,
25 그들은 그를 보고 깨닫고 실망하며 후
회함이니라.
26 그리하여 나오려 해도 거미줄에 걸린
날파리가 헤어나지 못함이니 결국 거
미에게 먹히듯이,
27 그들이 지옥으로 가는 그와 같은 형국
으로 가고 있는 것이 너희들의 형국이
니,
28 그러고도 너희들이 금화와 은화를 위
하여 거둬들이고자 하는 그 집단의 행
동이 아니며, 정녕 참진리요, 구원의
길이요, 나의 피조물 만백성을 구하는
길이라 그리 말할 수 있는가?
29 너희들 자신이 부끄러움을 알 것이며,
30 너희들 자신이 죄를 지으며 지옥으로
간다면, 지옥으로 가는 것이 두렵고
무서워 동행자를 만들어 가고자 하는
것이 너희들의 사악한 행동임을 알라.

4,296 번째 하나님 말씀

2002년 12월 25일 14시 02분

1 사랑하는 나의 아들아!
2 "네, 아버님! 말씀하옵소서."
3 나 여호와가 너희들에게 봉사와 희생
의 사랑을 실천하라 함이니, 그것만이
너희들이 하늘에 오르는 길이요, 정녕
구원의 길에 기초라 하였음이니라.
4 그러나 모든 악의 근원은, 너희들이
남을 사랑하고 봉사하는 희생의 마음
을 접어 두며, '남'을 사랑하고 아끼는
그 마음보다 '나'를 더 생각하게 되며,
남보다 너희 자신을 더 사랑하는 그
마음속에서 모든 악의 근원은 싹이 트
게 되며,
5 그 싹은 사악한 뿌리로써 너희 마음속
에 자리를 잡으니, 그리하여 너희들이
헤어날 수 없는 것이며, 선을 모르고
악에 살게 되어 있음이니라.
6 너희들이 정녕 사랑이요, 봉사함은,
7 '나' 자신을 먼저 생각하는, '나'를 먼
저 생각하는 그와 같은 마음의 뿌리를
다 뽑아 버리는 너희들의 노력과 마음
의 자세가 아닌 다음에는 너희들이 남
을 사랑할 수 없으며 사랑을 모르는
백성이 되게 되어 있음이니라.
8 너희들이 정녕 구원을 받으며 새로운
생명으로써 다시 태어나기를 원한다
면, 너희들의 마음속에 자리 잡고 있
는 그 악의 근원의 뿌리를 조금이라도
남겨 두어서는 아니 됨이니,
9 이는 너희 자신을 먼저 사랑하며 남
들보다 너 자신을 더 소중히 생각하
는 그와 같은 마음으로써는 너희들이
악의 씨를 뽑아낼 수 없음이니, 이는
곧 무엇이더냐?
10 너희들이 영원히 사는 그 생명의 구원
을 받을 수 없다는 것을, 이 이치를 알
고 살아가야 할 것이니, 그리 알아야
될 것이니라.
11 너희들이 그를 잊고 산다면 너희들은
무엇도 이룰 수 없으며,
12 그를 생각하며 너희들이 항상 너희
자신을 사랑하는 마음보다 남을 먼저

생각하고 남을 사랑하는 그와 같은 마
음으로 살아가야 함이니라.
13 그와 같이 '남'을 저버리고 '나'를 먼
저 생각하는 모든 생각을 다 지워 버
리지 아니한다면 너희들은 구원의 길
을 얻을 수 없음을 알아야 할 것이니
라.
14 여기서 너희들은 하나 깊이 깨우치고
가야 할 것이니라.
15 너희들이 즉 무엇이더냐? '나'보다
'남'을 사랑하는 마음이 구원의 길이
요, '남'보다 '나'를 먼저 생각하는 것
이 지옥에 가는 길이라 하였음이니,
16 이것은 육이 존재하는 한계에서만 이
루어지는 것이며, 육이 존재하는 이
세상에서 너희들이 행할 수 있는 선과
악의 근원이며 근본임이니라.
17 그러니 너희들의 육신이 존재하는 이
삶 속에서 너희들이 악을 품고 있다면
아니 됨이니, 너희 마음속에 있는 그
악을 다 털어 버리며 지워 버리지 아
니하면 아니 되는 것이니라.
18 너희들이 육의 삶에서 악의 씨를 가지
고 살다 죽어 내 앞에 온다면 그 악이
스스로 떨어지는 것이 아니요,
19 너희들의 죽은 그 육신은 육신으로 가
되, 내가 너희들에게 보내 준 그 영혼
속에는 너희들이 가지고 있던 그 악의
근원의 뿌리가 그대로 붙어 따라옴이
니, 영혼 속에 너희들이 악을 버리지
못함이니라.
20 그리하여 너희들이 죽은 뒤에도 그 악
은 너희들을 따라와 그 악이 나에게
와 심판을 받으니,
21 죽어 너희들이 그 악을 떨어트리지
못하고 그 악을 안고 나에게 와 심판
을 받을 때 너희들이 그 악을 안고 온
그 대가가 얼마나 무섭고 처참한지를
너희들은 아는가?
22 너희들이 육의 삶에서 그 악을 버리지
못하였기에 영혼 속에 그 악을 담고
온 그 죄의 대가가 너무나 처참하고
무서워,
23 나의 사랑하는 백성들이 육의 세상에
살면서 악의 근원의 뿌리, 즉 '남'보다
'나'를 생각하는 마음 하나 버리지 못
하여 너희들이 그 악의 씨를 영원히
가슴에 앉고 와 나에게 심판을 받고
고통을 받는 것을 내가 보기가 너무
고통스럽고 괴로워,
24 그와 같은 나 여호와의 마음을 덜어
달라는 것이 나의 아들이요, 나의 아
들을 따르는 제자 너희들에게 내가 간
곡히 부탁했던 그 뜻임을 알라.
25 너희들이 육에서 살며 모든 죄악의 뿌
리를 다 털어 버리고 나에게 와야 됨
이니라.
26 그를 털어 버리지 못하고 너희들이 왔
을 때 얼마나 고통인가를 알아야 될
것이니,
27 그와 같이 악을 털어 버리지 못하는
나의 백성들을 새로 태어나도록 그리
하여 그들이 새 영광이요, 새로운 축
복을 받을 수 있도록 생각을 돌려놓으
며 그들이 육의 삶을 바로 살아갈 수
있도록 하여 그 영혼이 구원받는다는
것을 나의 피조물 만백성에게 깨우쳐
주며,
28 육의 삶에서 너희들이 더덕더덕 그 지
은 죄는 영원히 나에게 와 심판을 받

을 때 하나도 떨어지지 아니하며 그
영혼의 가슴속에 그득히 그대로 하나
도 지워짐이 없이 오니,
29 그 영혼이 고통을 받는 것을 너희들이
잊어서는 아니 되는 이 이치를 깊이
깨우쳐 주도록 하라, 사랑하는 나의
아들아!
30 이리도 내가 하늘의 뜻이요, 하늘의
천기를 가르쳐 나의 법전에 기록하여
'하늘에 오르는 길'이요, '하나님의 말
씀'이라는 이 책을 너희들을 위하여
내가 나의 아들을 통하여 내려보내니,
31 정녕 너희들은 이를 보고 깨우쳐, 깨
우친 그대로 행하는 자가 되도록 하라.
32 너희들이 나의 법전을 읽고 깨우쳐,
이는 나 여호와의 뜻이며 창조주 내가
나의 아들에게 직접 명하여 너희들에
게 고치라는 그 명령서라는 것을 알게
될 것이며,
33 이를 읽고 너희들의 머리가 쭈뼛 서
는 것을 아는 백성들도 잘못 가르치는
종교 지도자에게 협의하고 타협하며
그들에게 자문을 받으러 가니, 그들이
세 치 혓바닥으로써 말도 안 되는 감
언이설로써 나의 법전을 찢어 버리라
하며 태워 버리라 하여, 놀랐던 그 무
서움을 지워 버리며 법전을 태우는 그
와 같은 백성이 셀 수 없이 있음이니,
34 너희들은 너희 머리가 쭈뼛 서는 그
무서움을 깨달았을 때 나의 법전을 들
고 나의 아들이 있는 이 성전에 달려
와 깨달음을 얻어 구원을 받도록 그
리하라, 사랑하는 나의 백성들아!
35 너희들이 악의 씨를 가슴에 안고 살아
간 다음에 너희들이 죽어 가면 너희들
의 그 영혼은 그 죄의 씨만큼 나에게
와서 벌을 받으나,
36 너희들의 육을 통하여 세상에 나가는
너희들의 후손이요, 자식이라는 자가
너희들의 가슴에 있던 그 악의 씨를
안고 나감이니 그 또한 구원을 받지
못하는 이와 같은 무서운 하늘의 법칙
을 너희들은 알아야 될 것이니,
37 아래위로 계승되는 너희 악의 씨를 너
희들 자신의 너희 세대에서 태워 버리
고 지워 버리도록 그리하라, 사랑하는
나의 백성들아! 그 일을 위해 선택된
것이 나의 아들의 제자들이며 나의 법
전을 읽고 깨우친 나의 사랑하는 백성
들임을 잊지 말라.
38 본분을 잊지 말라, 본연의 자세를 지
우지 말라.
39 본연의 임무를 잊어버리고 너희들이
살아갈 수 없듯이, 너희들이 그와 같
은 역사를 저버리고는 나에게 오를
수 없는 무서운 사실을 알라, 사랑하
는 나의 백성들아!

4,297 번째 하나님 말씀

2002년 12월 25일 14시 11분

1 "너는 나 외에는 다른 신들을 네게 있
게 말지니라.
2 너를 위하여 새긴 우상을 만들지 말
며, 또 위로 하늘에 있는 것이나, 아래
로 땅에 있는 것이나, 땅 아래 물속에
있는 어떤 형상이든지 만들지 말며,
그것들에게 절하지 말며, 그들을 섬기
지 말지니라.
3 너는 너의 하나님 여호와의 이름을 망

령되이 일컫지 말라.
4 안식일을 기억하여 거룩히 지키라.
5 네 부모를 공경하라.
6 살인하지 말지니라.
7 간음하지 말지니라.
8 도적질하지 말지니라.
9 네 이웃에 거짓 증거하지 말지니라.
10 네 이웃의 집을 탐내지 말지니라.
11 나 여호와가 존재함을 믿는 그 자체가
구원의 길에 들어서는 기본이요, 근본
이며, 나의 법전을 가슴에 안고 정독
하는 자, 반석 위에 서서 하늘에 오르
는 찬란한 빛을 보게 되는 영광을 얻
게 됨이니라."
12 사랑하는 나의 아들아!
13 "네, 아버님! 말씀하옵소서."
14 네가 이곳 성전 작은 골방에서 나에게
기도와 경배를 하기 위하여 십계명을
암송함이니,
15 그 십계명은 네가 있는 이 방에서만
울려 퍼지는 것이 아니라, 너의 음성
은 온 세상을 다 덮어 멀리멀리 퍼져
가는 것이니,
16 네가 암송하는 그 십계명이, 파도가
치면 그 파도의 물결이 뒤에 있는 물
줄기가 앞에 있는 물줄기를 밀어 가듯
이,
17 사랑하는 네가 눈물로써 십계명을 외
울 때 그 십계명은 계속 힘을 받아 밀
고 또 밀고 내려감이니,
18 네가 암송하는 그 십계명의 음성이 파
도가 밀려가듯이 세상을 다 덮어 감이
니라, 사랑하는 나의 아들아!
19 네가 힘들다 하여 중단하며 네가 어렵
다 하여 중단하며 네가 고통스럽다
하여 중단하면,
20 그 앞에 가는 파도를 밀어주는 뒤의
파도의 물결의 힘이 없다면 그 파도는
그대로 사그라짐이니,
21 지금 네가 암송하고 또 암송하여 내리
는 그 십계명은 뒤에 있는 파도가 앞
에 있는 물줄기를 밀어 바위에 부닥치
듯이 그 역사를 하고 있음이니,
22 네가 이 십계명을 암송하며 또 암송하
는 그 의미와 뜻이 있음이니, 이것은
네 골방에서만 퍼지는 것이 아니라 이
세상에 다 울려 퍼짐이니라.
23 그 십계명이, 네가 암송하고 암송하는
그 파도의 물줄기의 메아리가 세상을
다 덮었을 때 그 뒤를 따라나가는 것
이 나의 법전이며,
24 나의 160권의 법전이 그 파도가 쓸고
간 그 백사장을 만백성이 걸어가듯이
나의 법전이 그리 따라감이니 그리 알
라, 사랑하는 아들아! 오늘의 계명을
외우는 것을 고통스러워하지 말며 그
가 힘들고 어렵다 하여 눈물을 흘리지
말라.
25 사랑하는 나의 아들아, 그 이치가 여
기 있음이니,
26 네가 혼자 여기서 전함이니, 과연 네
가 누구던가?
27 이 세상 넓은 세상이요, 수십억 인구
중에 수천 년 역사에 수많은 그 백성
이 죽어 갈 때 나의 아들로서 선택한
자요, 나의 성령을 직접 받는 자는 너
이며,
28 지금은 네가 항아리에 오물이 묻어 있
으나 그 오물을 너 스스로 구르고 굴
러 씻어 내고 또 씻어 내어, 그 오물이

네 항아리요, 그 몸뚱이에서 떨어져
나의 성령의 생명수를 그 항아리에
받을 수 있도록 그 역사를 이루고 있
음이니,
29 지금 돌밭에 자갈밭에 산속 비탈진
곳에 그 항아리가 그것의 몸에 붙어
있는 그 오물을 털어 내 나 여호와에
게 새로운 생수를 받아 만백성을 구하
기 위하여 네가 지금 구르고 또 구르
고 있음이니라.
30 그 항아리가 나무에 부딪혀 깨질 수
있으며 돌에 부딪혀 깨질 수 있으나,
31 깨지고 또 깨져 부서진다 하여도 거기
에 있는 오물을 털어 냄으로 인하여
나 여호와로부터 생수를 받아 만백성
을 구할 수 있는 그 그릇이 되고자 네
가 오늘에 발버둥치며 울며 시달리며
고통 속에 가는 것을 나 여호와는 아
나니,
32 이 법전의 성령이요, 내 성령이요, 네
가 강론하는 그 성령이 그 제자들만
듣는 것이 아니요, 세상에 덮어 나가
기 위해 메아리처럼 퍼져 나가니,
33 계속 성령이 밀어주며 나의 성령의 음
성을 전하고 또 전하고 밀어내서 네
가슴에서 나오는 그 성령의 힘만이 앞
에 가 있는 그 성령을 밀어냄이니,
34 그가 구름처럼 세상을 덮을 때 나의
법전이 그 길을 따라 만백성을 구하는
역사가 이루어지는 것이니,
35 너는 잠시도 쉬어서도 안 되며 중단해
서도 안 되며 어렵고 힘들다 하여 네
가 누워서도 안 되며 덮어서도 안 되
며, 이 방을 뛰쳐나가서도 아니 되는
것이 너임을 알라, 사랑하는 나의 아
들아!

4,298 번째 하나님 말씀

2002년 12월 25일 14시 17분

1 사랑하는 나의 아들아!
2 "네, 아버님! 말씀하옵소서."
3 내가 인간 너희들을 만들며 모든 동물
보다도 높은 지혜를 주었으며,
4 너희들이 계산하는 방법을 배웠으며
재는 방법을 배웠으며, 앞으로 나갈
때와 뒤로 물러날 때와, 너희들의 지
혜로써 과학 문명으로써 모든 동식물
을 제패하며 다스릴 수 있는 그와 같
은 은혜를 내가 너희들에게 주었음이
니,
5 너희들 자신이 내가 그와 같은 능력을
주었으며 그 높은 지혜를 주어 세상사
를 다 통제할 수 있는 그와 같은 은혜
를 너희들에게 내려 준 것은 과연 어
떤 것인 줄 알겠는가?
6 이는 너희들이 세상사에 모든 동식물
과 살아가면서 지혜로써 그들을 이기
고 다스리는 그와 같은 삶의 지혜와
너희들이 지탱할 수 있는 기술을 내가
쥐여 준 것도 또한 그것도 말할 수 없
는 은혜이나,
7 내가 너희들에게 가장 큰 지혜를 준
것은, 가장 큰 은혜라는 것은 너희들
자신을 검토할 수 있도록 하고자 함이
니라.
8 너희들 자신을 검토하며 너희들을 들
여다볼 수 있으며 너희들이 살아가는
그 형태를 반성하고 회개할 수 있는,
그리하여 바른 삶을 살아갈 수 있는

그와 같은 지혜를 가져
9 구원을 받는 길이요, 구원의 빛을 볼
수 있도록 그리 높은 지혜를 너희들에
게 주었음을 알아야 될 것이니라.
10 내가 너희들에게 지혜를 준 것은, 선
과 악을 구분할 줄 알고 세상의 삶에
부닥치는 일들에 너희들이 그것을 아
름다운 쪽으로 이해하고, 잘못을 저질
렀을 때 잘못을 시인하고 살아가는 그
와 같은 유하고 부드러운 마음으로써
살아갈 수 있도록, 그와 같은 현명한
판단을 할 수 있도록 너희들에게 내가
지혜를 주었음이니라.
11 곧 이는 무엇이더냐? 너희들이 바로
설 수 있으며 바로 볼 수 있게 하고자
함이니라.
12 그리하여 너희들이 행하고 살아가는
그 모두를 들여다봐 너희들이 그 속
에서 바르고 옳은 길을 비추며 따라갈
수 있도록 그와 같이 너희들을 내가
다스려 주었음이니라.
13 이제는 너희들이 살아가는 모습이 어
떠해야겠는가?
14 너희들이 거울에 비춰 너희들의 모습
을 볼 수 있듯이, 그보다 더 자세히 그
보다 더 정확하게 들여다보는 그와 같
은 삶의 길을 가야만 너희들이 구원을
받을 수 있음을 알아야 될 것이니라.
15 그러나 내가 너희들을 들여다보며 다
스릴 수 있도록 준 그 지혜를 가지고
있는 너희들을 지금의 종교 집단이 어
찌 가르치고 있는가?
16 그들은 악과 선을 구분치 못하도록 너
희들을 만들어 놓았으며, 자기 자신을
검토할 수 있는, 그리하여 악과 선이
싸워 선을 구별할 수 있는 그 노력의
한계도 너희들이 갖지 못하도록 무능
한 백성으로 만들어 놓았음이니,
17 그것은 저희들이 너희들을 노예화하
며 금화와 은화를 거둬들이는 도구로
쓰고자 하는 사악한 종교 지도자들의
그 죄에 의하여, 그들의 계명에 의하
여 지금 이와 같이 험악한 세상이요,
말할 수 없는 사악한 시대가 되어 있
음을 너희들은 알아야 될 것이니라.
18 너희들은 너희 스스로 깨우쳐야 될 것
이니라.
19 내가 너희들에게 내려 준 그 지혜로써
너희들이 선과 악을 구분할 줄 알아야
되며,
20 너희들이 구원의 길이요, 아닌 것을
구분할 때가 되었으며 그리 가야 됨을
알라.
21 잘못 가르치는 종교 지도자들이 무조
건 저희들이 지은 성전에 와 금화와
은화를 바치면 예수요, 나의 아들의
보혈로써 구원을 받는다 말하는 그와
같은 깨달음에서 너희들이 구원을 받
을 수 없다는 것을 알아야 될 것이니
라.
22 너희들은 알아야 될 것이니라.
23 모두는 너희들이 판단하며 너희들이
결정하는 그와 같은 그 모두의 지혜를
주었음이니,
24 너희들이 알아야 될 것이니라.
25 나의 아들 예수의 보혈로써 구원을 받
았으며, 주의 인도하심으로써 구원을
받았으며, 주 예수 그리스도의 그 이
름만을 부르며 찬송하면 구원을 받는
다고 생각하는 그와 같은 것을 너희들

이 이제는 저버려야 될 것이니라.
26 그리하여 그 속에서 광란의 형태로써
광란의 짓으로써 너희들이 구원을 받
는다 하지 말라.
27 지금의 신앙이 그와 같이 잘못 가고
있음을 내가 나의 법전에 기록하여 너
희들에게 수없이 전함이니, 너희들은
이 뜻을 깨우쳐 알아야 될 것이니라.
28 스스로 깨우치는 자만이 구원을 받을
수 있으며, 스스로 깨닫는 자만이 구
원을 받을 수 있음이니라.
29 내가 너희들에게 가르치기를 어찌 전
하였더냐?
30 하늘에 있는 나 여호와요, 나의 말씀
이요, 나의 성령이요, 나의 성경보다
도, 나의 법전보다도 너희들이 무섭게
깨우칠 수 있는 것은 무어라 말하였던
가?
31 너희들과 같이 행하는 제자들이요, 너
희 동료들이요, 너희보다 못한 자, 너
희보다 더 가진 것이 없는 자, 능력이
없는 자가 변화될 때, 그가 정도로 살
아갈 때, 아름다운 모습으로 살아갈
때,
32 너희들이 부끄러움을 피부로 직접 느
끼고 깨달았을 때 거기서 얻는 가르침
이 나 여호와의 성경이요, 법전이요,
나의 아들을 통하여 내리는 성령보다
도 변하는 것이 더 무서운 것이며 산
교육이라 말했으니,
33 너희 스스로 판단하고 결정하여 구원
을 받도록 내가 지혜를 높이 주었음이
니, 지금의 신앙의 그 세계에서 너희
들이 평가하고 판단하여 뛰쳐나오는
용기가 있는 자만이 나로부터 구원을
받을 자임을 알라.

4,299 번째 하나님 말씀

2002년 12월 25일 16시 16분

1 사랑하는 나의 아들아!
2 "네, 아버님! 말씀하옵소서."
3 너희들이 나의 피조물 만백성에게 강
론하기를 그리 말하느니라.
4 너희들이 아무리 곧고 바르게 살아왔
다 하여도 지금의 삶을 반대로 살아가
는 삶을 살지 아니하면 너희들이 구원
을 받을 수 없으며 깨달음을 얻을 수
없다 그리 말함이니,
5 지금 너희들이 강론할 때 만백성이요,
나의 아들의 선택된 제자 너희들과 나
의 법전을 읽고 깨우쳐 나의 성전에
오는 그 백성들에게, 지금까지 삶의
모두를 너희들이 반대 방향으로 살아
가는 것이 구원의 길이라 그리 말하며
그와 같이 사는 것만이 구원의 길을
바라볼 수 있다 함이니라.
6 과연 너의 제자들은 어찌 사는가?
7 너희들은 말로써는 만백성을 깨우칠
때 지금까지 살던 삶에서 반대로 돌아
갈 때 구원을 받는다 그리 말하면서,
과연 너희들은 어찌 사는가?
8 우선 너희들부터 그 삶이 반대로 돌아
야 될 것이며 반대로 사는 삶을 너희
들이 먼저 행해야 되거늘,
9 너희들은 많은 나의 백성들을 그리 깨
우치고자 하나 정녕 너희들이 행하는
삶은 과연 어찌 사는가 너희들 자신을
돌아다봐야 됨을 알아야 할 것이니라.
10 가르치는 자가 잘못 가르치는 그와 같

은 형국이 되어 수천 년 동안 흘러오는 이 지상의 많은 백성이 지금 지옥의 길을 달려가면서 구원의 길이라 몸부림치는 그와 같은 형국이 되어 있음이니,

11 너희들 또한 너희들이 반대 방향으로 살아야 구원의 길을 볼 수 있는 삶이라 하였으니,

12 그는 지금까지 살아온 너희들의 삶이 잘못된 것이기에 그 반대요, 역순으로 살아가는 것이 구원의 길이라 너희들이 그리 가르침이니,

13 말로써는 그리하나 너희 제자들이 직접 행동을 먼저 그리하지 못한다면 그는 지금 수천 년 동안 흘러오면서 믿음이 잘못된 백성들이 지금 가고 있는 그 형국과 무엇이 다르던가?

14 너희들은 나의 법전에 기록된 내용을 하나하나 그대로 행하고 실천하는, 그 이루는 역사가 중요함을 알아야 될 것이니,

15 나의 법전의 내용을 가지고 내가 너희들에게 다른 백성에게 갑론을박하지 말라 하는 것과

16 그리고 많은 지금의 종교 지도자들이요, 믿음의 길을 가고 있는 자들에게 법전을 세 번 읽어 너희들이 너희 것으로 완전히 만들지 못했으면 그들과 갑론을박하지 말라는 그 의미요, 뜻이 거기에 있음을 알라.

17 너희들이 과연 그 종교의 지도자요, 지금의 믿음의 길을 가는 집단들에게 법전에 기록된 내용을 가지고 강론할 때,

18 그들이 '과연 당신은 그리 사느냐?' 물을 때 말 못 하고 얼굴을 붉히고 돌아서는 너희들이 되어서는 아니 되기 때문이니,

19 너희들이 먼저 반대로 사는 그 삶을 살라.

20 나의 성경에 기록되어 있는 나의 십계명과 나의 법전에 기록되어 있는, 너희들이 행하고 지켜야 될, 내가 직접 명한 그 내용들을 실천하고 행하는 그와 같은 삶을 살 때,

21 너희들은 남들과 갑론을박을 할 수 있으며, 지금의 잘못 가는 종교 지도자요, 그곳에 가서 구원을 받는다는 백성을 구원할 수 있는 자격이 있으며 갑론을박할 자격이 있기 때문이니라.

22 그들이 하나하나 나의 법전에 기록된 내용을 너희들에게 들이대며 '과연 너는 그와 같이 사느냐?' 물을 때, 너희들이 대답 못 한다면 과연 되겠는가?

23 그 대답을 할 수 있는 삶을 살아야 됨이니, 그리하기 위해서는 너희들이 나의 법전에서 너희들에게 요구하고 원하는 것이 무엇인가를 깨달아야 될 것이니라.

24 그리하여 나의 법전을 정독하여 그 속에 있는 깊은 뜻을 깨달으라 하며, 그리 행하는 그와 같은 그 깨달음에 너희들이 자신이 없을 때는 어떠한 사람과도 갑론을박하지 말라 함이니라.

25 너희들이 과연 무엇이 그들과 다르던가?

26 실천하는 것이 다름이니라.

27 십계명을 지키고 살 수 없다 말하는 그들 앞에서 너희들이 당당하게 십계명은 영혼의 구원의 양식이요, 나 여

호와 하나님이 내려 준 길이라 말할
때,
28 그러면 너희들은 과연 그리 지키고 사
느냐 그들이 대번에 반문할 것이며 그
걸 그들이 너희들에게 따질 것이니,
29 그때 너희들 자신이 당당하게 말 못
하며 얼굴 붉히고 돌아서는 나의 선택
된 백성이 되어서는 나의 법전이 낙엽
이 됨을 알라.
30 너희들이 그와 같이 살고 있을 때 너
희들이 그 백성들과 갑론을박할 자격
이 있음이니,
31 바로 오늘의 삶을 너희들이 반대로 사
는 그 역사의 변화를 먼저 가지라.
32 그렇지 아니하면 너희들이 나의 피조
물 만백성과 갑론을박할 자격이 없으
니, 그는 너희들이 말할 자격이 없음
이니라.
33 너희들이 그들과 차별화됨은 곧 무엇
이더냐?
34 십계명을 너희들은 그대로 행하고 지
키고 사는 것으로써 그들과 차별화되
며 그들에게 할 말이 있는 것이 너희
들이니, 이를 명심해서 행하도록 하라.
35 그들은 지키지 않으면서 지킬 수 없
다 말하니, 그들이 정녕 더 솔직하지
아니한가?
36 너희들은 지킬 수 있으며 지키고 살아
간다면서 실질적인 면에서는 지키지
못한다면 너희들이 더 위선자라 말할
수 있지 않은가?
37 너희들은 지키는 자가 되라.
38 그리고 당당히 그 모습대로 살아가는
자가 되어,
39 그들이 '과연 당신은 지키고 사느냐?'
할 때 '나는 그리 지키고 살고 있습니
다.' 그리 말할 수 있는 너희들이 되어
그들과 갑론을박했을 때,
40 너희들이 가지고 있는 그 법전을 그들
이 고개 숙여 거둬들일 것이니 그리
알라.

4,300 번째 하나님 말씀

2002년 12월 25일 16시 22분

1 사랑하는 나의 아들아!
2 "네, 아버님! 말씀하옵소서."
3 지금 수천 년 동안 그 역사와 전통을
가지고 그 관습대로 믿음이라는 길을
온 집단과 그 많은 저희들의 손으로
지은 성전을 운영하는 그 백성들이 잘
못 가며,
4 그들의 믿음이 나의 뜻과는 관계없이
벗어난 자라 내가 너희들에게 말함이
니라.
5 그리고 지금 가고 있는 그 백성들이
구원의 길이요, 참진리의 길이라 하여
가고 있는 것이 얼마나 어리석은 길
이며 얼마나 잘못된 백성들인가를 내
가 그들에게 가르쳐 주었음이니,
6 지금 나의 법전을 읽고 깨우쳐 가고자
하는 너의 제자들과 그 백성들과의
차이점이요, 그들의 어리석음이며 너
의 제자들이 현명함이 여기 있음이니,
그를 알라.
7 너희들 또한 마찬가지며 그들도 마찬
가지이니라.
8 너희들은 죄인이며 죄를 많이 지은 사
람이라 그리 말하며 죄인으로서 생각
하느니라.

9 그러나 나로부터 선택된 너의 제자들은 어떤 백성들이더냐?

10 너희들은 마찬가지로 그들처럼 죄라는 것을 알며 죄지은 것을 알며 그를 인정함이니라.

11 그러나 너희들은 그 마음속에 지은 그 죄를 씻어 내기 위하여 몸부림치고 있으며,

12 나의 법전을 읽고 깨우쳐 그 내용에서 가르치는 그대로 하나의 과거에 지은 죄도 너희들이 마음속에서 찾아내어 그를 씻어 버리려 애를 쓰며 끊으려 애를 쓰며,

13 그리하여 너희들이 아름다운 쪽으로 변하는 것이 나의 법전을 읽은 백성이요, 나로부터 선택된 자들이니라.

14 죄를 회개하며 몸부림치는 그 속에서 너희들이 하나하나 그를 진정 찾아내어 씻어 내며 새로운 변화를 이루는 것이 나의 법전을 읽고 나로부터 선택된 백성들이니라.

15 그러나 지금의 종교 집단이요, 그 믿음의 길을 가고 있는 백성들은 과연 어찌 가는가?

16 지금의 종교 집단이요, 신도라 하는 그들은 저희들이 많은 죄를 지은 것을 알며 죄지은 것이라 저희 스스로 인정하며 그들 또한 고백하며 악을 쓰며 눈물로써 회개하고자 하느니라.

17 그러나 그들은 그와 같이 회개를 하면서 저희들의 가슴속에 있는 그 죄를 씻어 내며 그를 닦아내며 그와 같은 일을 반복하고자 하는 것이 아니라,

18 저희들의 죄를 인정하며 눈물 흘리고 고백하고 악을 쓰며 찬송을 부르며 광란의 짓을 하되,

19 그들은 저희 스스로 지은 죄를 반성하며 찾아내어 씻어 내는 너희들과 같은 마음 자세가 아니라,

20 나의 아들 예수의 이름을 부르며 '주여, 주여!' 찾음으로 인하여 그들은 구원을 받을 수 있으며 저희들은 구원을 받는다 그리 생각하는 그 차이점이 얼마나 무서운지 아는가?

21 그들은 그리하여 광란의 눈물로써 기도하며, 저희들이 '주여, 주여!' 나의 아들 예수를 부르며 그 은혜에 감사한다면서 저희들이 흥분하여 강론할 때는 나 여호와의 이름을 마음대로 부르며

22 저희 집 애견을 부르듯이 눈물을 흘리면서 내 이름을 악을 쓰며 부르는 것이 그들의 형국이며, 부르짖고 부르는 그 속에서 구원을 받았다 생각하는 자들이니라.

23 저희들이 지은 죄를 하나하나 찾아내어 씻어 내며 그것으로써 더 반복하지 아니하며 내일의 삶을 위하여 저희들이 아름답게 변해 가는 것이 아니라,

24 오로지 나의 아들 예수의 보혈로써 구원을 받으며 '주 예수'만 찾으면 구원을 받으며 저희들의 손으로 지은 성전에 와 재물을 바치며 금화와 은화를 바치고 하늘에 많이 쌓아 놓은 것이 구원의 길이요,

25 부모와 형제의 인연을 끊어 가면서까지도 저희들이 그저 '주여', '주'를 찾으면 구원을 받는다 그리하며 사랑의 실천은 하지 아니하는 것이니라.

26 그러나 너희들은 어찌하는가?

27 너희들이 지은 죄를 하나하나 씻어 내
며 사랑을 몸소 실천하는 것이 구원의
길이라 하여 너희들이 하나하나 행하
여 가며 변하여 가니,
28 그 변화의 차이점을 봐도 어떤 것이
사악한 것이요, 어떤 것이 나의 참진
리인가 너희들이 알지 않겠는가?
29 그것이 바로 너희들과의 차이점임을
알아야 될 것이니라.
30 재물을 바치며 금화와 은화를 하늘에
많이 바치는 것이 구원을 받는 길이라
그리 생각하는 그와 같은 믿음이 얼마
나 어리석고 잘못된 것인가?
31 그들은 정녕 용서받을 수 없는 그 길
을 가고 있음이니라.
32 지금 나로부터 선택된 백성, 나의 법
전을 읽은 자, 그 백성들은 어떠하더
냐?
33 저희들의 가슴에 있는 그 죄를 하나하
나 찾아내어 그를 씻어 내려 하며 그
를 후회하며,
34 그 잘못 산 것을 지금에 열 배로써 갚
고자, 아름다운 삶으로 변하고자 하는
것이니라.
35 말로써 나의 아들 예수의 보혈로써 구
원받았다 하며 '주여, 주여!' 부르는
것만이 구원을 받는 것이 아니며, 저
희들의 손으로 지은 성전에 가 나 여
호와를 찾으며 나를 부르는 것만이 구
원을 받는 것이 아니라,
36 몸소 실천하고 행하여 그 죄를 사하고
자 하는 그와 같은 변화의 역사를 이
루는 것이니, 과연 너희들은 어떠한
것이 나 여호와의 뜻이더냐?
37 내가 오죽하면 너희들에게 말하였겠
느냐?
38 저희 집에 기르는 강아지의 이름을 부
르듯이 나의 이름을 불러 대면서 구원
을 받고자 하는 것이 그들이며,
39 금화와 은화로써 갚아야 되며 그를 바
쳐야 구원을 받는다는 어리석은 삶을
가고 있는 그 백성들을 너희들은 구원
해야 될 것이며,
40 그들을 너희들과 같이 다 손을 잡고
나의 나라에 올라올 수 있도록 그 역
사를 이루는 것이 너희들이니,
41 너희들이 변하는 모습만큼 만백성을
구하는, 변화시키는 그와 같은 역사를
너희들이 스스로 이루어야 할 것이니
라.
42 너희들이 체험한 것처럼, 나의 법전을
읽고 깨우쳐 얻은 것처럼, 너희들이
나로부터 무상으로 얻은 그 구원의
길이요, 선함이요, 변하는 그 모습이
요, 너희 마음이 변하는 그 역사함을
그대로 너희 이웃에게 가르쳐 주고
깨우쳐 주어
43 그 백성을 구원하는 길에 최선을 다하
는 것이 나 여호와의 은혜를 너희들이
갚는 것임을 잊어서는 아니 될 것이니
라, 사랑하는 나의 아들딸들아!

4,301 번째 하나님 말씀

2002년 12월 25일 16시 34분

1 사랑하는 나의 아들아!
2 "네, 아버님! 말씀하옵소서."
3 내가 너희들에게 뭐라 전하였느냐?
4 나의 법전은 어린아이들부터 깨우치
며 그들의 손에 쥐여 주라 하였음이

니라.
5 이는 바로 어린나무는 너희들이 바로 잡아 키울 수 있으나 노송이 되면 그를 바로잡을 수 없다 내가 너희들에게 깨우쳐 주었음이니,
6 지금 어린아이들이요, 젊은 아이들이 나의 법전을 읽고 깨우쳐야 새로운 시대요, 새 역사를 그들이 이룰 수 있음이니라.
7 너희들은 이 지상의 동양의 작은 나라에서 젊은이들의 그 역사함을 보지 않았던가?
8 젊은 사람들이요, 그 젊은 아이들의 변하는 소용돌이야말로 새로운 역사를 이루며 천 년의 역사를 단축시키는 그와 같은 역사가 이루어짐이니라.
9 너희들은 법전을 세상에 만들어 전하되, 너희들이 노송들에게, 노송을 바로잡고자 하는 그 공덕을 들이는 노력보다 젊은이들에게 나의 법전을 쥐여 주라 함은,
10 젊은이들이 변화되었을 때 바로 그 시대의 변함이 오느니라.
11 지금 모든 잘못된 성전에 거미줄을 치며 그 문을 닫게 되는 그 모두도 다 그들의 힘으로써만 이루어지는 것을 너희들은 알아야 될 것이니라.
12 그리하여 동양의 작은 나라에서 그와 같은 역사의 기적을 내가 너희들에게 보여 주었거늘 어찌하여 너의 제자들은 그리도 어리석어 그를 깨우치지 못하는가?
13 젊은 시대에 젊은 사람들, 젊은이요, 어린아이들로부터 너희들이 나의 법전을 전해 주어 읽고 깨우치도록 하는 그 역사함을 이제는 잊어서는 아니 될 것이니,
14 너희들이 나이 든 자에게 법전을 전해 주는 것이 아니요, 젊은 아이요, 젊은 이들에게 전해 주도록 그리하라.
15 그들이 읽고 깨우쳤을 때, 그들이 대변화의 역사를 이룰 것이니, 그것이 나의 뜻임을 알라.
16 내가 일찍이 너희들에게 그리 전하였거늘, 어찌하여 너희들은 내가 명한 명령을 그리 소홀히 들으며 하나하나 소중히 듣지 아니하는가?
17 내가 흘러가는 말로써 너희들에게 명하는 그 모두도 세월이 지나면 그것이 무한한 뿌리를 가지고 있는 것이며 대역사를 이루는 뜻이라 말하였느니라.
18 지금의 천둥번개 치는 소리보다도 작은 소리로 전하는 것이 더 위대한 역사가 이루어질 수 있다 함을 너희들은 어찌 모르는가?
19 그 젊은이들이야말로 나의 법전을 들고 가방에 넣고 뛰며 손에 들고 뛸 수 있는 그와 같은 역사의 소용돌이가 변하여짐이니,
20 어찌하여 내가 일찍이 가르쳐 준 그 깊은 뜻을 너희들은 모르는가?
21 그를 잊지 말고 그리 행하도록 하라.
22 이제는 너의 제자들에게 노송을 바로잡고자 하는 것이 아니요, 젊은 나무들을 갖다 바로잡는 그 역사를 이룸이니,
23 너희들이 바로 세울 수 있어서 기쁨이 있으며, 그를 바로 세워서 너희들이 재목으로 쓸 수 있으니 기쁨이 거기 있느니라.

24 이제는 어린아이요, 젊은이들에게 나의 법전을 수없이 전해 주어 그 속에서 대변화의 역사를 이루도록 그리하라.

25 내가 두 번 다시 너희들에게 이 뜻을 전하지 아니할 것이니, 이것으로써 너희들이 깊이 깨우쳐 전하도록 그리하라.

26 그리고 너의 제자들에게 일러 법전에 기록되어 있는, 열여섯 권의 내용 중에 기록되어 있는 작고 큰 내용들을 하나하나 점검할 것이며,

27 그 속에서 너희들이 찾을 것과 내가 원하는 그 뜻을 다 깨우치는 데 최선을 다할 것이며,

28 그 기초 위에 너희들이 160권의 법전의 대변화의 역사를 알 수 있으며, 내가 무엇을 원하는 것이며 무엇을 이루고자 하는지를 알게 됨이니라.

29 내가 다시 한 번 너희들에게 전함이니, 이제는 나의 법전은 아이들과 젊은이들의 손에 쥐여 주는 데 역점을 두라.

30 그들이 너희들을 찾아왔을 때 시대의 대변화의 역사가 이루어지며,

31 천 년의 역사가 그 반으로 줄어들 수 있는 것은 바른 나무들에게 바르게 설 수 있도록 깨우쳐 주고 가르쳐 주는 그 역사가 바로 그와 같이 이를 이룰 수 있는 것을 잊지 말라.

32 그리하여 내가 1부에 그를 기록하여 적어 주었음이니라.

33 어린아이들에게 전해 주라, 그리고 어린아이들을 가르치고 지도하는 선생들에게 깨우쳐 줘 그들이 그 역사를 전할 수 있도록 그리하라 하였음이니,

34 너희들은 이해관계를 따지지 말라.

35 너희들은 경제적인 이해관계요, 너희들이 이 법전을 만들어 세상에 전하는 거기에 들어가는 금화와 은화에 대하여 계산하지 말며 생각하지 말라.

36 그 모두는 나 여호와가 다 이루어 줄 것이니,

37 이제 너희들은 어린아이들에게 나의 법전을 쥐여 주는 그 방법으로 가라.

38 나이 든 자들을 가르침이 아니니라.

39 지금 어린아이들의 생각이 너희들보다 더 높이 있으니, 너희들은 너무 무서운 세상이라 통곡할 것이니라.

40 지금의 너희들이 60이 넘은 인생보다도 지금 열 살 미만의, 열 살짜리 아이들이 생각하는 것이 더 무서우리만큼 높아져 있으니,

41 그들이 인간의 인성을 잊어버리고 본연의 자세를 잊어버리고 지금처럼 그들이 저 자신만을 아는 삶으로 살아갔을 때 그를 막을 길이 없으니,

42 지금서부터 구부러져 있는 그 어린나무를 바로 세우도록 해야 될 것이며,

43 그리하여 그들이 바로 섰을 때 나의 법전이 전해지는 역사가 이루어지며, 그들을 바로잡아야만 그 기틀이 세워짐이니라.

44 그들이 다시 커 노송이 될 때까지 비틀어지고 비틀어진 상태에서 그들을 잡는다면, 다람쥐 쳇바퀴 도는 그와 같은 형국으로써 너희들은 반복, 반복되는 그 세월 속에 너희들이 죽어 가게 됨이니, 너희들은 나의 이 뜻을 깊이 알아 오늘서부터 깨우쳐라.

45 경제적인 것이요, 금화와 은화를 생각
하지 말고, 그저 어린아이들 손에 이
법전을 전해주고 쥐여 주는 데 최선을
다하라.
46 그것이 미래 사업의 꿈임을 알라.

4,302 번째 하나님 말씀

2002년 12월 25일 20시 45분

(강론을 마치며)

1 사랑하는 나의 아들아!
2 "네, 아버님! 말씀하옵소서."
3 내가 네가 십계명을 암송하도록 하며
네가 이 강론을 하는 것은 어떠한 역
사를 한다 말하였느냐?
4 "네, 아버님께서 말씀하셨습니다.
5 제가 여기에 앉아 십계명을 암송하면
여기에 있는 제자들만 들으며 여기
있는 사람들만 듣는 것이 아니요, 온
세상의 백성들의 귀에 들리도록 그가
퍼져 나간다 하셨습니다.
6 파도가 쳐 뒤에 밀려오는 파도가 앞
에 있는 물줄기를 밀어내듯이, 제가
십계명을 암송하고 암송함으로 세상
에 퍼져 나가는 그 십계명의 가르침을
세상에 밀어내는 그와 같은 역사를 한
다 하셨으며,
7 제가 여기서 제자들과 더불어 강론하
는 그것 또한 여기서 저의 제자들만이
듣는 것이 아니요, 이 강론이 앞에 있
는 물을 밀어내는 파도처럼 계속 밀어
내는 그와 같은 역사를 한다 하셨으
며,
8 십계명을 암송하는 것이 세상에 전해
지며 강론하는 것이 세상에 전해졌을
때, 그 전해진 그 쓸고 간 십계명이 지
나간 곳에 하나님의 법전이요, 하나님
의 성령이 전해지는 그 역사가 이루어
진다 그리 말씀하셨사옵나이다."
9 그러니라. 너희들 제자들이 강론하며
갑론을박하는 것 또한 그러하니라.
10 그들이 한 사람을 놓고 상대하나 그
말이 세상에 나감이니, 그는 악을 밀
어붙이며 선을 존재하도록 그와 같은
힘이 되는 것이니,
11 그와 같이 너희들이 선한 것이 뒤에서
받치고 또 받쳐 밀고 나갈 때 악은 서
서히 밀려 나가는 그와 같은 역사가
이루어짐을 알아야 될 것이니라.
12 네가 말하였느니라. 오로지 네가 바로
서는 것이 너의 제자들을 사랑함이며,
너의 제자들을 구원하여 나의 품에 올
수 있도록 네가 같이 올 수 있는 길이
라 하여, 네가 바로서는 것이 나의 법
전을 만백성이 믿게 되며 그를 존재할
수 있는 근거라 네가 말하였느니라.
13 지금 너희들이 신약과 구약의 그 역사
속에서, 신약은 절대적인 것이며 한
획도 고쳐서는 안 되며 그것은 오로지
나의 성령이라 말하는 것이 무엇인 줄
알겠는가?
14 예수의 삶이 잘못되었으며 그 삶이 혼
탁한 것이 기록되었으며 그 삶이 잘못
되어서 너희들이 시시비비가 된다 하
면, 그 성경이요, 신약은 여기에까지
존재해 오지 아니하며 지금까지 너희
들이 끌고 오지 못하였을 것이니라.
15 바로 그러 하니라. 그보다 더 큰 역사
요, 그보다 더 큰 위대한 것을 이루기
위하여 네가 인간 세속에서 60평생

살아온 이 삶에서 예수와 같이 내가
너를 지금 다스려 가고 있음을 알라.
16 모든 백성이 예수는 신비의 세계에서
나와 그의 사생활이요, 그의 살아가는
것이 하나의 흠집이 없는 것같이 보이
니 그 신약의 성경을 귀중한 것처럼
그들이 지켜 가듯이,
17 네가 60평생 인간 속에서 살아오면서
네가 바로 서, 먼저 온 나의 아들 예수
처럼 바로 서는 나의 아들이 되었을
때 그 파괴력이요, 그 역사의 존재함
이요, 그를 보고 깨우치는 그 역사는
형용할 수 없으며,
18 반드시 그와 같은 역사 속에서 나의
피조물 만백성이 깨우침을 얻고 변화
를 얻는 것이니, 그리하여 마지막이
며, 마지막 시대에 이루어짐을 알라.
19 너 또한 나의 아들 예수처럼 신비의
세상에 나와 나의 법전을 전한다 하면
과연 어찌하겠는가?
20 지금과 같이 험악한 세상이 또 그리
도래되며 그와 같이 반복되는 역사가
이루어짐이니라.
21 그리하여 너희들이 나에게 와 심판을
받아도 두말할 수 없도록 60평생 너
희들과 똑같이 살아온 나의 아들 너로
하여금 예수의 삶과 같이 지금서부터
변하는 대역사를 이루어, 한 점의 부
끄러움이 없는 나의 아들로서 너를 세
워 놓고자 함이며, 내가 그리 세워 놓
음이니,
22 그보다 더 위대한 파괴력이 없음을 알
라.

4,303 번째 하나님 말씀

2002년 12월 26일 08시 14분

1 사랑하는 나의 아들아!
2 "네, 아버님! 말씀하옵소서."
3 정녕 진정한 보석을 가지고 남에게 팔
고자 하는 사람은 많은 말이 필요 없
다 하였음이니라. 그게 진정한 보석이
기 때문이니라.
4 네가 너의 제자들 앞에서 말하느니라.
5 네가 가장 아름답게 변하며 예수와 같
은 삶을 사는 것이 제자 너희들이 같
이 구원을 받는 길이며,
6 네가 할 수 있는 길은 그 길이라 말하
며, 너는 또한 그리 변하여 갈 수 있다
말하며, 그리 변하고 있다 말함이니라.
7 정녕 변하여져 가고 있다 하면 그걸
말하지 아니하여도, 남에게 말을 하지
아니하여도 너의 제자들이요, 만백성
이 너의 변하는 모습을 아느니라.
8 네가 아무리 변하며 네가 갈 수 있다
하여도, 네 입으로 스스로 네가 변해
가 있으며, 너의 제자들을 위하여 같
은 생명의 너의 제자들을 구원하여 지
옥 불로 가지 아니하게 하기 위하여
네가 변한 사람이 될 수 있으며 완벽
한 삶을 살 수 있다 말하는 것은 아직
도 네가 부족함을 말하는 것이니라.
9 남들이 네가 변해 있고 네가 변하는
모습을 먼저 보고 알게 되어 있음이니,
10 너 스스로 변할 수 있으며 변할 자라
그리 말하는 것은 네가 아직도 완벽하
게 변하지 못한 증거이니라, 사랑하는
나의 아들아!
11 모두는 너의 제자들이 미리 알고 평가

할 것이며, 제자들 스스로 네가 변했
다 생각하는 것이 진정 변한 모습이
요, 그들이 네가 완벽하게 갈 수 있다
믿을 때 네가 완벽하게 갈 수 있는 나
의 아들이 됨이니라.
12 네 입으로 말함은 물론 네가 기쁘고
기쁜 마음에서 네가 변화되는 모습을
보며 너의 제자들에게 너를 따라오라
그리 말하기 위하여 네가 그리 표현
하는 것을 알고 있음이니라.
13 네가 너의 제자들에게 말하기를, 아직
도 자신이 없는 것은 믿음이 약한 것
이며 나의 법전을 깊이 연구하지 아니
하고 게으르기 때문에 '갈 수 있을까?
변할 수 있을까?' 불안해하는 마음을
갖는다 그리 가르침이니,
14 이는 네가 변한 그 경지를 너의 제자
들에게 보여 주며, 너도 변할 수 있으
니 제자도 변할 수 있다 그를 가르쳐
주는 것이나,
15 그리 말하는 것보다도 그 제자가 너의
변하는 모습을 보고 스스로 자신이 용
기를 가지고 자신이 변할 수 있다는
생각을 하여 가는 그 제자야말로 영
원히 변하지 않는 제자가 될 수 있음
이니라.
16 네가 아무리 변하는 모습이 기쁘고 네
가 변하는 모습을 제자에게 전하고 싶
어도 네 말로써 전하는 것이 아님이니,
17 행동으로써 보고 느끼고 변할 수 있도
록 그리하라, 사랑하는 아들아! 그것
이 진정한 가르침이요, 그것이 진정한
제자를 육성하는 길이니, 이제 너는
그리 갈 때가 되지 않았는가?
18 "네, 아버님! 알겠사옵나이다. 정녕 하
시는 말씀의 그 뜻을 알겠사옵나이
다."
19 네가 생각하기에는, 인간이기에 네가
변하는 모습을 가르쳐 주며 네가 변하
는 모습을 대화로 그들에게 깨우쳐 주
고 가르쳐 주고 싶으나,
20 그리하는 것보다도 그들이 스스로 너
를 보고 느낄 수 있도록 묵묵히 네가
오로지 지금과 같은 그 길을 가는 것
으로써 그들에게 천 마디 만 마디 가
르치는 것보다 더 소중한 그들의 가르
침임을 알라, 사랑하는 나의 아들아!
21 "네, 아버님! 알겠사옵나이다."
22 내가 너를 사랑하노라.
23 그 누구도 갈 수 없으며 그 누구도 인
내할 수 없는 길을 너는 가고 있으며,
갈 수 있기에 나의 아들로서 내가 세
상에 내려보냈음이니,
24 지금서부터 네가 변화된 진정한 나의
아들의 그 형태로써 예수 못지않은 그
삶을 네가 살아갈 것이니,
25 내가 너를 칭찬하여 하는 말을 너의
제자들이 알고 들을 것이나, 네 입으
로 말하지는 말라, 사랑하는 나의 아
들아! 너를 사랑하느니라.

4,304 번째 하나님 말씀

2002년 12월 26일 08시 19분

1 사랑하는 나의 아들아!
2 너희들이 살아가면서 너희 자신도 소
중함을 아나, 남의 삶도 소중함을 알
아야 될 것이니라.
3 그러나 지금의 종교 집단은 어찌 살아
가는가?

4 남의 소중한 삶은 어떻게 되든지 그들
은 상관하지 아니하며 관계하지 않는
그와 같은 집단으로 변하여 만백성을
구한다 부르짖는 것이니라.
5 남의 인생의 삶을 소중히 생각하며 그
를 깨우쳐 주어야 하는 종교 집단이,
6 남은 어찌 되든지 상관하지 않으며,
지금은 남이 생각하는 남의 느낌이나
남의 감정 따위는 전혀 관여하지 아니
하며 생각도 두지 않는 그와 같은 지
금의 종교 집단으로서 변하여져 있음
이니라.
7 그리하여 저희들의 집단 속에 한번 들
어오면 저희들의 생각과 저희들의 계
획과 저희들이 만든 인간의 계명대로
나의 사랑하는 백성을 끌고 감이니,
8 나 여호와의 진정한 십계명조차도 부
끄러워 고개를 들 수 없으며 나 여호
와도 너희들을 바라보기에 창피하고
부끄러워 고개를 들 수 없는 그와 같
은 나의 백성이요, 나의 아들딸들이
지금 하늘에 오르는 길이라 하여 가고
있음이니,
9 나의 참진리요, 진정한 하늘에 오르는
참빛의 길이 그들을 구원할 수 있는
틈이 없으며 그곳에 들어가 비칠 길이
없음이니라.
10 그리하여 그들은 나의 백성들을 세뇌
하여 무기력하게 만들어 종과 같이 다
루어 쓰고 있는 그와 같은 실정이니,
11 과연 너희들은 독재자가 독재자인 줄
알고 가는가?
12 독재자가 독재자라 하는 자 없음이니,
13 독재자가 끌고 가는 그 앞에 과연 민
주주의라는 단어와 그와 같은 민주주
의의 삶을 어디서 찾아볼 수 있으며,
거기에 뿌리를 내릴 수 있겠는가?
14 지금 너희들이 살아가는 이 세상에 사
탄의 그 횡포가 너무나도 가혹하여 구
원의 길과 진정한 참진리가 존재할 수
있는 것이 하나도 없음이니,
15 너희들을 어찌 변화시키고 너희들을
어찌 나의 길로 인도할 수 있다 하는
가?
16 지금 나의 피조물 만백성을 그와 같이
만드느니라.
17 인간의 존엄성과 인간의 가치와 인간
의 생각과 그 모두를 다 묵살시키며
저희들이 만든 그 계명에 따라 끌고
감이니,
18 그곳에 한번 들어가는 자 영원히 나
올 수가 없음이니, 거미줄에 걸린 날
아다니는 벌레와 같이 그리되었으니,
그 벌레는 과연 어찌 되는가?
19 이와 같은 형국의 지금의 집단 속에서
너희들이 살아 나오는 길이 얼마나 힘
들고 어려운 것인가를 알아야 될 것이
니라.
20 지금의 가고 있는 그 모든 집단이 사
악한 악마의 뿌리로서, 후손으로서 지
금 존재한다는 것을 너희들은 알아야
될 것이니라.
21 너희들이 거기에서 그와 같은 사악한
무리가 아니라면, 너희들의 집단끼리
만 대화하며 너희들의 집단끼리만 사
랑하며, 형제지간에도 우애를 저버리
며 같은 길이 아니라 하여 인간 이하
의 취급을 하는 그와 같은 너희들의
옹졸하며 폐쇄적인 마음의 행동부터
문을 열어야 될 것이니,

22 그 문을 열고 난 다음에 너희들이 정
녕 나로부터 선택된 백성이요, 너희들
이 가는 길이 하늘에 오르는 길이라는
것을 알라.
23 너희들만을 생각하는 그와 같은 것은
아집이요, 세상의 모두를 다 버리게
되는 욕심 때문에 '나'를 먼저 생각한
다는 것을, 그 이치 하나도 깨우치지
못하는 것이 너희들임을 알라.

4,305 번째 하나님 말씀

2002년 12월 26일 08시 24분

1 사랑하는 나의 아들아!
2 "네, 아버님! 말씀하옵소서."
3 인간사 너희들 세상 속에 살아가는 백
성 중에서도 너희들이 사업을 하든 기
업을 하든, 모든 것을 캐묻고 또 캐물
어 파 보고 또 파 보고 또 다스려 보고
다스려 많은 경험을 들어 가면서 너희
들 것으로 만들어 사업을 하며 기업을
해도 실패할 수 있고 실수할 수 있음
이니라.
4 그러나 조사하지 않는 백성보다도 깊
이 조사하고 연구하고 깨우친 사람이
실수가 적음이니,
5 너희들이 남과 무엇을 거래한다 하더
라도 너희들이 그 사람에 대한 것을
꼬치꼬치 캐묻고 완벽하게 안 다음에
거래하면 실수가 적은 것이 인간 세상
의 삶이 아니더냐?
6 그저 감정에 따라서 기분에 따라서 너
희들이 거래하다 보면 그 상대방의 깊
은 마음이요, 깊은 뜻을 알지 못함이
니 너희들은 실패를 자초하게 되며,
7 또한 실패를 한 다음에 너희들이 후회
하며 그 후회가 막급하여 재기할 수
없는 그와 같은 인간의 삶을 살아가느
니라.
8 어린아이도 부모에게 묻기를 좋아하
는 아이가 많은 상식을 가지며 많은
것을 깨달으니, 그 삶에 따라서 또한
그 변화의 속도가 빠른 것이니라.
9 너희들은 인간 세상에 살아가면서 모
든 것도 꼬치꼬치 캐묻고 하나 둘 그
깊이를 알고 파고들어 가 완전히 그
실체를 안 다음에 모든 것을 행해도
실수가 있거늘,
10 너희들은 인간 세상의 삶에서도 그리
살아가는 것이거늘,
11 영원히 구원을 받는 생명의 그 길을
가는 너희들의 믿음이요, 종교를 선택
함에 있어서는 어찌 그리 어린아이가
부모에게 묻듯이 꼬치꼬치 파헤쳐 보
고 따져 보지 아니하고 너희들이 함부
로 그와 같은 길을 가는가?
12 이제 내가 나의 백성 너희들에게 전함
이니, 너희들이 구원의 길이라 말하는
그 성경을 파헤쳐 보라.
13 그리고 파헤치고 또 파헤쳐 그 뜻을
알며 연구를 하고 그 의미를 알도록
하면 너희들이 어떠한 것이 진정한 길
이며 구원의 길인가를 알 수 있음이니
라.
14 이제 너의 제자들에게 가르치고, 나의
법전을 읽은 만백성 너희들은 모든 성
경의 깊이를 파헤치라.
15 그리고 너희들의 종교 집단에 대해 가
고 있는 그 형태를 다 파헤쳐 갈기갈
기 너희들이 분석해 놓은 다음에 거기

에서 정녕 너희들이 참진리라 생각하
면 그 길을 가도 늦지 아니하거늘,
16 어찌하여 너희들은 그리 파고 또 파
꼬치꼬치 캐고 들어가야 인간 세상에
도 사업을 그와 같이 하는 자가 실패
를 덜 한다 하였거늘, 너희들의 가장
소중한 영혼이 구원을 받는 인생의 삶
의 그것을 갖다가 함부로 던지는 그와
같은 어리석은 삶을 사는가?
17 성경도 파헤쳐 보며 나의 법전도 파헤
치고 또 파헤쳐 너희들이 그와 같이
잘못되고 잘됨을 거기서 구분하여 선
택의 길을 찾아야 될 것이니,
18 그저 꼬치꼬치 따지고 파헤치는 그와
같은 마음을 가져 그와 같이 연구하고
또 연구한 다음에 너희들이 진정한 믿
음의 길을 선택하도록 그리해야 실수
가 적을 것이니, 그리하도록 하라.

4,306 번째 하나님 말씀

2002년 12월 26일 12시 05분

1 사랑하는 나의 아들아!
2 "네, 아버님! 말씀하옵소서."
3 배고픈 자가 그 밥 한 그릇을 먹었을
때 그 밥의 소중함을 아느니라.
4 배부른 자는 그 밥의 소중함을 모르느
니라.
5 너희들이 나의 법전을 읽고 나의 뜻의
강론을 들으며,
6 너희들이 배고파 한 끼의 밥을 먹어
그 밥의 소중함을 알듯이, 내가 내리
는 모든 그 작고 큰 뜻을 너희들이 그
보다 더 소중히 받아들이며 더 소중함
으로 깨닫는 너희들의 마음의 변화가
필요함을 알아야 될 것이니라.
7 내가 나의 아들을 통하여 하늘의 뜻이
요, 천기를 너희들에게 가르쳐 주나
8 너희들이 그 소중함을 모르며 그 귀함
을 모른다 하면 너희들 머릿속에 남는
것이 없으며 너희들이 깨우침이 없음
이니,
9 한 번 너희들에게 전하는 이 뜻도 얼
마나 소중한 것인가를 너희 스스로 알
아야 될 것이니라.
10 지금 모든 백성이 이를 듣지 못하며
강론의 소중함을 알지 못하나,
11 너희들은 수없이 나로부터 들음이니,
너희들이 그를 잊어버리며 소홀히 생
각하는 그와 같은 마음의 자세로써는
깨달음을 얻을 수 없음을 알아야 될
것이니라.
12 항상 긴장된 마음으로써 너희들이 마
음을 다스리며 너희들이 나의 강론을
들어 하나하나 너희 것으로 만들었을
때,
13 그것이 곧 너희들이 내면과 외면의 변
화의 역사를 이룬다는 것을 잊어서는
아니 될 것이니라.
14 이제는 너희들이 이 성령이 나의 참진
리요, 나의 뜻이라는 것을 알게 될 것
이니라.
15 그리고 너희들이 알지 못했던 성서의
그 깊이를 하나하나 내가 나의 아들을
통하여 너희들에게 깨우쳐 줌은, 이게
곧 나의 진정한 진리요, 하늘의 뜻이
라는 것을 너희들은 잊어서는 아니 될
것이니라.
16 어떠한 백성도 그 뜻을 볼 수 없으며
그 뜻을 이해할 수 없는 것이니라.

17 아무리 너희들이 웅장한 집단을 이끄
는 종교 지도자라 하여도, 그들이 외
형적으로 너희들을 강압하고 군림하
는 자라 하여도 참진리의 간단한 뜻을
모르고 있음이니 이를 어찌하면 되겠
는가?
18 너희들이 음식을 만들 때 넣는 양념의
그 맛을 모르고 넣는다면 그 양념을
쓸 수 없음이니라.
19 그 양념의 맛을 알고 그 뜻을 아는 자
만이 그를 얼마만큼 사용해야만 그
음식이 제맛을 내는지를 아는 것이니,
20 지금 모든 종교 집단들이 그 양념의
맛을 모르기에 그 양념의 쓸 것과 그
양념을 더 넣고 덜 넣는 그와 같은 방
법을 모르고 있는 자들이니라.
21 그리하여 너희들이 짠 곳에 또 소금
을 부어 넣는 그와 같은 무질서한 형
국이요,
22 아무런 이치요, 질서가 없는 그와 같
은 속에서 믿음의 길을 가고 있는 것
이 지금 너희들의 종교 집단이 가고
있는 것이니라.
23 그 음식에 양념을 적당하게 넣어야
그 음식의 맛이 나는 것을,
24 그들은 그저 생각나는 대로 퍼부어 그
음식을 만들고 있음이니, 그 음식을
누가 먹을 수 있으며, 과연 그것이 가
치 있는 음식이라 할 수 있느냐?
25 그와 같은 자들에게 너희들이 깨우쳐
주어야 될 것이니라.
26 소금이라는 것을 넣는 곳에, 또 마늘
이라는 것을 넣는 곳에 그 양을 가르
쳐 주는 것이 너희들이 해야 할 일이
니 이를 잊지 말도록 그리하라.
27 그리하려면 너희들이 그 음식의 맛을
먼저 알아야 될 것이며 그 양념의 특
성을 알아야 될 것이니,
28 가르치는 너희들이 맵고 짜며 싱거운
맛을 모른다면 가르칠 수가 없음이니,
29 그 모든 비법이 나의 법전에 들어 있
으며 나의 아들을 통하여 내리는 강론
속에 들어 있으니, 그를 너희들이 하
나도 놓치지 말고 하나도 작게 생각하
지 말며 소중히 들으라 함이니라.
30 그것을 너희들이 듣고 흘려버린다면
너희들이 그 양념 맛을 모르면서 그
양념을 넣으라 마라 너희가 그리 가르
치는 형국이 됨이니,
31 그 음식을 버리는 자, 지금의 종교 집
단들이 가고 있는 형국과 무엇이 다
르던가?
32 너희들마저도 제대로 된 음식을 만들
지 못한다면 그 누구도 만들 수 없기
때문이니라.
33 내가 그 비법을 하나하나 가르쳐 주는
것이니, 여기는 크고 작은 것이 없으
며 위대하고 소홀함이 없음을 너희들
이 알아야 될 것이니라.
34 항상 긴장하는 그 마음으로 가라.
35 며칠을 굶어 한 끼의 밥을 취하는 자
가 그 소중함을 알듯이,
36 그보다도 더 무서운 집념으로써 너희
들이 공부를 해야 될 것이며, 나의 성
령의 뜻을 들어 깨우쳐 너희 것으로
만들어야 될 것이며,
37 나의 법전에서 너희들에게 가르치는
그 뜻 하나도 놓쳐서는 아니 됨을 알
라.
38 너희들은 말하기를 성서에 한 자도 빼

고 더하지도 말며 한 획도 고치지 말
라 그리 말하니, 그것은 넣고 빼는 것
이 아니니라.
39 거기에 기록되어 있는 그 내용을 그대
로 잘 이해하라는 것이니라.
40 너희들이 한 획을 지워 버리며 한 받
침을 지워 버렸을 때 그 내용이 틀림
이니 거기다 넣고 빼는 것이 아니라,
41 거기에 기록되어 있는 것을 완벽하게
깨우치고 너희들 것으로 만들어 이해
하라는 뜻을 거기에 가르쳐 주었음이
니라.
42 인간이 성경에다 한 자를 더 넣고 빼
고 마음대로 가르치지 말라는 뜻이
아님이니,
43 우선 나의 법전에 있는 획 하나하나도
놓치지 말며 헛되이 생각하지 말며 너
희들이 읽고 깨우치라는 것이니,
44 그 뜻을 너희들이 깊이 깨우쳐 깨달음
을 얻도록 하라.

4,307 번째 하나님 말씀

2002년 12월 26일 12시 20분

1 사랑하는 나의 아들아!
2 "네, 아버님! 말씀하옵소서."
3 너희 인간들이 육을 가지고 세상에 살
아가는 너희들은 삶의 그 환경에 따라
너희들의 인격의 변화가 이루어지며
너희들이 변하는 그와 같은 삶을 살도
록 되어 있음이니라.
4 풍요로운 삶 속에서 살아가는 자 풍요
로운 마음을 갖게 되며,
5 어려운 생활 속에서 살아가는 자 그
어려운 생활에 부닥치는 모든 환경을
몸으로 체험하며 살게 되어 있음이니,
너희들의 인격의 변화가 또한 너희들
의 살아가는 모습의 형태에 따라 변화
되는 것이니라.
6 그리하여 너희들은 어렵고 힘든 그 삶
이며 너희들의 환경이 잘못되어 잘못
된 인생을 사는 그와 같은 삶 속에서
도 너희들이 거듭 다시 태어나는 그와
같은 삶의 변화로 역사를 이루는 자만
이 구원을 받을 수 있음을 알아야 될
것이니라.
7 환경에 젖어서 너희들이 변화된 인격
그대로 인생을 산다 하면 거듭나는 인
생이요, 새로 태어난 인생의 삶을 살
수 없는 것이 너희들임을 알아야 될
것이니라.
8 이제 너희들은 새로 태어나는 삶을 위
해서 거듭 노력하고 변화되는 그 속에
서, 나 여호와가 원하지 아니하는 그
행위를 하지 아니하며 내가 바라지 아
니하는 행위를 하지 아니하며 사는 것
이 너희들이 정녕 나의 아들과 나의
딸로서 나로부터 생명을 받아 나간 그
은혜에 감사드리는 길임을 알아야 될
것이니라.
9 나 여호와가 원하는 뜻이요, 내가 바
라는 그 뜻대로 너희들이 노력하고 살
아가면 구원을 받을 것을, 너희들은
그를 실천하지 못함이니라.
10 너희들이 나의 뜻에 따라가는 길은 악
을 버리고 선을 선택하는 그 길이기에
너희들이 스스로 살아가고 변화하기
가 힘든 것이니라.
11 그러나 너희 습성에 젖어 있는 그 모
두를 변하는 역사만이 너희들이 다시

태어나는 삶이니,
12 너희들이 오죽 인간의 환경에 적응하
고 살던 그 삶을 버리고 변하는 것이
얼마나 어렵고 무서우면 '세 살 먹은
버릇이 여든까지 가도 고치지 못한
다.' 하는 그와 같은 너희 세속에서 하
는 교훈이 있겠는가?
13 너희들은 그러나 그 버릇을 고치기가
힘이 들고 힘이 든다 하여도 중단하면
아니 됨이니라.
14 너희들은 정녕 그리 살아가다 힘이 들
고 어려운 고비에 부닥칠 때마다 좌
절하면서 하는 말이 무엇이더냐?
15 인간이기 때문에 이를 이룰 수 없으며
인간이기 때문에 이를 넘을 수 없다
그리 말하느니라.
16 아니니라. 힘들고 어려울 때마다 너희
들은 인간이기에 넘을 수 있으며, 인
간이기에 고칠 수 있으며, 인간이기에
거듭 태어날 수 있으며,
17 인간이기에 나 여호와가 원하지 않는
일을 하지 아니하며, 내가 원하는 뜻
대로 살아갈 수 있는 그와 같은 위대
한 삶의 생활로 변할 수 있는 것이 너
희들이라는 것을 잊어서는 절대 아니
됨을 너희들은 알아야 될 것이니라,
사랑하는 나의 백성들아!

4,308 번째 하나님 말씀

2002년 12월 26일 12시 23분

1 사랑하는 나의 아들아!
2 "네, 아버님! 말씀하옵소서."
3 너희 인간들에게 나 여호와가 지혜를
주어 깨우쳐 내가 너희를 지도자로
쓰고자 하며 너희를 높이 쓰고자 하
여 너희에게 능력과 지혜를 주었을 때,
4 너희들은 나의 뜻에 살아가는 그 어렵
고 힘든 그 깨달음의 길을 가는 것이
아니요, 너희들이 조금의 변화가 되었
을 때 너희들은 신이 되고자 하며 작
은 신의 대우를 받고자 하는 것이 너
희들의 마음에 가지고 가는 삶이니라.
5 그리고 너희들의 그 삶의 속성이 나
여호와를 화나게 하는 그와 같은 삶을
살아가는 것이 너희들이며,
6 내가 도저히 용서할 수 없는 그와 같
은 삶에 너희들이 죄의식을 느끼지 아
니하고 살아가는 것이 지금의 삶의 행
위이니라.
7 그리고 나 여호와가 원하는 그 뜻을
따름이 아니요, 나로부터 등을 돌리는
그와 같은 삶을 살아가는 것이 너희들
이니, 그를 보는 나 여호와가 어찌해
야 되겠는가?
8 내가 너희들에게 무어라 말하였느냐?
9 만인을 사랑하는 마음을 갖고 살라 하
였음이니라.
10 너희들 자신을 사랑하는 마음을 가지
고 너희 자신을 남보다 먼저 사랑한다
면 너희들은 정녕 변할 수 없다 하였
음이니라.
11 그러나 너희들은 이기적인 생각을 버
리지 못하며 이기적인 마음으로 그득
히 차 있기 때문에,
12 한 발짝만 높이 서서 세상을 내려다보
면 다 볼 수 있으며 진리의 길을 알 수
있거늘, 그 이기적인 것 때문에 너희
들이 한 발짝을 더 올라오지 못하며
더 높이 오르지 못하고 있음이니,

13 그 이기적인 생각이요, 너희들이 신이
되고자 하는 그 오만한 생각이요, 그
자만한 것을 너희들 마음속에서 뿌리
를 뽑아냈을 때,
14 너희들이 정녕 나로부터 선택된 지도
자요, 목자로 설 수 있으며 만백성을
가르칠 수 있는 지도자로 설 수 있는
자임을 알아야 될 것이니라.
15 나는 모든 나의 백성들이요, 미리 듣
고 깨우친 너희들을 지도자로 세워 어
리고 모르는 자, 그들을 깨우치는 중
요한 자로 쓰고자 하나,
16 너희들이 스스로 좀 더 깨우쳐 내가
쓰고자 할 때 스스로 작은 신의 형태
로서 대우받는 자로서 군림하는 자로
서 돌변하는 것이 너희들의 지금의 종
교 집단이니,
17 너희들이 개척 교회의 어렵고 힘든 그
마음의 자세를 가지고 가는 종교 지도
자가 과연 몇 명이나 있으며, 지금 세
상에 존재하고 있는가, 그것을 하나
너희들이 손으로 꼽아 따져 보면,
18 지금의 종교 집단들이 얼마나 잘못 가
고 있으며 신이 되고자 변하는 것인가
를,
19 나의 뜻을 거역하는 것이며 나를 화나
게 하고 내가 더 이상 참을 수 없는 그
와 같은 역경으로 가도록 너희들이 추
한 행위를 하고 있다는 것을 알아야
될 것이니라.

4,309 번째 하나님 말씀

2002년 12월 26일 16시 15분

1 사랑하는 나의 아들아!
2 지금 믿음의 길을 가고 있는 이 지상
의 헤아릴 수 없는 수십억의 인구들
이 그들은 어찌하여 주인 없는 그 생
일잔치요, 주인 없는 잔치를 벌여 놓
고 저희들이 즐기는 그와 같은 형국으
로써 지금의 너희들이 가고 있는 것인
가?
3 이 하나만 보더라도 너희들이 믿음에
는 관계없는 자들이라 내가 말함을 너
희들이 과연 무엇으로 거부할 것인가?
4 너희들 동양의 작은 나라에 전하는 말
이 있듯이, 너희들이 '염불이요, 제사
에는 관계없이 그저 차려놓은 음식에
만 관심이 있다'는 그와 같은 말이 있
듯이, 너희들이 지금 놀고 즐기는 것
에만 관심이 있는 것이며,
5 나의 아들 예수가 진정 탄생한 성탄절
이라는 그 의미 자체를 새기고 경건
한 마음을 갖는 자 누가 있는가?
6 너희들의 모든 종교 집단들은 지금 그
의미도 모르며 그 뜻도 모르며
7 그저 너희들끼리 즐기고 즐거워하며
너희들이 주고받는 선물의 오가는 그
것에만 도취되어 있는 것이 지금 너희
들이 나의 아들의 성탄절이라 하여 그
나의 아들이 세상에 나왔다는 날을 기
념하는 행사가 아니던가?
8 그뿐이던가? 너희들은 너희들이 서로
선물을 주고받는 것에만 급급하며, 나
의 아들 예수가 태어나고 안 태어난
것은 관계가 없는 그러한 형국이며,
9 또 한 계단 더 나가 너희들은 무엇이
라 말하느냐?
10 정녕 성탄절이라 하여 너희들이 나의
아들 예수가 이 세상에 태어나고 안

태어난 것을 기념하며 그를 찬양하는
것이던가?
11 너희들은 산타를 더 먼저 생각하며,
나의 아들 예수보다 산타클로스가 너
희들에게 선물을 갖다 준다는 거기에
만 너희들의 생각이 젖어 있으며,
12 산타만 그리는 것이지 나의 아들 예수
를 생각하는 것이 아닌 그와 같은 너
희들의 성탄절이라는 그날을 보내는
것이 지금 믿음을 가고 있는 백성들의
생각이며 머리에 젖어 있는 것이 사실
이라면, 과연 너희들은 어찌 말할 수
있겠는가?
13 주인 없는 행사를 하는 것이니라.
14 생일상을 받아야 되며 생일잔치를 즐
겨야 할 그 당사자가 없는 상태에서
너희들이 지금 광란의 짓을 하고 있으
며, 낭비요, 소비의 근본의 행동을 하
고 있음을 알아야 될 것이니라.
15 지금 너희들이 그와 같은 행위를 하고
있음이니, 너희들이 정확히 알 수 있
는 예수의 생일의 그 날짜도 찾으려
하지 아니하며, 너희들이 이와 같이
산타를 그리며 너희들이 선물을 주고
받는 것에 젖어 있음이니, 과연 너희
들이 그가 세상에 나온 날짜를 따지고
하겠는가?
16 그러한 너희들이야말로 얼마나 잘못
가고 있으며 잘못 가르치며 나의 만백
성을 잘못 인도하는 것인가를 너희들
은 이제 알아야 될 것이니라.
17 내가 그리하여 너희들에게 이리 전함
이니, 또한 너희들이 지금의 나의 아
들을 통하여 내가 법전에 기록하여 만
백성을 구하고자 내리는 '하늘에 오르
는 길'이요, 이 책은 나 여호와가 내리
는 것을 그대로 받아 기록하여 너희들
이 읽고 깨우치는 것이 머릿속에 들어
갈 수 있으나,
18 지금의 종교 지도자 너희들은 가르치
는 것을 어찌 가르치는가?
19 성경 한 구절을 너희들은 그저 한두
줄을 읽어 버리느니라.
20 그리고 읽고 나서 거기에다 너희 인간
의 생각이요, 너희들의 말을 마음껏
붙여 대고 거기서 너희들이 생각나는
대로 예를 들어,
21 세상에 동물이 살아가는 법을 예를 들
며 인간이 살아가는 예를 들며 그리고
재물을 많이 바쳐서 축복받았다는 사
람들의 예를 들어 그리 말하며,
22 그리하여 한 구절을 가지고 몇십 분씩
떠들며 그것을 재탕하고 또 재탕함이
니,
23 그러니 성서의 한 구절을 읽고서 가르
치는 종교 지도자가 제가 생각하며 제
경험에 따라 저희 신도들을 가르치는
것이 다르며,
24 또한 그들이 가르치는 그 이야기는 인
간의 생각이요, 성령이요, 성경의 가
르침이 아니거늘, 그를 듣고 '할렐루
야!' '아멘!' 하고 소리 지르는 것이 너
희들이니,
25 그리하여 너희들이 잘못되었다 함이
니라.
26 지금 나의 법전을 읽는 너희들은 들어
보라.
27 그 법전은 내가 직접 나의 아들을 통
하여 너희들이 행할 것을 그리 전함
이니,

28 너희들이 한 시간을 읽으면 나의 성령
의 뜻을 한 시간 듣는 것이며 두 시간
을 정독하면 두 시간 동안 나의 뜻을
너희 것으로 만드는 그와 같은 것이니,
29 너희들이 무서우리만큼 변화되는 것
이며, 너희들이 지은 죄를 씻어 내며
새로운 사람으로 태어나며 새로운 생
명의 빛을 받는 것이 바로 나의 법전
임을 알아야 될 것이니라.
30 너희들이 한 자도 빼지도 더하지도 말
고 가르치라는 그 성경을 가르치면서
너희들 모든 종교 지도자는 그저 한
줄을 읽어 내며 예수가 어찌하였으며
나 여호와가 어찌하였다 하며 그 한
줄을 본보기로 읽으며,
31 마태가 어떻고 마가복음이 어떻고 계
시록이 어떠하며 그와 같이 거기 있는
한 줄을 읽어 놓고 그것을 가지고 너
희들이 인생사 사는 경험을 다 붙여서
얘기함이니라.
32 그것도 너희들에게 재물을 많이 바치
라는 방향으로, 많이 거둬들일 수 있
는 방향으로, 그와 같은 것으로써 너
희들이 남의 예를 들며 인간의 삶을
본보기로 예를 들어 거기다 너희들
각자의 생각을 붙여 가르침이니,
33 듣는 자가 다 다르며 배우는 자가 다
다르니, 이리하여 나의 성경이 지금
사탄의 길에 넘어가 너희들이 사악한
지도자로서 변해져 있다 하는 것을
잊어서는 안 될 것이니라.

4,310 번째 하나님 말씀

2002년 12월 26일 16시 19분

1 사랑하는 나의 아들아!
2 "네, 아버님! 말씀하옵소서."
3 너희들이 살아가며 생활하는 그 가정
이요, 모든 편의시설에 대한 그 문들
도 어찌 되어 있는가?
4 너희들이 밀든지 그렇지 않으면 당겨
야만 그 문이 열림이니라.
5 그와 같이 너희들의 수고로움이 없으
면 그 문이 열리고 닫히지 아니함이니,
6 너희들 인간사에 사는 하나의 구조 속
에서도 너희들이 드나들기 위한 문은
너희들이 밀든지 당기든지 너희들의
움직임이 있어야만 그 문이 열리며 닫
히는 것이니라.
7 또한, 너희들이 닫지 아니하면 닫히지
아니하는 것이거늘,
8 하물며 하늘의 천국의 문을 열려면,
그 천국의 문을 열고 들어오고자 한다
면 너희들이 어떠한 노력과 어떠한 고
통의 시련을 겪어야 그 문을 열 수 있
다 생각하는가?
9 너희들은 정녕 인간이 사는 가장 큰
악습을 버려야 될 것이며,
10 너희들이 잘못된 것, 도덕적으로 어긋
난 것, 십계명에 위배되는 삶을 살지
않는 그와 같은 노력의 대가로만 너희
들이 그 문을 열 수 있는 것이거늘,
11 너희들은 말로써 수다를 떠는 것으로
천국의 문이 열린다 생각하니,
12 그리하여 나의 아들 예수의 보혈로써
구원을 받았다며 찬송 부르며 소리 질
러 광란의 춤을 추는 것으로써 문이

열린다 하니,
13 너희들은 수다 떨며 광란의 짓을 하기
전에, 너희들의 가슴에 지은 죄를 하
나씩 끌어내어 그를 반성하고 회개하
며, 한번 반성한 그 죄를 다시는 짓지
않는 그와 같은 변화의 역사로써만이
너희들이 구원을 받음을 알아야 될 것
이니라.
14 너희들은 어찌하는가? 말로써 너희들
이 백날 음식을 먹는 것처럼, 아무리
좋은 음식이요, 아무리 호화로운 음식
도 너희들이 말로써만 먹고 생각으로
써만 음식을 그린다면 과연 너희들은
배가 부르겠는가?
15 절대로 배가 부를 수 없으며, 더 허기
져 배고픔만을 느끼게 될 것이니라.
16 너희들이 피나는 노력이 없이 진정한
나의 계명이요, 나의 법전대로 살지
아니하며 행하지 아니한다면 너희들
은 정녕 구원을 받을 수 없음이니라.
17 그와 같이 지금 믿음의 길을 가고 있
는 백성 너희들이 어떠한 형국이던가?
18 너희들이 과일나무 밑에 가서 입을
벌리고 누워 있으면 그 과일이 너희들
입에 맞춰 떨어지기를 바라는 그와 같
은 어리석은 행위를 하고 있는 것이
지금 너희들이 가고 있는 믿음이니라.
19 이를 깨우쳐 너희들이 깨달음을 얻도
록 그리하라.
20 그렇지 아니하는 자, 정녕 나 여호와
를 볼 수 없으며 나 여호와의 나라에
올 수 없다는 것을 알라.
21 이것이 바로 내가 너희들에게 가르치
는 상이며 내가 너희들에게 전하는 뜻
임을 알라.

4,311 번째 하나님 말씀

2002년 12월 26일 16시 22분

1 사랑하는 나의 아들아!
2 너의 제자들에게 깨우쳐 전하도록 그
리하라.
3 내가 2천 년 전 나의 아들 예수를 통
해서만 나의 성령을 내려보내며 그를
통하여 만백성을 깨우치고자 한 그 뜻
을 너희들은 어찌 생각하는가?
4 너희들은 그와 같은 이치를 알지 못함
이니라.
5 오늘 내가 나의 아들을 통하여 하늘의
뜻을 전하며 그를 통하여 이리 전하고
자 하는 것을 너희들은 알지 못하고
있음이니,
6 너희들이 타고 있는 큰 유람선이라는
그 배도 과연 몇 사람의 선장이 있어
서 움직이는가?
7 너희들이 움직이는 크나큰 모든 배도
하나의 선장과 함장이 있어서 그 배
를 움직이지 아니하는가?
8 한 사람의 선장이 있으면, 한 사람의
함장이 있으면 너희들은 그 큰 배를
움직일 수 있는 그 이치를 아는가?
9 그리고 나머지 모두는 그 배를 움직
일 수 있는 각 부분에서 역사하는 것
이니라.
10 내가 나의 아들 예수를 통하여 나의
성령을 전하여 만백성을 구하고자 했
으며,
11 오늘 나의 아들을 통하여서만이 나의
법전이 세상에 내려가며, 너희들이 하
늘에 오르는 길이라 하여 내가 책을
160권을 만들어 전하는 것을 오로지

나의 아들만을 통하여서 내려보낼 수 있으며 그를 역사할 수 있다는 이치를 알겠는가?
12 크나큰 그 배를 움직이는 것도, 하나의 집단의 단체를 움직이는 것도, 하나의 장이요, 지도자에 의해서 움직이게 되어 있음이니라.
13 그리고 나머지는 그 집단이 움직일 수 있도록, 그 배가 움직일 수 있도록 각자 그 부서에서 일하는 자들이니,
14 내가 이 세상에 많은 백성들에게 지금까지 깨우침을 주었으며 그들에게 깨달음을 준 것은 그 하나의 큰 배를 움직이는 선장의 밑에 부분적인 임무를 맡아 운영하는 자들의 역할을 주었음이니, 그들을 선장이며 함장이라 착각해서는 아니 됨을 너희들은 알아야 될 것이니라.
15 이제 내가 나의 아들만을 통하여 나의 법전을 내려보내며 나의 성령을 내려보내 책으로 만들어 그를 통하여 천기를 가르쳐 주며 하늘의 뜻을 가르쳐 너희들이 하늘에 오르는 그 찬란한 빛을 볼 수 있도록 하는 그 뜻을 알겠는가?
16 그렇다면 너희들이 이 법전의 전해진 의미를 알아야 될 것이니라.
17 이를 통하여, 나의 아들만을 통하여 나의 성령이 내려감이니,
18 그를 통하여 160권의 법전이요, 새로운 성경의 역사가 이루어진다는 그 의미요, 뜻을 너희들이 깨달았을 것이니,
19 너희들은 그리 행하여 나의 법전의 소중함을 알아야 될 것이니라.
20 이제 그 이상의 갑론을박을 해서도 아니 되며, 너희들이 시시비비하는 그와 같은 어리석은 백성이 있어서는 아니 될 것이니 그리 알라.

4,312 번째 하나님 말씀

2002년 12월 26일 16시 28분

1 사랑하는 나의 아들아!
2 "네, 아버님! 말씀하옵소서."
3 좋은 지도자요, 똑바른 지도자 밑에서 배워 성장한, 그 속에서 배출되는 지도자들이 바로 서지 못하고 잘못 간다 하면, 과연 이 세상을 바로 다스려나갈 수 있는 그 집단이 형성될 수 있겠는가?
4 제대로 좋은 선생 밑에서 배운 그 지도자의 제자들이 잘못 간다 하면 잘못된 지도자 밑에서 배워서 세상에 나가 지도자로 칭하는 그들이 과연 어떠한 길을 가겠는가?
5 그들은 정녕 진정한 지도자가 될 수 없는 것이니라.
6 지금 나의 아들을 통하여 모두를 배우고 듣는 너희들은, 나의 법전을 가지고 공부하며 배우며 나의 아들을 통해서 내려보내는 성령을 직접 듣는 너희들은
7 창조주 나 여호와가 직접 너희들에게 전함이니, 이보다 더 위대한 스승이요, 이보다 더 위대한 가르침이 없는 것이니라.
8 그러니 창조주 나로부터 직접 듣고 배우는 나의 아들의 제자 너희들이 이 세상을 바로잡아야 될 것이며, 내가 새로 이루고자 하는 그 역사를 이루어

야 될 것이며,
9 하늘에서 이루어진 것같이 이 지상에
서 이루고자 하는 그 낙원을 이룰 수
있는 것은 너희들밖에 없음을 알아야
될 것이니라.
10 너희들이 잘못 가르치고 잘못 배우며
나가서 너희들이 잘못 지도한다면 내
가 이루고자 하는 그 역사는 이루어질
수 없음을 알아야 될 것이니라.
11 진정 바른길을 가며 나 여호와의 참진
리를 듣는 너희들은 그를 시행하고 지
키기가 너무나도 어렵고 힘든 길이니
라.
12 인간으로서는 도저히 지킬 수 없을 것
같으며 인간으로서는 행할 수 없는 그
와 같은 길을 너희들에게 가라 함이니,
13 너희들 자신의 모두를 다 버리고 너희
들 모두를 다 태우며,
14 '남'을 먼저 사랑하지 아니하며 '나'를
먼저 생각하는 그와 같은 마음의 자리
가 하나라도 있어서는 모든 것은 갈
수 없는 그 어렵고 힘든 그 길을 가라
함이니라.
15 그러나 너희들은 여기서 나 여호와 창
조주요, 더 이상의 진리를 가르칠 자
가 없는, 나 여호와에게 직접 가르침
을 받는 너희들이 자신을 잃으며 용기
를 잃어서는 아니 되는 것이니라.
16 너희들이 자신과 용기를 갖고 힘차게
일어나 모든 백성을 지도할 때, 이 세
상은 밝은 미래가 이루어질 것이며 내
가 이루고자 하는 새 역사가 이루어질
것이니라.
17 너희들만이 나의 피조물 만백성을 구
원할 지도자며,
18 너희들이 가고 있는 그 길만이 나의
피조물 만백성을 구원하는 길이며, 그
를 바로 세우는 길이며,
19 내가 원하는 하늘에 오르는 그 길을
볼 수 있는 인도자임을 너희들은 알아
야 될 것이니라.
20 나 여호와가 분노하여 있으며 나 여호
와가 지금 노해 있으며, 나 여호와가
세상의 모두를 재앙으로 다스리고자
하는 그와 같은 마음이 지금 내 가슴
에 있으나,
21 내가 나의 아들을 통하여 나의 법전을
세상에 내려보내며 이를 보고 깨우치
고 배우는 나의 선택된 아들딸이 있기
에 내가 오늘에 마음을 다스리고 있다
는 이 긴박한 말을 내가 나의 아들을
통하여 전함이니,
22 나의 분노함을 더 이상 노하지 않도록
그리하라.
23 그리고 지금 선택된 백성 너희들은,
나의 법전이 나의 성령이니 나의 성령
이 세상에 내려가도록 지금 역사하고
있는 나의 아들이요, 그를 듣고 깨우
쳐 배우는 너희들이 있기에 나 여호와
의 진노함을 짓누르고 있다는 것을 내
가 너희들에게 전함이니,
24 너희들이 얼마나 소중한 백성인가 하
여 나의 뜻을 거역하는 일이 없도록
하라.
25 나의 법전을 읽고 깨우치며 나로부터
직접 강론을 들은 너희들이 나의 백성
을 지도하는 선생으로서, 나의 제자로
서, 나의 아들과 딸로서 직접 나의 뜻
을 듣는 너희들이 바로 서지 못할 때,
26 나 여호와의 진노함은 그 아무도 막을

수가 없을 것이니 그리 알도록 하라.

4,313 번째 하나님 말씀

2002년 12월 26일 16시 51분

1 사랑하는 나의 아들아!
2 "네, 아버님! 말씀하옵소서."
3 너희들이 세상에 살아가면서 가장 무
서운 죄가 무엇이며 가장 무거운 죄가
무엇인 줄 알고 살아가는가?
4 너희들이 세상사 남을 속이며 거짓 하
며 너희들이 모두를 잘 지키지 못하며
질서를 지키지 못하는 삶을 사는 그
모두가 다 죄이나,
5 너희들은 나 여호와가 너희들에게 내
린 나의 성령의 뜻이요, 내가 너희들
에게 지켜 구원을 받으라 한 나의 계
명을 지키지 않는 그 죄보다 더 무섭
고 두려운 것이 없음을 어찌 모르는가?
6 이제 내가 제3의 시대에 너희들을 구
원하고자 내리는 나의 법전을 너희들
이 그대로 지키지 아니하며 그를 사탄
이요, 이단이라 말하며 그가 세상에
존재치 못하도록 하는 자,
7 그 죄가 가장 무서운 죄임을 너희들이
알 날이 머지않았음을 알아야 될 것이
니라.
8 이와 같은 나의 뜻을 지키고 나의 뜻
에 따라 행하는 것이 너희들이 구원을
받는 길이요, 너희들의 삶에 가장 아
름다우며 소중한 것임을 모르고 있음
이니,
9 지금의 믿음의 길을 가고 있는 백성
들이 어찌 가고 있는가?
10 너희들은 나로부터 용서받을 수 없는
일들을 골라서 하며, 나로부터 용서를
받을 수 없는 것을 행하라 가르치며
그리 이끌어 가는 것이 지금의 종파들
이 가는 믿음의 길임을 알라.
11 나는 너희들에게 금화와 은화를 거둬
들이라 하지 아니하였음이니, 너희들
은 금화와 은화를 거둬들이는 그것이
얼마나 무서운 죄인가를 알지 못하고
있음이니라.
12 너희들은 금화와 은화를 많이 바치는
자 죄 사함을 받을 수 있으며 지은 죄
를 용서받을 수 있다 그리 말함이니,
13 너희 손으로 지은 그 성전에다가 하늘
에 많이 재물을 쌓아 놓는다 하여 그
저 많이 갖다 바치는 자 축복을 받을
수 있으며 모든 죄를 사할 수 있다고
가르치는 것,
14 그것이 너희들의 가장 큰 죄요, 잘못
됨이니, 이를 너희들은 깨달아야 될
것이니라.
15 너희들은 악을 행하며 악습을 행하고
또 그를 행하며 수없이 너희들이 후회
하면서 또 끈질기게 계속 죄를 짓고
악의 짓을 행하는 그와 같은 삶을 살
아가는 행위가 또한 너희들에게 큰 죄
요,
16 너희들은 같은 죄요, 같은 행위를 계
속 반복하면서 그게 죄인 줄 모르며,
죄를 짓는 것을 모르면서 반복하고
반복하는 그와 같은 너희들의 행위가
잘못된 것이며 잘못 가르치는 것이니
라.
17 너희들은 수다를 떪으로써 그 수다로
써 믿음을 다 믿었다 하는 자들,
18 육으로 행함은 하지 아니하며 말로써

구원받았다 말하며 말로써만 모두를
베풀고 살아가는 그와 같은 행위가 나
로부터 용서받지 못할 짓을 행하고 있
음임을 알라.
19 나 여호와의 이름을 욕되게 하는 행위
를 하면서 너희들이 그 또한 부끄러움
을 모르고 하는 자들, 지금의 믿음의
단체요, 그 집단들이 행하고 있는 것
이 얼마나 잘못된 것인가를 알겠는가?
20 너희들이 지금 행하고 있는 그 모든
것은 나의 뜻을 거역하는 짓이며, 내
가 하지 말라 명하는 것만 골라서 역
으로 행하는 것이 너희들이 지금 가고
있는 것이니,
21 그러면서 너희들은 나로부터 선택된
백성이요, 나의 아들딸이라 말하며 나
를 아버지라 부르며 나의 나라에 오고
자 하여 너희들이 광란의 짓을 하고
있음이니,
22 얼마나 너희들이 어리석은 길을 가고
있는가를 깨우쳐야 할 것이니라.

4,314 번째 하나님 말씀

2002년 12월 26일 16시 59분

1 사랑하는 나의 아들아!
2 "네, 아버님! 말씀하옵소서."
3 너희들이 믿음의 세상을 가는 것은 너
희들이 평온한 마음으로써 안정된 생
활 속에서 나를 찾으며 나를 경배하며
너희들의 가정을 다스리는 그 기본을
이루는 역사 속에서 살아감이 진정한
믿음임을 알아야 될 것이니라.
4 광적인 믿음이 되어서도 안 되며, 요
란한 행위를 하는 그와 같은 믿음으로
써 너희들은 진정한 믿음을 볼 수 없
으며, 성서의 가르침이요, 성경에 가
르치는 그 뜻을 너희들은 절대 알 수
없음이니라.
5 또한, 게으르고 태만한 자도 그 믿음
을 알 수 없음이니,
6 너희들 자신이 평온한 삶 속에서, 보
통 사람들이 살아가는 그 평온한 마음
속에서 너희들이 살아가는 인간 세상
의 질서를 지키며 살아가는 그와 같은
자가 진정한 믿음의 길을 갈 수 있는
자며,
7 그러한 자들만이 진정한 나의 성경의
뜻을 알 수 있음을 알아야 될 것이니
라.
8 그와 같은 마음의 자세로 너희들이 믿
어 가도록 그리 가는 자가 되어야 할
것이니,
9 내가 너희들에게 의식주를 먼저 해결
할 수 있는 그와 같은 마음의 자세로
써 너희들이 믿음의 길을 가라 그리
말하였느니라.
10 지금의 너희들이 가고 있는 믿음은 무
엇이던가?
11 구원을 받을 수 있다 하며 구원을 받
았다 하며 나의 아들 예수의 보혈로써
구원을 받는 길이라 그리 가르치는 것
이니,
12 그것에 너희들이 매달려 그 이외에는
아무것도 볼 줄 모르며, 그저 오로지
구원받는 것, 구원받을 수 있다는 것,
또 구원을 받았다는 것, 믿음이라는
것을 향하며 너희들이 금화와 은화를
많이 바침으로써 너희들이 지은 그 무
거운 죄를 벗을 수 있다는 그와 같은

것에 매달려 있음이니, 그 형국이 바
로 무엇이더냐?
13 물고기가 그 낚싯줄에 걸려 있는 먹
이를 보고 물어 죽음을 택하듯이, 그
먹이에 대한 그와 같은 것이 너희들
의 그 형국이니라.
14 너희들은 지금 구원이라는 그 먹이 때
문에 아무것도 보지 못하고 있음이니,
15 그것은 구원이 아니요, 너희들이 죽음
으로 가는 길임을 알아야 될 것이니라.
16 이와 같은 이치를 너희들이 깨달아 지
금 가고 있는 믿음에서 바로 설 수 있
고 바로 볼 수 있는 그 믿음의 세상을
가야 함을 잊지 말라.
17 너희들이 얼마나 어리석은 믿음을 믿
고 가는가?
18 너희들은 성경에 기록되어 있는 그 나
의 뜻을 따르며 그를 존경하며 그를
받들어 가는 것이 아니라,
19 그를 받아 기록한 나의 아들 예수를
너희들은 존경하며 예수를 믿는 그와
같은 믿음으로써 가고 있음이니,
20 나의 아들 예수를 존경하는 믿음이 아
니요, 너희들이 성경을 존경하며 나의
성령의 뜻을 존경하는 그와 같은 믿음
으로 가야 됨을 너희들은 잊어서는 아
니 될 것이니, 그 뜻부터 너희들이 고
쳐야 될 것이니라.
21 내가 나의 아들에게 말했듯이, 나의
아들 예수가 탄생한 그 성탄절이라는
것을 너희들은 선물을 주고받으며 빨
간 모자를 쓰고 온 산타를 그리는 것
으로써 성탄절을 즐기며,
22 너희들이 나의 아들 예수가 탄생한 그
를 의식하며 생각하는 자가 없다 내가
너희들에게 가르쳤듯이,
23 지금 너희들은 주인 없는 행사를 하고
있는 것과 같은 행위를 하고 있음이니
라.
24 지금 나의 아들을 통하여 내가 160권
의 법전을 세상에 내보내니, 이 법전
을 기록하여 받아 전하는 나의 아들을
너희들이 존경하며 그를 따르는 믿음
이 아니라,
25 나의 법전을 읽고 깨우쳐 연구하고 그
속에서 너희들에게 원하는 그 깨달음
을 얻어 너희 것으로 만들어 변화되는
삶을 살아가는 것이 진정한 믿음의 길
이니라.
26 나의 아들을 따르며 나의 아들을 존경
하며 나의 아들 이름을 부름으로써 구
원을 받을 수 있다 생각하는 그와 같
은 믿음의 길이 아니요, 그것이 진정
한 너희들의 구원의 길이 아니라는 그
이치를 깨우쳐야 될 것이거늘,
27 만백성 너희들이 지금 그러한 삶을
살고 있음을 알라.
28 이를 모르는 자, 영원히 구원의 길이
요, 참진리요, 나의 뜻을 알 수 없기
때문이니 이 뜻을 깊이 깨달아 행하도
록 그리하라.

4,315 번째 하나님 말씀

2002년 12월 26일 17시 30분

1 사랑하는 나의 아들아!
2 "네, 아버님! 말씀하옵소서."
3 모든 백성들이요, 믿음의 길을 가는
그 종파에 속해 있는 백성들이 어찌
생각하는가?

4 나의 아들 예수가 죽어 하늘에 올라왔
음이니, 그는 육신으로써 하늘나라 내
옆에 어디인가에 그가 있다가 마지막
때에 육신으로 재림하여 저희들을 구
원할 것이며,
5 저희들만이 잠자는 자 깨워서 구원하
는 듯이 그와 같은 환상과 그와 같은
생각 속에 젖어 있는 것이며,
6 그와 같은 내용으로써 그와 같은 역사
가 이루어질 것이라 하여 나의 사랑하
는 백성들을 지금까지 끌고 오는 데
가장 중추적인 그 가르침이라 부르짖
은 것이 지금의 종파들이 행하고 온
길이며,
7 앞으로도 계속 그와 같은 방법으로써
나의 백성들을 세뇌시켜 그들은 끌고
갈 것이니라.
8 그러나 너희들은 알아야 할 것이니라.
9 나의 아들 예수가 육신으로써 그 형체
로 세상에 재림함이 아니니라.
10 나의 아들 예수는 예수로서 그 시대의
임무를 다 마쳤으며,
11 나 여호와의 성령이 나의 말로써 글로
써 세상에 새로운 성경이 내려옴이니,
이는 책으로써 만백성을 구원하는 그
역사가 이루어짐이니라.
12 버리려야 버릴 수도 없으며 찢으려야
찢을 수도 없는 영원히 존속하는 그
성령의 새로운 시대가 내려옴이니,
13 예수가 재림하였을 때 영원히 변하지
않는 그 역사가 이룬다는 그 의미는
바로 책으로써 나의 성령이 내려오는
그 뜻을 너희들에게 전하여 주고 일깨
워 주었음을 너희들이 알아야 될 것이
니라.
14 이와 같은 믿음의 현실을 너희들이 인
정하며 깨우치는 자, 그리고 나의 십
계명대로 지키며 살려고 하는 자, 나
의 법전을 읽고 정독하여 그 속의 내
뜻에 따라 살아가고자 변하는 자가 곧
선각자 속에 해당되며 선각자가 되는
것이며,
15 진정한 나로부터 선택된 지도자들이
며 나 여호와의 뜻을 너희들이 전하는
백성으로서 되게 됨을 너희들은 알아
야 될 것이니라.
16 나의 참뜻을 알게 될 것이며, 나 여호
와가 하고자 하는 그 일과 내가 이루
고자 하는 그 역사를 이루는 곳에 선
택된 백성임을 너희들은 알아야 될 것
이니라.
17 십계명을 지키고 살며 나의 법전의 뜻
대로 살고자 하지 아니하는 자는 선각
자가 될 수 없으며, 지도자가 될 수 없
으며, 나로부터 선택된 백성이 아님을
알라.
18 오로지 나의 법전을 정독하며 깨우치
며 나의 아들을 통하여 강론과 그 가
르침을 들으며 변해 가는 자, 그와 같
은 자들이 선택된 백성이니라.
19 지금의 믿음 속에서 너희들이 그저 구
원을 받을 것이며, 나의 아들 예수가
육신을 가지고 조용히 재림해 와 너희
들을 깨워 너희들만이 구원을 받는 그
와 같은 속삭임의 그 환상의 세상이
이루어지지 아니함을 너희들은 빨리
깨우쳐야 됨이니, 그 뜻을 만백성에게
전해 주라.
20 아무리 너희들이 전하려 해도 그들은
귀를 막고 흔들 것이며, 아무리 너희

들이 맞다 하여도 이는 틀리다 억지를
쓰는 그 백성들을 어찌 너희들이 깨
우쳐야 되겠는가?
21 오로지 너희들의 아름다운 삶이요, 아
름다운 모습만이 그들을 감화시킬 수
있음을 잊지 말라, 사랑하는 나의 백
성들아!

4,316 번째 하나님 말씀

2002년 12월 26일 17시 40분

1 사랑하는 나의 아들아!
2 "네, 아버님! 말씀하옵소서."
3 성서에 기록되어 너희들에게 전하는
새로운 보혜사의 등장은 무엇을 의미
하는지 알겠는가?
4 이는 새로운 뜻임이니라.
5 보혜사란 무엇이던가?
6 나 여호와와 인간 너희들과의 중간에
서 교량 역할을 하는 것이 보혜사라
내가 너희들에게 일찍이 깨우쳐 주었
음이니,
7 보혜사가 등장하는 것은 '새로운 성
경'임을 너희들이 알아야 될 것이니라.
8 새로운 역사요, 새로운 시대를 열고자
하는 나 여호와의 참뜻을 세상에 다시
내려보내는 그것이 바로 보혜사가 등
장하게 되어 있는 것임을 너희들은
알아야 될 것이니라.
9 나 여호와가 예수를 통하여 나의 백성
들에게 깨우치고자 하였으나 그 당시
예수의 제자들 또한 예수가 비유로써
가르친 것을 그 제자들 역시 알지 못
하였으며, 그들도 그 뜻을 알지 못하
였느니라.
10 그 당시 예수의 제자들이 그 참뜻을
알았으며 그 비유의 뜻을 알았다면 과
연 그들은 나의 아들 예수를 배신하며
그를 팔아넘기는 그와 같은 흉악한 짓
을 했겠는가?
11 그들도 그 당시 그 뜻을 알지 못하였
음을 너희들은 알아야 될 것이니라.
12 그것으로써 너희들은 예수가 생존 시
에는 그 제자들도 그 비유의 가르침을
알지 못하였으며 아무도 알지 못하였
음이니라.
13 또한, 나 여호와가 그를 해석할 수 없
도록 그리 만들었음이니 너희들은 그
뜻을 알아야 될 것이니라.
14 그리하여 그 후손의 지금의 종교 지도
자들이요, 나의 백성을 이끌어 가는
너희들이 과연 성서의 그 뜻을 알 수
있으며 나 여호와의 참뜻을 알 수 있
겠는가?
15 더구나 그것은 정녕 더 어려운 것이
니라.
16 나의 아들 예수로부터 강론을 들었으
며 그를 따라 행했던 그 제자들도 그
깊은 뜻을 모르고 있었음이니, 그 후
손들인 백성 너희들이 어찌 알겠는가?
17 지금 나 여호와의 뜻을 위하여 너희들
이 만백성을 구원하며 하늘에 오르는
길이라 하며 그 성서를 완벽하게 이
해하며 해석하여 가르치는 것처럼 그
착각 속에 있음이니,
18 너희들은 그 제자들이 이해한 것만큼
도 모르고 있으며, 그리하여 내가 오
죽하면 너희들이 수박이라는 과일을
겉만 핥듯이 겉만을 보고 평가하는 그
와 같은 것이 너희들의 지금의 믿음의

형국이라 말하였겠는가?
19 나의 성령이요, 나의 성경을 설명하고
이해할 수 있는 것은,
20 내가 제3의 시대를 열어 가는 나의 법
전이 세상에 내려와 그 법전을 읽고
정독하는 백성이 있을 때, 그들만이
성경의 뜻을 알 수 있으며 거기에 비
유의 뜻을 알 수 있도록 그와 같이 내
가 준비하여 묶어 놓았음을 너희들은
알아야 될 것이니라.
21 이제 새로운 성경이 세상에 나옴이요,
곧 이는 나의 뜻이니라.
22 그리하여 새로 나오는 나의 성경이요,
나의 법전을 너희들이 읽을 때, 예수
가 너희들을 통하여 전하고자 했던 그
뜻을 그들만이 알 수 있으며, 보통의
너희들은 알 수 없는 것이니라.
23 나의 법전을 3회 이상 읽어 그 뜻을
이해하고 너희들이 눈을 떴을 때, 성
경의 비유의 뜻을 알며 내가 예수를
통하여 전하고자 했던 그 뜻을 알게
됨이니,
24 너희들이 아무리 큰 집단이요, 아무리
물리적인 크나큰 역사함을 가지고 있
는 종교 집단이요, 너희들이 말하는
유능한 종교 지도자라 하여도 그 뜻을
알 수 없음이니라.
25 이는 곧 예수의 열두 제자보다도 너희
들이 많이 떨어져 있고 멀리 있는 곳
에서 이해하고 깨우치는 그와 같은 형
국이니,
26 오로지 나의 법전을 읽고 정독하는 자
만이 그 뜻을 알 수 있으며, 나의 법전
이 세상에 내려와 나의 법전을 3회 이
상 정독하여 읽고 깨우친 백성들만이
그 성경의 비유의 뜻을 알 수 있도록
내가 그리 묶어 놓아서 이제 너희들에
게 그 비밀을 깨우쳐 주고 열어 줌이
니,
27 이 뜻을 너희들은 알아야 될 것이니라.
28 여기에 갑론을박하고 그 이상의 어떠
한 이유요, 또한 시시비비하는 일이
없도록 그리하여 너희들이 스스로 깨
우침을 얻으라.
29 이 뜻에 시시비비하는 자, 이 뜻을 거
부하는 자, 너희들은 정녕 우물 안의
개구리라는 것을 너희들이 증명함을
알아야 될 것이니라.

4,317 번째 하나님 말씀

2002년 12월 27일 0시 12분

1 사랑하는 나의 아들아!
2 "네, 아버님! 말씀하옵소서."
3 이 깊은 밤 고요히 잠들라.
4 두려워하지 말지니라.
5 어찌하여 너는 그리도 두려워하는가?
6 "창조주이신 아버님!
7 저는 심히 두렵고 두렵사옵나이다.
8 정녕 이 세상에 그 누구도 갈 수 없는
아버님의 그 계명을 지키며 법전대로
살아가며 한 점의 부끄러움이 없는 그
삶을 살아가는 것만이 저를 따르는 제
자들의 구원의 길이요, 이 아버님의
법전을 읽는 만백성의 구원의 근본이
라 하셨사옵나이다.
9 세상에 부닥치고 얽힌 그 삶 속에서
바람만 불어도 쓰러질 것 같은 저를,
이 불쌍한 죄인을, 아버님, 보살펴 주
옵시고 용기와 힘을 주옵소서.

10 저는 어떠한 역경과 고통이 있다 하여
도 아버님의 뜻에 거역되는 일을 하
지 아니하며 아버님의 뜻에 따라 살며
아버님이 원하시는 그 길이요, 기쁨의
그 길을 위하여 살아가고자 하오나,
11 수시로 육신의 밀어닥치는 욕심이요,
수시로 밀어닥치는 육신의 춥고 더움
의 그 느낌을 얻고 있는 저로서 언제
어찌 넘어질지 모르는 이 불안하고 초
조한 마음을, 저의 이 마음을 다스려
주옵소서, 아버님!
12 저에게 조금만 더 용기를 주옵소서,
그리고 힘을 주옵소서.
13 저는 정녕 두렵사옵나이다.
14 저는 정녕 아버님께 갈 수도 없으며,
그 옆에 갈 수도 없으며, 그 나라에 갈
수도 없는 그와 같은 죄인이옵나이다.
15 그 모두를 회개하고 반성하며 아버님
께서 원하시는 삶을 살며,
16 저를 따르는 제자들, 이 법전을 읽고
강론을 들은 백성들, 그 모두가 실망
하지 아니하며 그들이 지옥으로 가는
길이 아니요, 정녕 구원의 길로 갈 수
있는 그 뜻을 보이며 그 행동을 보이
며 그들에게 희망을 줄 수 있는 저의
변하는 그 모습과 변하는 마음의 자리
를,
17 아버님, 저의 그 악한 마음을 다 걷어
주옵소서.
18 저에게 조금만 더 힘을 주옵소서.
19 아버님! 정녕 저에게 조금만 용기를
더 주옵소서.
20 심히 두렵고 두렵사옵나이다.
21 그리하여 이 깊은 밤 이 아들이 아버
님께 죄를 빌며, 이 죄 많은 아들이 아
버님께 감히 용기를 주옵시고, 잡아주
십사 하는 간곡한 기도를 드리옵나이
다.
22 어떠한 불바다의 역경이라 해도 그 길
을 저는 가야 하겠으며 그 길을 넘어
야 되겠사옵나이다.
23 제가 수영을 할 줄 모르는 자라도 앞
에 보이는 바다를 넘어야 되겠으며 강
을 저는 건너야 되겠사옵나이다, 아버
님!
24 저에게 힘과 용기와 지혜를 주옵소서.
25 심히 두렵고 두렵사옵나이다.
26 저 자신이 인간으로서 지키고자 하며
가고자 하나, 수시로 제가 무너지며
스스로 쓰러지는 그와 같은 무서운 이
삶의 세상에, 아버님, 저에게 용기를
주옵소서.
27 이 깊은 밤, 아버님께 간곡히 기도를
드리옵나이다.
28 저에게 성령의 힘을 내려 주시어 악을
뿌리 뽑으며 악을 보지 아니하며 악과
싸워서 대적할 수 있는 굳건한 깨끗
한 그 마음으로 갈 수 있는 용기를, 아
버님, 저에게 주옵소서."
29 사랑하는 나의 아들아!
30 내가 너에게 뭐라 말하였느냐, 변하는
자는 변했다는 말을 하지 아니하며,
변하여 간다는 말을 하지 아니하며,
남들이 그를 인정하는 것이 진정 변화
된 삶이라 하였으니,
31 네가 이 깊은 밤 나에게 눈물의 기도
를 드리는 것은 네가 바로 가고 있음
이니, 두려워하지 말라, 사랑하는 나
의 아들아!

4,318 번째 하나님 말씀

2002년 12월 27일 08시 32분

1 사랑하는 나의 아들아!

2 "네, 아버님! 말씀하옵소서."

3 거듭 태어나며 새로 난다는 것이 너희들이 말하기는 쉬우나 그 길이 얼마나 어렵고 힘든 길이더냐?

4 네가 나 여호와가 즐거워하지 않는 일, 내가 원하지 아니하는 그와 같은 행동을 하지 아니하도록 마음을 먹은 것이 얼마나 많은 세월 속에 너 자신과의 싸움이며 네 노력에서 이루어졌던가?

5 그리하여 지금에 와 네가 나 여호와가 원하지 아니하는 일, 내가 바라지 아니하는 일을 네가 하지 아니할 수 있는 마음의 자세를 다스렸음이니, 그게 바로 새로 태어남이니라.

6 그 고통의 세월이 얼마나 어렵고 힘들던가?

7 너희들이 나로부터 한 생명을 받아 가지고 세상에 태어남도 그 부모의 고통과 그 자신의 고통이 이루 말할 수 없음이니, 생사를 넘나드는 그와 같은 속에서 한 생명이 세상에 태어남이니라.

8 너희들이 세상사 모질고 험악한 인생사의 삶을 살아왔으며, 너희들이 육의 세상에서 욕심이라는 것을 버리지 못하고 살아왔으며, 수많은 죄의 대가를 가슴에 안고 있는 너희들이 새로 태어나는 그 변화의 역사를 이룬다는 것은 얼마나 힘들고 어려운 것인 줄 아는가?

9 너희들 자신의 깨달음도 어려우나, 너희들이 육의 생활의 그 어렵고 힘든 고비를 다 넘고 견디는 그 속에서 참 진리를 얻게 되며, 너희들의 진정한 변화의 역사가 이루어짐이니라.

10 부와 영화를 안고 변할 수 없는 것이 인간이니라.

11 그리하여 너희들이 부자가 천국에 간다는 것이 어렵다는 것은 그가 죄를 지어서 돈을 많이 벌어 재물을 모았기 때문에 그런 것이 아니라, 그 부귀와 영화의 편함 때문에 너희들이 고행의 길을 갈 수 없기 때문이니,

12 오로지 고행의 그 길 속에 너희들이 뼈를 깎는 아픔의 시련을 견디면서 그 속에서 깨달음을 얻으며 하늘의 빛을 보게 되며 그리고 너희들의 살아가는 자세가 무엇인가를 알게 됨이니,

13 너의 제자들이 새로 태어나기 위해서는 고통과 시련이 아직도 멀었음을 알라.

14 모든 육의 삶의 고통이요, 육의 생활의 고통이요, 금화와 재물에 대한 고통이요, 세상사 인간관계의 고리를 끊는 고통이요, 그 모든 고통 속에서 너희들이 성장하며 새로 태어나는 생명이니라.

15 수없이 살아온 그 삶의 추하고 더러운 죄를 안은 너희들이 새로 태어날 때, 세상에 새로 태어난 아기도 그와 같은 생사를 넘는 고통과 시련 속에서 태어남이니,

16 그보다 열 배 더 고통스러운 속에서 너희들이 새로 태어나는 역사의 변화를 이룰 수 있을 것이니라.

17 이를 참고 인내하는 자 구원의 길을

볼 것이며, 돌아서는 자 영원히 나로
부터 버림을 받음이니,
18 오늘의 고달프고 힘듦을 너희들이 고
달프다 생각하지 말며 영광이요, 축복
이라 생각하며 너희들이 변화의 궤도
에 들어서 있다는 것을 알아야 될 것
이니라.
19 모두를 인내하고 이기는 자만이 영광
의 그 길을 갈 수 있음을 알라.

4,319 번째 하나님 말씀

2002년 12월 27일 08시 38분

1 사랑하는 나의 아들아!
2 "네, 아버님! 말씀하옵소서."
3 성서는 비유로 되어 있다 하였음이니,
그 비유된 성경을 너희들이 바로 읽고
깨우치지 아니하면 정녕 그 속에 있는
그 의미를 알 수 없다 말하였음이니,
4 성경에 기록되어 전해지는 나의 성령
의 뜻을 너희들은 연구하고 깨달아 봐
야 될 것이니라.
5 나의 아들 예수가 그 제자들에게 일러
가르쳤느니라.
6 '아직 내가 이를 때가 아니 되었거늘,
내가 존재하는 이 시대에서 그 모두의
역사를 이룰 수가 없음이니라.' 그리
말하였느니라.
7 그리하여 너희들의 때가 준비되어 있
으며 너희들이 이루는 그 역사가 있을
것이라 말하였음이니, 그는 예수가 그
제자들을 지칭하여 말함이 아님을 너
희들은 알아야 될 것이니라.
8 예수의 그 당시 때가 아직 이르지 아
니하였으며, 너희 대라 하여 쓴 것은
인간을 지칭함이니,
9 예수의 제자들 시대에서 이루어지는
것이 아니요, 너희들 인간의 시대에서
이루어지며 너희들의 후손은 그와 같
은 축복을 받았다는 뜻이며, 너희들의
후손의 시대에서 이루어진다는 그 구
절의 뜻을 너희들은 깨닫고 그 의미를
알아야 될 것이니라.
10 나의 아들 예수가 때가 아직 이르지
아니하였으며 너희 대에 이룰 수 있다
하였음은, 그것은 무엇을 의미하는가?
11 예수가 그들에게 가르치고 깨달은 것
은 아직 완벽한 역사를 이루는 것이
아니요,
12 새로운 나 여호와 창조주의 성경의 말
씀이 곧 도착하여 새로 내려와 너희들
이 영광을 누릴 수 있는 그와 같은 시
대가 열릴 것이라는 것이 예정됨을 알
려 주었음이니,
13 그게 바로 예언의 가르침임을 너희들
은 알아야 될 것이니라.
14 2천 년의 세월이 지난, 천 년에 걸쳐
나 여호와가 새로 이루고자 하는 새로
운 시대요, 하늘에서 이루어진 것같이
지상에서 지상의 낙원을 이루는 새로
운 세상이요, 새로운 성경의 말씀이
내려온다는 것을 암시하여 가르쳐 주
었음이니,
15 지금 나의 법전이 세상에 내려옴을 암
시하였음을 너희들은 알아야 될 것이
니라.
16 나의 아들 예수가 세상에 나와 3년 동
안 모든 역사를 하며 너희들에게 성서
를 가르치며 너희들에게 깨달음을 가
르치며 너희들이 살아가는 그와 같은

진리를 가르친 것은,
17 예수가 3년 동안 너희들을 가르치고
죽어 예수가 내 우편에 와 앉아 있다
가 그가 육신을 가지고 재림하여 새로
운 시대를 열어 가기 위하여 예수가
다시 오는 그를 준비한 시대가 아님
을 알아야 할 것이니라.
18 너희들은 예수가 3년 동안 세상에서
너희들에게 많은 기적을 이루고 역사
를 이룬 것을, 예수가 다시 와 그가 다
스리기 위한 준비의 시대라 그리 말할
것이며 그리 깨닫고 있을 것이니라.
19 그러나 그와 같은 생각이요, 그와 같
은 깨달음을 접어 두어야 될 것이니라.
20 나의 아들 예수가 3년 동안 그 모든
역사를 이루고 죽음의 길로써 그가 모
두를 마친 것은 나 여호와의 새로운
성경이 세상에 내려오는 것을 준비한
것이니,
21 지금 곧 나의 성령을 내 가슴을 통하
여 나의 아들을 통하여 지금 너희들에
게 직접 내리는 나의 법전이요, 만백
성을 구하는 참진리의 길인 성령이 내
려옴을 암시함을 알아야 될 것이니라.
22 이제는 새로운 시대를 열기 시작하는
그와 같은 것을 암시한 것이니, 바로
나의 법전이 세상에 나와 지금 너희들
에게 역사하는 그와 같은 시대가 열어
지기 위하여 예수는 그 준비를 했던
것이며,
23 완벽한 준비를 그와 그의 제자들이 세
상에 다스려 놓고 그 임무를 마치고
갔음이니,
24 지금 바로 다시 새로운 영원히 존재하
는, 지우려야 지울 수 없는 영원히 존
재하는 그 새로운 성경이 내려온다 하
는 그 준비를 위하여 그가 예언했으
며, 그가 그 준비의 터를 닦기 위하여
그와 같은 역사의 흐름을 갔음을 알아
야 될 것이니라.
25 예수가 육신의 형태로 다시 재림하여
새로운 왕으로서 너희들에게 깨우침
을 주며 너희들을 구원하고자 하는 그
와 같은 역사를 위하여 예수가 3년의
역사를 이루고 그 길을 선택했던 것이
아님을 이제는 너희들이 깨우칠 때가
되었음을 알아야 할 것이니라.

4,320 번째 하나님 말씀

2002년 12월 27일 08시 45분

1 사랑하는 나의 아들아!
2 "네, 아버님! 말씀하옵소서."
3 너희들의 성경에 '보혜사'라는 그 의
미의 말이 수없이 기록되어 있음이니
라.
4 너희들은 보혜사라는 말을 인간 세상
에 있는 말뜻이요, 너희들의 문자로
풀어 그를 해석하려 하지 말라.
5 나 여호와와 나의 아들과의 사이에 그
보혜사라 내가 뜻하는 것은 나 여호와
와 너희들 백성의 중간에 서서 나의
뜻을 전하는 자요, 선택된 나의 아들
들이요,
6 그리고 그를 통하여 내리는 나의 소중
한 나의 성령의 뜻임을 너희들이 같이
이를 받아들여 이해함이 옳은 해석인
줄을 너희들은 알아야 될 것이니라.
7 여기서 너희들의 성경에 기록된 그
보혜사는 나와 너희들 인간 중간에 나

의 명을 받고 전하는 그와 같은 의미
요, 뜻을 내가 말함이니, 그와 같은 의
미로써 너희들이 다시 한 번 그 보혜
사의 의미를 이해해야만 됨을 알아야
될 것이니라.
8 창조주 나 여호와와 인간 나의 백성
너희들 간의 그 중간에서 교량의 역할
을 할 자를 보냄을 내가 그리 말함이
니라.
9 예수가 나 여호와에게 고해서 보낼
보혜사가 있다 너희들에게 말하였음
이니라.
10 성경에 기록되어 나의 아들 예수가 나
여호와에게 고하여 너희들에게 보낼
보혜사를 세상에 내려보낸다 그리 말
하였음이니,
11 그 말의 의미를 너희들이 되새겨 보
면, 또한 예수를 너희들이 지금과 같
이 신격화하여 예수를 믿는 그와 같은
믿음에서 벗어나야 될 것이니라.
12 예수 또한 나의 아들로서 나로부터 보
냄을 받은 자요,
13 나 여호와의 뜻과 인간 사이에서 너
희들에게 깨우침을 위하여 그 예수 또
한 보혜사로서 세상에 임했음을 너희
들이 알아야 될 것이니라.
14 그리하여 예수가 새로운 보혜사가 온
다 한 것은, 예수가 이루고자 한 뜻이
요, 나 여호와가 이루고자 한 그 뜻을
그와 같이 전하여 너희들에게 새로운
자가 온다는 것을 의미하였음이니,
15 그 새로 온다는 것은 곧 나의 성령이
세상에 내려옴을 너희들에게 말하여
주었음을 알아야 될 것이니라.
16 너희들은 새로운 보혜사가 다시 오며
너희가 영원히 함께 구원을 받을 수
있다 하는 것은, 예수가 너희들에게
다시 오는 것이 아님을 알아야 될 것
이니라.
17 너희들은 여기서 깨우쳐야 될 것이니
라.
18 나의 아들 예수가, 새로운 보혜사가
세상에 내려올 때 영원히 너희들과 함
께 하며 영원히 존재할 것이라 예언한
그 의미를 너희들은 잠깐 깨우쳐 본다
면 세상 이치를 알 수 있을 것이니라.
19 지금 너희들은 예수가 육신으로써 너
희들을 구원하고자 재림한다는 그 의
미를 이제는 접어 둬야 할 것이니라.
20 너희들은 인간의 육신을 가지고 와서
는 영원히 지상에 존재할 수 없느니라.
21 나의 아들 예수도 육신을 가지고 왔기
때문에 그 육신이 세상에 영원히 존재
할 수 없으며 이 지상에서 존재할 수
없다는 것을 알아야 될 것이니라.
22 그와 같이 예수가 육신을 가지고 왔기
에 세상에서 영원히 존재할 수 없으
니, 또한 어떠한 보혜사를 다른 사람
이 나의 뜻을 갖고 세상에 내려간다
해도 그 육신이 또한 영원히 존재하지
못함을 너희들은 알아야 될 것이니,
23 육신을 가지고 있는 자 정녕 창조주
요, 신이 아니며, 육신을 가지고 있는
자 너희들 인간 세상에서 영원히 살아
갈 수가 없는 것이니라.
24 그렇다면 무엇이더냐?
25 어떠한 형국으로써 영원히 너희들과
더불어 존재하며, 세상이 무너져도 나
의 뜻은 무너지지 아니하는 그와 같은
역사를 이룰 수 있겠는가?

26 이것은 '새로운 성경'이니라.
27 내가 직접 나의 가슴의 뜻을 나의 아
들을 통하여 지금 만백성을 구하는
'하늘에 오르는 길'이요, '하나님! 말
씀하옵소서'라는 이 책이 곧 영원히
존재하는 보혜사임을 알라.
28 이는 즉, 새로운 성경이니라.
29 즉 나의 법전이 새로운 성경임을 너희
들이 알아야 될 것이며,
30 나의 법전이야말로 참진리요, 너희들
을 깨우쳐 하늘에 오르는 길로 인도하
는 길잡이임을 너희들이 잊어서는 아
니 될 것이니, 이를 읽고 또 정독하도
록 하라.
31 성경에 기록되어 있는 그 뜻 하나하나
의 비유의 뜻을 너희들이 안다면 그
내가 원하는 의미를 알 것이니라.
32 예수가 너희들에게 영원히 존재하는
새로운 보혜사가 예수가 가야만 온다
한 그 뜻을 알아야 될 것이니라.

4,321 번째 하나님 말씀

2002년 12월 27일 08시 49분

1 사랑하는 나의 아들아!
2 이 세상의 모든 종파들이 가지고 있
는 그 가르침과 뜻이 하나의 성경을
가지고도 천태만상으로 저희들이 부
르짖으며 저희들 것만 옳다 말하고 있
음이니,
3 지금의 믿음에 깊이 가 있는 백성들
이 무어라 말하는가?
4 모세가 나로부터 십계명을 받아 세상
에 나가 저희들을 깨우치고자 하니,
그들이 우상을 섬기며 광란의 짓을 보
지 못하여 더 이상 참을 수 없어 그 과
격한 성격에 내가 내려쓴 그 십계명을
집어던져 그를 부숴 버렸으니,
5 그를 보고 그들이 무어라 말하는가?
6 나의 모세가 그 십계명을 던졌을 때,
나 여호와가 그를 깨지지 아니하도록
보호하지 아니하며 그가 깨지도록 놔
둔 것은 나 여호와가 십계명이 중요하
지 아니하기 때문에 그리 깨지도록 놔
두었음이니,
7 너희는 십계명을 지킬 필요도 없으며
그에 연연할 필요도 없으며 십계명을
안 지켜도 된다는 그와 같은 믿음을
가지고 있으며, 그와 같은 이론으로써
만백성에게 전하는 그와 같은 종파가
지금도 있음이니,
8 바로 내가 무어라 말하였더냐?
9 모세가 그 뜻을 이루지 못하고 그 축
복된 땅에 가지 못한 것은 그가 그와
같이 십계명을 던져 깨며, 제 탓이 아
니요, 백성들의 탓이라 미루어,
10 오늘과 같이 사탄들이 그를 물고 늘
어지며 그를 그와 같이 평가하는 이
무서운 시대가 이루어질 수 있는 그
죄를 지었으며 그를 범하였기에 그는
선택된 땅에 가지 못하였다 내가 말하
였음이니라.
11 바로 이와 같은 형국의 믿음을 가고
있는 너희들이 그러하니라.
12 그 모세가 집어던져 깬 십계명이 얼마
나 소중하며 너희들을 사랑하는 것이
면, 나 여호와의 십계명을 던진 모세
의 그 행위에도 분노를 참으며, 내가
다시 십계명을 명하여 그에게 써 내렸
겠는가?

13 그렇다면 이것이 얼마나 소중한 것인
가를 너희들은 역으로 생각해야 할 것
이거늘, 너희들은 내가 다시 내린 십
계명의 그 소중함은 생각지도 아니하
며 들여다보지도 아니하며,
14 내가 준 십계명을 던졌을 때 그게 깨
진 것은 나 여호와가 십계명을 지킬
필요가 없으며 그 가치가 없고 의미
가 없기에 그대로 깨지도록 놔두었다
그리 말하는 종교 집단들이 있음이니,
이를 어찌해야 되겠는가?
15 지나가는 날짐승도, 지상의 모든 동식
물도 하늘을 향하여 박장대소하는 그
형국을 너희들은 모르는가?
16 그게 바로 사탄이요, 사악한 자가 부
르짖는 음성이니, 그와 같은 것이 이
세상을 지배하고 있으며, 내가 하늘에
서 이루어진 천국과 같이 이루려는 이
지상에서 그 사악한 자들의 말이 세
상을 덮고 있으니,
17 이를 바로잡고 이 뿌리를 뽑아 그들을
내가 제거하고자 하여 나의 법전으로
써 나의 성령으로써 세상에 내려보냄
을, 너희들은 소중함을 깨달아야 할
것이니라.

4,322 번째 하나님 말씀

2002년 12월 27일 08시 58분

1 사랑하는 나의 아들아!
2 너희들의 삶은 결단코 어떠한 삶을 살
아가야 하는가?
3 너희들은 육의 삶을 위하여 존재함이
아님을 깨달아야 될 것이니라.
4 너희들은 영혼의 삶을 위해 존재하며
영혼의 삶을 살기 위하여 오늘에 존재
한다는 것을 깨달아야 될 것이니라.
5 육의 삶이 영원한 삶이라 생각하는 자
는 내일을 모르고 사는 자들이니라.
6 너희들은 육이 존재하는 것으로써 영
원히 육의 삶을 사는 것이라면 너희
육의 행복과 육의 편안함과 육의 안일
을 위하여 수단과 방법을 가리지 아니
하며 사악한 짓, 추한 짓, 도덕적으로
도저히 이해할 수 없는 그와 같은 행
위도 서슴지 않고 하는 것이 너희들의
살아감이니라.
7 오죽하면 너희들의 육이 영원히 존재
하고 산다는 사람들을 위하여 웃지 못
할 말들이 얼마나 있는가?
8 육이 영원히 존재하며 죽지 않는다는
그와 같은 착각 속에서 사는 어리석은
백성은,
9 너희들이 맹수의 코앞에 붙어 있는 밥
풀도 떼어먹으려 대든다 하며, 벼룩이
라는 그 미물의 간을 칼을 들어서 꺼
내어 먹고자 하는 그와 같은 어리석은
삶을 살아가는 자들이 바로 영원히 육
이 존재한다고 생각하는 자들이니라.
10 육이 영원히 존재한다는 육의 삶을 위
해서 노력하고 그와 같이 살아가는 자
가 그와 같이 어리석은 자임을 너희들
은 알아야 될 것이니라.
11 너희들은 육을 위하여 사는 삶이 아니
요, 영혼을 위한 삶을 살아야 된다는
것을 알아야 될 것이니라.
12 육이 영원히 존재한다는 그 착각 속에
서 헤어나지 못하고 사는 백성은 어떠
한 것도 너희들이 육을 위해서 물불을
가리지 아니하고 살아가는 그와 같은

험악한 형국으로 살아가나,
13 영혼이 존재함을 믿고 살아가는 자는
어떠한 길을 살아가는가?
14 영혼이 존재함을 믿는 백성은 내일에
죽는다 생각하고 사는 자들이니라.
15 오늘 당장 너희들이 죽을 수 있으며
내일도 또한 죽어 갈 수 있다는 것을
생각하여, 미래에 너희들이 구원을 받
을 수 있는 그 길이요, 미래를 위하여
아름다운 삶을 살아갈 수 있는 자,
16 그리하여 내일에 자기가 죽을 수 있다
생각하여 오늘의 삶을 아름답게, 그리
고 남에게 추한 짓 거짓 하지 아니하
며 부끄러운 삶을 살지 아니하려고 노
력하는 자이니라.
17 이와 같이 육이 영원히 산다고 착각
하는 백성들과 영혼을 위하여 사는 삶
을 산다는 백성과의 차이점이 여기에
있음을 너희들은 알아야 될 것이니라.
18 이제 믿음의 길을 가는 모든 백성이
요, 구원을 받고자 하는 백성 너희들
은 영혼을 위해 산다는 생각을 가지
고 살아가는 삶을 살아야 될 것이며,
사랑하는 피조물 만백성 너희 또한 그
러하니라.
19 영원히 육이 존재하듯 육을 위한 삶
을 사는 것이 아니요, 영혼을 위한 삶
을 사는 그와 같은 현명함을 얻어, 너
희들이 가장 어리석은 백성으로서 전
락하는 일이 없도록 그와 같은 행위를
해야 할 것이니라.
20 너희들의 육이 영원히 사는 것이 아니
요, 영혼을 위해 사는 삶이라 하면 너
희들은 선과 악을 알게 되며 선행을
해야 됨을 알게 될 것이니라.
21 여기에서 너희들이 선행을 하는 것은
과연 또한 무엇이라 말하는 것이더냐?
22 너희들이 육을 위해서는 사람은 말로
써만 선행을 다 베풂이니라.
23 저희들의 재산이 나가며 시간이 낭비
되며 저희 육신이 고달프며 손해 보는
행위를 하지 아니하기 때문에, 육이
영원히 산다고 생각하는 백성은 선행
이라는 것을 행하지 아니하며 말로써
만 선행을 함이니,
24 너희들은 선행이라는 것이 말로써 이
루어지는 것이 아님이니라.
25 선행이라는 것은 행해야 하며, 행하는
그 속에서 너희들의 모두를 얻는 것
이니,
26 너희들이 선행은 행하는 것임을 잊지
말아야 될 것이니라.
27 그러나 믿음을 위하여 살고 영혼을 위
하여 사는 그와 같은 나의 백성은 선
행을 행하되, 그들이 몸소 실천하며
몸소 행하는 것이 진정한 선행이라는
것을 깨닫고 그리 행하고 있음이니,
이것이 얼마나 엄청난 무서운 차이인
지 너희들은 알아야 될 것이니라.
28 너희들은 여기서 깨우쳐야 될 것이니
라.
29 너희들이 행하지 아니하는 것이 얼마
나 두렵고 무서운 것인가를 알아야
될 것이니라.
30 너희들의 육이 영원히 산다 하여 육을
위하여 너희들이 모은 재산, 금화와
은화를 모은 것, 권력을 위하여 너희
들이 남들에게 가슴 아픈 짓을 하고
살며 남들에게 도덕적으로 부끄러운
삶을 살아온 너희들, 너희들이 죽어서

올 때 그와 같이 모으고 쌓았던 것을 하나하나 가지고 올 수 있다 생각하는가?
31 너희들은 아무것도 가져올 수 없으며 그를 들고 올 수 없음이니라.
32 너희들이 아무리 사랑하고 위하는 너희들의 형제요, 자매요, 그 누구도 너희들이 죽어 나에게 심판을 받으러 올 때 동행할 자 없으며 같이 올 자 없는 것이 너희들 인간 세상의 삶임을 알라.
33 그러나 너희들이 죽어 나에게 올 때 반드시 동행하는 것이 있음을 너희들은 깨우치며, 나의 아들 나의 딸들에게 너는 전해야 될 것이니라.
34 너희들이 아무리 평생 영원히 사는 삶이라 하여 육의 세상에 이루었던 금화와 쌓았던 보화요, 그리고 얻었던 그 모든 권력이요, 너희들의 자식이요, 형제요, 가장 사랑했던 사람도 그 모두가 너희들과 동행할 수 없음이니라.
35 그러나 선행과 악행은 너희들과 동행하게 되어 내 앞에 와 그에 대한 심판을 받는다는 것을 너희들은 잊어서는 아니 될 것이니라.
36 영혼을 위해 사는 삶이요, 영혼이 있다 생각하는 자, 다음 세상을 위해 사는 자는 선행을 많이 가슴에 안고 나에게 올 것이며,
37 육이 영원히 사는 삶이라 하여 너희들이 미래를 생각하지 아니하고 사는 자는 악행을 가슴에 안고 나에게 옴이니,
38 너희들과 동행하는 것은 너희들의 육이 어찌 살았느냐에 따라서 선과 악을 가지고 동행하여 나에게 와 심판을 받으며 그 대가를 치르게 되어 있음이니,
39 너희들의 행함이 얼마나 소중한 것인가를 알아야 될 것이니라.

4,323 번째 하나님 말씀

2002년 12월 27일 10시 39분

1 사랑하는 나의 아들아!
2 모든 백성 너희들은 성서의 그 깊이를 깊이 깨우치라 내가 말하였음이니, 그와 같은 의미를 너희들은 알아야 될 것이니라.
3 나의 아들 예수도 버릴 것은 버리며 취할 것은 취했으며, 그도 육을 가지고 있는 하나의 나의 아들로서, 그 행위를 너희들이 한번 들여다보며 깨우쳐야 될 것이니라.
4 나의 아들이 사탄과 같은 자들, 그 뜻을 따르지 않는 자를 독사와 같은 자식들이라 그리 말하였음이니, 그게 얼마나 과격하며 무서운 말인지를 너희들은 아는가?
5 독사라는 것은 무엇이더냐?
6 너희들이 가장 무섭게 지칭하는 사탄을 의미함이니, 그 사탄의 자식이라 했다는 것은 개미만도 못하다는 말을 한 것이니,
7 나의 아들 예수의 그 성격의 단면을 너희들이 들여다볼 수 있는 깨우침을 얻을 때 성서의 깊이를 알 수 있을 것이니라.
8 나의 아들 예수도 사탄의 자식이라 말하였으며, 그들이 잘못하는 거래에 그 상을 뒤집어엎었으며, 그들이 또한 그 성전에 와 하지 말아야 할 짓을 할 때 그를 과감히 처단하고 용기를 내려 그

를 처벌하는 그와 같은 성격의 의미를
너희들은 들여다볼 것이니라.
9 오로지 나의 아들을 신격화하여 신과
같이 미화하는 가르침이 아니라, 현실
을 그대로 들여다볼 수 있는 그 믿음
으로 가야 할 것이니라.
10 지금의 나의 아들이 성령을 받아 기
록하여 160권의 법전을 세상에 냄이
니, 나의 아들도 인간의 성격이요, 인
간의 그 의미가 있음이니,
11 너희들 또한 그를 보고 등을 돌리며
돌아서며 그를 저주하는 어리석음을
범하지 말라.
12 나의 아들 또한 나의 명을 받아 행함
이니, 버릴 자 버릴 것이며 사탄은 사
탄의 자식이라 그가 말할 것이며, 그
용단이 그는 필요하며,
13 그와 같은 결단이 없이는 나의 법전
160권을 세상에 내보낼 수도 없으며
그 역사를 이룰 수도 없음이니라.
14 지도자의 형상은 그때의 시대나 지금
의 시대나 너희들 인간 세상의 지도자
나 다 똑같은 것이니, 그와 같은 결단
이 있어야 될 것이며 그와 같은 용기
가 있는 것이 지도자의 자세이니라.
15 너희들이 말하듯이 물에 물 탄 듯 술
에 술 탄 듯 그와 같이 가는 것이 지도
자가 아님을 너희들은 알아야 될 것이
니라.
16 사탄이 너희들을 멸하고자 할 때, 그
사탄을 보호하며 그 사탄을 위하여 갈
수는 없는 것이 정녕 지도자의 뜻이
요, 그가 가는 길임을 너희들은 알아
야 될 것이니라.
17 버릴 것은 버리며 정리할 것은 정리하
며 구분하여 똑바로 가는 것이 그가
가야 할 길임이니라.
18 너희들이 사랑하는 백성마저도 사탄
들이 들어와 그를 무너트리며 그를 쓰
러지게 하는 그와 같은 형국에 너희들
은 그를 그대로 지켜만 봐서는 아니
됨이니라.
19 나의 아들 예수도 단죄할 것은 단죄했
으며 다스릴 것은 다스렸으며 사탄의
자식은 사탄의 자식이라 그가 부르짖
었음이니,
20 그와 같은 그의 충정과 그와 같은 곧
은 마음과 그와 같은 의지를 가지고
가야 함을 너는 잊어서는 아니 될 것
이니라.
21 너희들은 지금 나의 아들 예수요, 그
리고 예수를 찬양하며 '주여! 주여!'
그리하며 기도하고 경배하며 찬송을
부르느니라.
22 너희들은 찬송을 부르는 그 내용의 뜻
이 무엇인지 과연 알고 부르는가?
23 너희들은 나의 아들 예수를 싸우는 사
람이요, 싸움의 인도자요, 그를 위하
여 너희들은 '주여! 주께 충성하며 모
두를 싸워서 이겨야 된다, 그들은 다
패망시켜야 된다, 그리고 천병과 같이
용감히 싸워야 된다.' 그런 소리를 찬
송이라는 것으로 들이 불러 대고 있음
이니, 어찌 사랑이라는 것을 너희들이
실천하는 백성이라 하는가?
24 너희들은 믿음이 무어라 말하였느냐?
25 '사랑'이라 내가 너희들에게 말하였느
니라.
26 그리하여 너희들은 사랑하는 실천의
길을 간다 하며, 그 길을 위해서 지금

까지 살아오며 너희들만이 사랑을 실
천함이니, 나 여호와로부터 구원을 받
을 것이라, 나로부터 구원을 받는다
너희들은 그리 말하느니라.
27 그러나 너희가 정녕 그리 말하면서
행하는 것을 한번 들여다보라.
28 너희들은 찬송을 부를 때 무엇을 말하
는가?
29 너희들은 나의 사랑하는 백성들을 사
탄이요, 이단이라 그들을 죽이고 살육
하고 전쟁터에 나가는 군인들이 저희
들이 전쟁을 이기기 위하여 결의를 다
지는 것처럼 그와 같은 무서운 찬송가
를 너희들은 들이 부르면서 그것을
은혜 받았다 하며 그것이 충만된 것이
며 그것이 나를 위하는 길이라 그리
너희들은 생각하는가?
30 너희들이 부르는 찬송가의 그 구절을
하나하나 되씹어 보라.
31 무슨 천병의 군사요, 사탄을 때려잡으
며 이웃을 때려잡으며, 충성을 다하여
모두를 다 바치며 너희들이 전쟁하며
살육하는 그와 같은 단어들을 막 불러
대고 그것이 찬송이요, 축복받았다 함
이니,
32 너희들이 과연 사랑을 실천하며 사랑
을 나누는 그와 같은 나로부터 선택된
백성이라 말하는가?
33 너희들은 전쟁터에 나가는 결의를 다
지며 전쟁의 승리를 위해 총칼을 휘
두르고 맹세하는 그들보다도 더 포악
한 자세로써, 포악한 말로써 많은 군
중을 자극하는 그와 같은 사악한 것을
찬송이라 부르는 것이니라.
34 너희들은 나의 아들 예수를 전쟁터에
서 싸우는, 전쟁만을 일삼는 장수처럼
그리 말하며, 나 여호와는 닥치는 대
로 죽여 없애는 군주와 같은 형국으로
만들고 있음이니,
35 우리 부자를 그리 욕되게 하는 것이
너희들이 지금 부르고 있는 찬송들이
니라.
36 그 찬송이라 하여 너희들이 부르는 그
내용을 들어 보라.
37 거기에 사랑이 있으며 모두를 감싸는
것이 있는가?
38 원수도 사랑하라 하였으며, 모든 사탄
도 사랑하여 가능하면 다스릴 수 있도
록 그리하라 하였음이니라.
39 너희들을 멸망하게 하는 사탄들도 사
랑의 눈으로 바라보라 그리하였거늘,
40 너희들은 그저 마구잡이로 때려죽이
며, 전쟁터에 나가서 살육하는 자들보
다도 더 무서운 그와 같은 결의에 찬
마음으로 부르는 찬송의 구절이 거기
있다면 얼마나 무서운 것인가?
41 내가 버릴 자 버리지 아니할 자를 나
의 지도자요, 나의 아들을 통하여 명
함이니, 버리고 안 버리는 것 또한 그
가 나의 명에 따라서 움직이며 그리하
거늘,
42 어찌하여 너희들은 전쟁터보다도 더
무서운 그와 같은 군중의 노래를 찬송
이라 부르면서 구원을 받으며 축복을
받으며 영광을 받았다 하는가?
43 찬송가의 구절을 너희들이 한번 들여
다보라.
44 거기에 과연 너희들은 '싸워서 이기
자! 싸우러 가자! 그리고 충성된 부하
로서 주 예수의 이름을 대신하여 우리

가 싸워 이기자!' 그와 같은 듣기도 섬
찍한 찬송을 부르면서 사랑을 실천하
며 구원을 실천하며 가는 백성이라 말
할 수 있는가?
45 그를 한번 들여다볼 줄도 모르는 것
이 너희들 어리석은 백성이니,
46 그와 같이 불러 대는 것은 사탄들이
만든 것이며,
47 사탄들이 너희들을 자극하며, 너희들
이 사탄의 자식들이요, 사탄의 사람이
기 때문에 너희들은 전쟁터의 군가보
다도 더 무섭게 적진을 향하여 돌진하
는 결의를 다지는 그와 같은 포악한,
피를 본 군인보다도 더 사악한 것을
찬송이라 부르며 나의 이름이요, 우리
부자의 이름을 거기다 붙여 대는 그와
같은 사악한 짓을 하고 있음이니, 이
를 한번 돌이켜 보도록 그리하라.

4,324 번째 하나님 말씀

2002년 12월 27일 13시 58분

1 사랑하는 나의 아들아!
2 "네, 아버님! 말씀하옵소서."
3 네가 그리도 암송하는 십계명이 뭐라
말하였느냐?
4 나의 피조물 만백성의 영혼을 구하는
길이며 양식이라 말하였음이니라.
5 그리하여 네가 그 양식의 십계명을 가
장 많이 암송하는 자며, 가장 많이 애
절하게 나에게 그를 암송하여 들려줌
이니,
6 이와 같이 가장 많이 나의 계명을 암
송하는 네가 그를 지키지 못한다면 과
연 누가 이를 지키겠는가?
7 이는 내가 불로 써 세상에 내려 만백
성이 지키는 근본이요, 기본이라 그리
하여 돌 위에 불로 써 내렸음이니,
8 그걸 가장 많이 암송하며 그를 외우는
네가 이를 지키지 못한다면 과연 어찌
하겠는가?
9 아무도 지킬 자가 없음이니라.
10 너는 이제는 너 스스로 알고 있음을
나 여호와가 아느니라.
11 네가 무너지고 쓰러질 때 지금까지 암
송하고 암송했던 그 십계명의 그 애절
한 뜻들이 하루아침에 무너지는 그와
같은 고통 때문에, 너 자신이 바로 서
서 갈 수 있으며 바로 서서 가고자 네
가 노력하는 것을 나 여호와는 알고
있음이니라.
12 내가 너에게 자연의 산천을 보면서 여
행하는 두 사람이 걸어갈 때, 자연의
아름다움을 느끼며 가는 순수한 그 마
음과, 옆에 있는 사람의 보따리요, 짐
속에 들어 있는 것이 무엇인가 그를
취하고자 하는 마음을 가지고 가는 사
람이 있다 하면,
13 과연 누가 더 불행한 사람이며 누가
더 행복한 사람인가를 너는 알아야 될
것이라 내가 그리 깨우쳐 주었음이니,
14 바로 그와 같이 너희들이 마음을 어찌
가지고 살아가느냐 하는 그것이 가장
중요함이니라.
15 그러나 그 마음을 다스리고 바로 세우
기 위해서는, 너희들이 수없이 밀려오
는 그 유혹의 길에서 견디고 이길 수
있는 것은 나의 십계명을 암송하며 그
를 반성하며 다시 되씹으며 그와 같이
살고자 노력하는 그와 같은 속에서 변

화됨이니,
16 그를 너보다 더 많이 암송한 자가 누
가 있으며 그를 더 많이 암송한 나의
백성이 그 누가 있겠는가?
17 그리하기에 너는 그를 지키고 가야 되
며 지켜야 됨을 알아야 될 것이니라.
18 내가 너희들에게 사랑이요, 실천함은
또 무어라 말하였느냐?
19 너희들은 사랑을 실천하며 나눔을 베
푸는 사람이, 그 나눔을 받으며 사랑
을 실천함을 받는 사람이 기뻐하는 모
습을 보고 너희들이 사랑을 실천하는
것은 오래가지 못하며 진실한 사랑이
되지 못하며 아름다운 사랑이 되지
못한다 하였음이니라.
20 스스로 사랑을 베푸는 자가 스스로 사
랑을 베풂에 기쁨을 얻으며 행복을 얻
었을 때 그 사랑이 진정한 사랑이요,
그 사랑은 영원히 오래도록 지속될 수
있는 아름다운 사랑이라 내가 그리 말
하였음이니라.
21 그러니 너희들은 이와 같은 뜻을 알아
야 될 것이니라.
22 그리하여 나의 계명을 따르며 나의 법
전을 공부하며 나의 아들로부터 그 성
령의 가르침을 듣는 너희들이 오늘의
살아가는 길이 힘들고 어렵다 하나,
너희들의 미래의 삶에 영화가 있음을
알아야 될 것이며,
23 오늘의 고통스럽고 힘든 그것에 좌절
하며 너희들이 손을 놓는 그와 같은
백성이 되어서는 아니 될 것이니라.
24 너희들이 마음 하나를 다스리기 위해
서 얼마나 좁은 문의 그 길을 가는가?
25 어렵고 힘든 그 사악한 마음을 뽑아내
기 위하여 너희들이 얼마나 많은 싸움
을 하며, 하나의 나쁜 습관을 버리기
위해서 너희들이 얼마나 노력하며 싸
움을 하여 그를 지우는가?
26 그와 같이 지우고 지워서 너희들이 아
름다운 선한 마음을 좁쌀 알처럼 굳건
히 모았을 때, 너희들이 변할 수 있는
변화된 인간이라 하였음이니,
27 그 좁쌀보다도 더 좁은 길을 가는 것
이며 좁은 문으로 가는 것이 하늘에
오르는 길이니, 너희들이 얼마나 고통
스럽고 힘든 그 길을 가야만 하는 것
인지를 알겠는가?
28 너희들이 넓은 길을 가는 자 구원의
길을 볼 수 없으며, 부자가 구원의 길
을 볼 수 없다 함은 무엇이더냐?
29 그들은 편안함이요, 안락함에 의해서
그 길을 못 보기 때문이니,
30 그리하여 부자가 천국의 길에 가기 어
렵다 함이 거기 있음이니라.
31 그들이 잘못 벌고 도적질하고 남에게
거짓 하여 번 재산 때문이 아니요,
32 오늘에 가지고 있는 부귀와 영화요,
그 편안한 삶에 의하여 어렵고 힘든
길을 갈 수 없으며 그 길을 택하지 못
하며 그를 바라보고 갈 수 없기에 그
들이 구원받기가 힘들다 하였음이니,
33 너희들은 어렵고 힘든 그 길을 인내하
고 가는 좁은 문을 선택해서 가는 나
의 백성이 되어야 되며, 그 좁은 문을
마다하지 아니하고 가는 너희들이 되
어야만 함을 잊지 말라 그리 전하라.

4,325 번째 하나님 말씀

2002년 12월 27일 14시 01분

1 사랑하는 나의 아들아!
2 "네, 아버님! 말씀하옵소서."
3 성경에 기록되어 나의 아들 예수로부
터 너희들에게 어찌 가르쳤는가?
4 예수가 그리 말하였느니라. '내가 아
버지께 감으로 인하여 너희들에게 새
로운 보혜사가 올 것'이라 그리 그는
전하였음이니라.
5 성경에 기록되어 그가 너희들에게 가
르치기를, 나의 아들 예수가 나에게
구하여 그리하여 얻는 보혜사를 세상
에 너희 제자들이요, 그 백성들에게
다시 오게 한다 하였으며,
6 그때 오는 그 보혜사는 영원히 지속
되며 너희들과 더불어 새로운 시대를
열어 가는 그와 같은 보혜사가 온다
그리 말하였음이니, 그것은 바로 무엇
이던가?
7 나의 아들 예수가 재림하여 세상에 다
시 옴이 아니요,
8 영원히 너희들과 지속될 수 있는, 죽
지 아니하며 불변의 그 법전의 성령,
나의 뜻을 세상에 전하는 새로운 시대
가 열린다 함을 알려 주는 예언을 함
이니,
9 이는 곧 성경이 다시 내려온다는 그와
같은 뜻임을 너희들은 알아야 될 것이
니라.
10 영원히 전해지며 영원히 지워지지 않
는, 마지막 시대에 나 여호와의 뜻이
요, 나의 성령이 다시 보내진다는 것
을 예언했음을 너희들은 알아야 될 것
이니라.
11 너희들은 여기서 하나 깊이 깨우쳐야
될 것이니라.
12 나의 아들 예수가 육으로 세상에 왔으
니, 그의 육이 영원히 지상에 존속할
수 없으며, 육을 가지고 온 어떤 누구
도 영원히 지속할 수는 없음이니라.
13 지금 나의 법전을 받아 기록하는 나의
아들 또한 육을 가지고 왔음이니 영원
히 지속할 수 없으며, 아무도 육에서
죽어 가는 그 굴레를 벗어날 수는 없
음이니라.
14 그리하니 너희들은 알아야 될 것이니
라.
15 영원히 변하지 않는 보혜사가 내려온
다 하는 것은 육의 형태를 가지고 오
는 예수가 재림하는 것도 아니요, 나
의 아들을 통하여 너희들을 구원하고
자 하는 그와 같은 영원히 사는 나의
아들이 옴도 아니요,
16 다만 나의 성령을 받아 기록하는 책으
로써 만백성을 구하는 나의 뜻이요,
나의 성령이요, 너희들이 말하는 창조
주의 그 말씀인 책이 세상에 내려와
줌을 알아야 될 것이니라.
17 그러니 지금 새로운 보혜사가 세상에
내려와 만백성을 구하고자 너희들에
게 전하는 나의 백성들이 있으며 나의
아들딸이 있으니,
18 그에 귀를 기울이지 아니하고 오만하
고 자만한 너희들로 하여금 너희들 스
스로 영원히 사는 그 구원의 길을 보
지 못하며 죽음의 굴레 속에 휘말려
가는 것이 너희들임을 알아야 될 것이
니라.

19 내가 성서에 기록한 그 뜻을 깊이 음
미하라.
20 나의 아들 예수가 그리 말하였느니라.
'내가 나의 아버지께 구하여 얻어 새
로운 보혜사를 세상에 내려보낸다' 하
였음이니,
21 그는 예수 자신도 보혜사의 역할을 하
는 자로서, 저와 동등한 새로운 보혜
사가 새 역사에 이루어지며, 그 역사
가 성경으로써 내려온다는 그것을 그
들에게 깨우쳐 주었음을 너희들은 이
제 인식하여,
22 나의 아들 예수가 재림하여 너희들이
구원받는다는 그와 같은 생각과 착각
속에서 벗어날 때가 되었음을 알라.

4,326 번째 하나님 말씀

2002년 12월 27일 14시 16분

1 사랑하는 나의 아들아!
2 "네, 아버님! 말씀하옵소서."
3 성서에 기록되어 있는, 너희들이 잘못
깨우치며 잘못 이해하는 부분을 하나
하나 내가 너희들에게 깨우쳐 주는 역
사를 시작하였음이니,
4 내가 성서의 내용을 기록하여 전하며
내가 가지고 있는 하늘의 그 뜻을 전
함을 너희 것으로 만들어 행하는 데
차질이 없도록 살아가야 됨을 알라.
5 너희들의 그 성서에 기록되어 예수가
말하였느니라.
6 '내가 갔다가 너희들에게 온다.' 하는
말을 너희가 들었느니라.
7 너희들은 나의 아들 예수가 갔다가
너희들에게 다시 돌아온다는 그 말을
과연 어찌 알아듣고 깨우치는가?
8 '너희들이 나를 사랑하였다면 나의 아
버지께서도 기뻐하셨으며, 아버지께
서 나보다 더 크심을 너희들이 알 것
이라' 그리 전하는 말의 의미를 어찌
아는가?
9 그 뜻은 그러하니라. 나를 사랑하는
자를 나의 아버지께서 기뻐하시며 상
을 내리며 또 그와 같이 나의 아버지
는 나보다 크심이라 말하였으니, 예수
가 그 모든 실상을 거기에 기록하였
음이니라.
10 즉, 그것은 무엇을 의미하는가?
11 나의 아들을 통하여 내가 모두를 깨우
쳐 만백성을 구하는 성령을 내려보냈
음이니, 나의 아들을 따르는 자가 나
의 뜻을 따르는 백성이요, 그리하기에
내가 그들을 사랑하며 기뻐하는 의미
를 기록한 것이며,
12 지금 나의 법전을 읽고 깨우치는 만백
성 너희들이 바로 그러하니라.
13 나의 아들을 통하여 지금 나의 성령이
라 하여 내가 밤과 낮을 가리지 아니
하고 법전인 책을 만들어 세상에 전함
이니, 그 누가 이것이 새로운 성경이
요, 새로운 역사요, 나 여호와의 뜻이
라 따르는가?
14 오로지 너의 제자들과 지금 법전을 읽
고 깨우친 몇몇의 나의 아들딸만이
그를 믿고 따름이니,
15 바로 나의 뜻에 순종하며 따르는 너희
들을 내가 사랑하며 그 기쁨이 이루
말할 수 없듯이, 그 의미를 지금 여기
에 기록하여 전함을 너희들은 알아야
될 것이니라.

16 그리하며 예수가 말하였느니라. '나의
아버지는 나보다 크시며 큰 사랑이라'
하였음이니 이는 바로 무엇이던가?
17 예수가 나 여호와와 예수와의 그 아들
과 아버지로서의 차별화를 성경에 기
록하여 두었음이니, 그 성경의 구절을
너희들이 다시 한 번 읽어 보도록 하
라.
18 그와 같은 이치를 깨우쳐 너희들이 읽
어 그 뜻을 안다면, 감히 나와 나의 아
들과 성령과 삼위일체라 하는 그와 같
은 말을 할 수 없음이니, 그와 같은 말
을 사용해서는 아니 될 것이니라.
19 그 뜻이 얼마나 잘못되었으며, 그 말
한마디로써 나의 아들 예수가 얼마나
나에게 고통스러운 그 마음을 가지고
사는가를 너희들이 알아야 될 것이니,
20 나 여호와와 나의 아들이 동등하다는
그와 같은 생각을 너희들이 버려야 될
것이니라.
21 과연 나의 아들이 나와 동등하다, 너
희들이 말하는 대로 삼위일체라 그리
했다면,
22 나의 아들이 죽음 직전에 나 여호와에
게 얼마나 애절한 기도를 드렸는가?
23 '그 잔을 받지 아니하면 아니 되겠으
며, 정녕 아버지! 저를 버리시려 하나
이까?' 그리 기도하는 그 내용을 너희
들은 모르는가?
24 그 애절한 내용의 기도 소리요, 그 처
절한 기도 소리를 너희들은 듣지 아니
하였는가?
25 나의 아들이 나와 같은 성령이요, 나
와 똑같다면 그 모두를 그가 직접 행
하였을 것이며, 그 고통을 스스로 벗
어났을 것이며, 그 길을 가고 안 가고
선택하는 것은 그의 임의요, 그의 뜻
대로 하였을 것이니라.
26 그와 같은 애절한 기도 소리며, 그 길
을 가지 아니하도록 몇십 번 나에게
기도드린 나의 아들의 그 기도 소리를
들으면서도 너희들은 나 여호와 창조
주가 나의 아들과 같다 함이니,
27 신은 형체가 없다 하였음이니라.
28 그러니 너희들이 삼위일체라는 그 말
을 씀으로 인하여 나의 아들 예수가
내 앞에 와 있기가 얼마나 곤욕스러
우며 그가 얼굴을 붉히며 송구스런 마
음을 가지고 있는가 하는 것을 한번
돌이켜 보라.
29 이제 삼위일체라는 그 말을 너희들이
써서는 안 될 것이니,
30 성경에 기록된 내용들을 너희들이 깊
이 음미하고 들여다볼 때, 거기에서
그와 같은 단어를 써서는 아니 됨을
너희들은 알 것이니라.
31 내가 말하였느니라. 나의 아들 예수는
스스로 '나는 참포도를 열 수 있는 포
도나무요, 내 아버지는 그 포도나무를
가꾸는 농부와 같다' 그리 비유하여
너희들에게 전하여 깨우쳤음이니라.
32 과연 그것은 무엇을 의미하는가?
33 나의 아들 예수는 내가 가꾸는 포도나
무로서 그 포도의 과일을 열게 하고
못 열게 하는 그와 같은 역할을 함이
니, 그가 바로 섰을 때 포도나무에 포
도를 열게 할 수 있는 능력이 있는 것
은 나의 아들이 함이요, 그 포도나무
를 가꾸는 것은 나 여호와이니,
34 여기에서 또한 너희가 삼위일체라는

말을 쓰지 못하도록 우리 부자간을
나의 아들이 그리 너희들에게 전하였
거늘, 너희들은 과연 어찌하는가?
35 나의 아들은 말하였느니라. 포도나무
가 잘못되었을 때 과실을 열게 할 수
없으며, 그를 버리고 버리지 아니하는
것은 나의 아버지 뜻이라 나의 아들
예수가 말하였느니라.
36 그 포도나무는 나의 아들 예수 자신이
라 하였으나, 그 포도나무에 포도가
열고 안 열고 그를 구분하는 것은 나
의 아버지 뜻이라 그리 말하였음이니,
37 그가 나와 그 아들과의 차별화됨을 명
백히 여기에 밝혀 두었거늘, 너희들은
어찌하여 그와 같은 것을 깨우쳐 보지
아니하며 나의 아들과 나와 삼위일체
라 그리 말하는가?
38 나의 아들 예수는 나 여호와가 가꾸는
나무 역할을 했음을 너희들은 알아야
할 것이니라.
39 나 여호와가 잘 가꾸어 거기에 열매를
열고 안 열 수 있는 내가 가꾸어 놓은
아름다운 하나의 포도나무의 그 줄기
임을 너희들은 알아야 될 것이니라.
40 이 또한 나 여호와와 나의 아들과의
관계를 설명함이요, 나 여호와만이 가
지를 칠 수 있다는 것을 나의 아들이
만백성에게 전해 주었음이니, 이는 바
로 무엇이던가?
41 나의 아들 예수가 만백성을 구하고
구원하지 않는 그와 같은 능력이요,
그와 같은 권한을 가지고 있음이 아니
요,
42 만백성을 구원하고 버리는 그 모든
역사의 결정은 나 여호와만이 할 수
있다 그리 너희들에게 전하고자 예언
하여 가르쳐 준 그 뜻을 너희들은 알
면서도 이를 행하려 하지 아니하며
너희 것으로써 만들려 하지 아니함이
니,
43 이것이 바로 너희들의 잘못된 사악한
마음의 형태이니라.
44 내가 나의 법전에 기록하여 뭐라 말하
였느냐?
45 너희들이 하늘에 오르고 못 오르는 그
천국의 문을 열고 못 여는 것은 창조
주 나 여호와의 하나의 고유한 권한이
며, 내가 가지고 있는 특권이요, 나만
이 행할 수 있는 것이라 내가 법전에
기록하여 너희들에게 일찍이 깨우쳐
준 그 뜻을 너희들은 여기서 깨우쳐야
될 것이니라.
46 포도나무 가지에 포도가 열리고 못 열
리고, 못 여는 가지는 치며 여는 가지
놔두는 그 권한은 아버지 창조주만이
가지고 있다 나의 아들 예수가 그리
말한 뜻을 알겠는가?
47 이는 곧 천국의 문을 열고 닫는 것은
나 하나만의 고유의 권한이라 내가 법
전에 기록한 그 내용을 강력히 내가
깨우쳐 너희들에게 전하고자 기록된
내용과 일치함을 알아야 될 것이니,
48 이러고도 너희들이 나의 법전을 사탄
이요, 마지막 시대의 거짓 선지자요,
나의 아들을 통하여 내리는 나의 법전
이 나의 성령이 아니며 구원의 길이
아니요, 지옥 불로 인도하는 사악한
자의 행위라 그리 말하는 자, 정녕 구
원을 받을 수 없음을 알라.
49 너희들이 성경의 그 구절을 깊이 읽고

깨우쳐 느낀다 하면,
50 그 나무가 성장할 수 있도록 다스리는
것은 농부의 뜻이요, 아버지 나의 뜻
이라 하였으며, 포도나무가 자라 그
열매를 열고 못 여는 것 또한 나의 뜻
이라 하였으며,
51 열 수 있도록 자라고 못 자라는 것만
이 나의 아들 예수가 할 수 있는 그 능
력이라 엄연히 구분하였으니,
52 삼위일체라는 말을 두 번 다시 너희들
의 입으로 담는 자, 그 죄의 대가가 얼
마나 무서운 것인가를 죽어 와 알게
될 것이니 그리 알라.

4,327 번째 하나님 말씀

2002년 12월 27일 14시 26분

1 사랑하는 나의 아들아!
2 "네, 아버님! 말씀하옵소서."
3 수천 년 동안 흘러온 그 종파의 집단
들이 과연 뭐라 말하느냐?
4 성경은 한 획도 더해서도 안 되며 한
자를 더 넣어서도 안 되며 빼서도 안
된다 그리 말하느니라.
5 그러나 너희들은 그리 말하기 전에,
내가 내린 그 성경의 의미요, 그 뜻을
제대로 해석하지 못하며 그 비유의 뜻
을 모른다면 너희들이 수없는 글자를
집어넣어 기록한 것보다도 더 우매하
며 그 뜻을 모름이니, 그와 같은 어리
석음을 가지고 있는 것이 지금 나의
피조물 만백성 너희들이니라.
6 그리하여 너희들은 성서에 한 자를
빼고 더하고 한 획을 고치고 안 고치
고를 따지기 전에,
7 기록되어 있는 성서의 그 비유를 먼저
깨우치도록 노력하는 그것이 필요함
이니라.
8 너희들은 나의 피조물 만백성에게 성
서는 한 자도 빼도 더해서도 아니 되
는 것이며 절대적이라는 그것으로써
나의 피조물 만백성을 엮어 가며, 그
들로 하여금 숨도 못 쉬도록 그들을
조여 가는 그와 같은 수법을 쓰고 있
으며,
9 성서는 한 자도 빼도 더하지도 말라
하였음이니, 너희들의 집단 속에 와서
성경을 가지고 공부하지 아니하는 자
는 다 이단이요, 사탄이요, 구원을 받
지 못한다는 그와 같은 무식한 방법으
로써 나의 피조물 만백성을 폭군처럼
다스려 가고 있는 것이 너희들이니라.
10 그런가 하면 너희들은 무어라 말하는
가?
11 그러기에 너희들은 아무것도 봐서도
안 되며 들어서도 안 되며 참고를 해
서도 안 되는 것이다 그리 가르치느니
라.
12 그러면서 너희들은 참진리요, 아름다
운 말이요, 너희들이 감히 가르칠 수
도 없는 그와 같은 뜻을 내가 나의 제
자요, 나의 백성들을 통하여 너희들에
게 가르쳐 주고 깨우쳐 줄 때, 너희들
은 뭐라 하는가?
13 사탄들이 하는 말이 정녕 처음에는 옳
은 말이며 다 맞는 말이며 도덕적으로
질서적으로 위배된 것이 없으며 틀린
것이 없는 말이라 너희들은 그리 말하
느니라.
14 그리하면서 너희들이 하기는 뭐라 말

하느냐?
15 그리하기 때문에 너희들은 지금 아무
리 좋은 말이요, 아름다운 말도 사탄
이 하는 것이기 때문에 그에 귀 기울
이면 안 되며 그를 들어서는 안 된다
말하느니라.
16 그리 듣고 따라가다 보면 너희들은
결국 지옥으로 간다 그리 말하느니라.
17 그리고 너희들은 나의 제자들이요, 나
로부터 선택된 백성들이 옳고 곧은 말
을 너희들에게 할 때, 뭐라 말하느냐?
18 그들은 육의 세상에 젖어 있는 자들이
요, 영혼의 세상을 모르며 영혼의 깨
달음을 모르며 믿음을 모르는 백성이
기 때문에 참 불쌍한 자요, 가련한 자
이니, 너희들이 믿는 성전에 들어와
성경을 공부하며 너희들의 종교 지도
자의 가르침에 귀를 기울이라 그리 말
하느니라.
19 아무리 아름다운 말을 하며 아무리 참
진리를 말해도, 이것은 사탄이 하는
것이기 때문에, 지금은 솔깃한 이야기
요, 깨달음이 있는 것 같으나, 이는 너
희를 지옥으로 끌고 간다는 종교 지도
자들이 가르치는 그 가르침의 메아리
때문에 너희들이 들으려 하지 아니하
며 받으려 하지 아니하느니라.
20 그리고 너희들이 잘못하여 말이 몰리
며 깨달음이 부족할 때 뭐라 하느냐?
21 '성령으로써 대답하라. 믿음으로 대답
하라. 믿음이 아닌 것으로써 육의 세
상의 육의 도리요, 육의 질서요, 육의
순리를 가지고 말을 함이니 이는 말이
되지 아니하니, 답답하고 불쌍한 자
여! 빨리 성경을 들고 우리 성전에 와
공부하고 배워라.' 그리 가르치며 윽
박지르느니라.
22 그리고 대화를 하지 않으려 하느니라,
그리고 들으려 하지 아니하느니라.
23 그것이 바로 지금 너희들이 처해 있는
형국이니, 너희들이 그를 어찌 깨달아
야 되겠는가?
24 그러면서 너희들은 말하느니라. 이 세
상의 모두는 다 나 여호와가 창조하였
으며, 필요하기에 만들었으며 필요하
기 때문에 존재한다 그리 말하면서,
25 너희들은 모든 것을 깨달을 수 있는
그 귀한 보화를 주어도 보지 않으려
하며 듣지 않으려 하며, 사탄의 장난
이라 그리 말하느니라.
26 그러면서 나의 뜻에 따라가는 나의 법
전을 읽고 깨우친 나의 백성들이 너희
에게 사랑을 베풀며 나눔을 줄 때, 너
희들은 또한 뭐라 말하느냐?
27 지금 그리 주는 것은 모두를 다 뺏어
가기 위해, 송두리째 모두를 다 앗아
가기 위하여 낚싯밥을 던지는 것이니,
그들이 하는 말은 듣지도 말고 접근하
지도 말고 보지도 말라 그리 말하느니
라.
28 그들이 배고파 침을 흘리는 백성들에
게 밥 한 그릇을 대접하고자 하는 것
도 그건 사탄이요, 사악한 자요, 극약
이 들었으니 그를 먹지 말라 가르치는
것이 종교 지도자들이니라.
29 너희들은 배고파 굶주리는 그 신도들
에게 밥 한 그릇을 주지 못하면서, 신
도도 아니요, 너희들과 관계없는 자가
배곯는 것을 보고 한 끼의 밥을 대접
할 때, 그는 독약이 든 것이니 먹지 말

라 그리 아우성치고, 그 먹으려 하는
수저를 뺏고 발로 차고 그 상을 엎는
그와 같은 행위를 하는 것이 지금의
종교 지도자요, 너희들이 오래 믿었다
는 자들의 집단이 하는 행위이니라.
30 그러니 과연 어찌하겠는가?
31 지금 너희들은 한 끼의 대접하는 그
식사 속에 극약이 들었고 독약이 들었
다 그리 말함이니,
32 그것을 사주는 자가 제가 먼저 먹고
서 독약이 들지 않는 것을 보여 줄 것
이니 같이 먹자 하니, 너희들은 상을
들어엎어 버리느니라.
33 그도 먹지 못하며 저도 먹지 못하게
하여, 그 독약이 들지 않은 것을 아는
종교 지도자가 그것이 탄로 날까 봐
밥상을 들어엎어 먹지 못하게 짓이기
는 것이 지금 종교 집단이요, 수십 년
믿음을 갔다는 종파들이 하고 있는 행
위이니, 그 얼마나 무섭고 추한 행동
이던가?
34 너희들은 지금 바로 구원의 길이라며
그리 가느니라.
35 지금 나의 아들을 통하여 만백성 깨우
친 자들이 진정 배고픈 자에게, 하늘
에 오르고자 갈구하는 백성이 하늘에
오르는 참진리요, 길을 갖다 너희들에
게 바쳐 줌이니, 이는 배고파 곧 죽어
가는 너희들에게 한 끼의 밥을 대접하
는 것과 같음이니라.
36 그러나 너희들이 그를 보지 못하게
함이니, 지금의 사악한 종교 지도자들
의 행위이니라.
37 그러면서 너희들은 한 끼를 대접했던
그 상을 들어엎어 놓으면서 '여기에
극약이 들었기 때문에 내가 엎었으니,
신도 당신은 그 밥을 먹었으면 그냥
죽었을 것이니라, 내가 그 사탄이 주
는 밥이요, 그 밥 속에 독약이 든 것을
들어엎었기 때문에 너는 구원받으며
산 자라' 그리 말하여, 그가 배고파 죽
어가더라도 그는 들여다보지 아니하
며 그냥 죽게 되는 것이니라.
38 그리하면서 밥 한 끼를 주지 못하는
것이 너희들의 종교 지도자이니라.
39 지금 너희들이 믿음이라는 길이요, 참
진리라 하여 가는 것이 어떠한 형국인
가를 내가 나의 아들을 통하여 이렇게
깨우쳐 줌이니,
40 이를 읽고도 깨우치지 못하는 너희들
은 어찌할 수가 없지 아니한가?
41 나 여호와가 손을 놓을 수밖에 없음이
니라.
42 지금 나의 아들을 통하여 내가 밤과
낮을 가리지 않고 160권의 성경을 만
들어 새로운 성경으로써 그 제자를 통
하여 만백성을 구하려 이를 너희들에
게 전하니, 그들이 무엇이라 말하느냐?
43 이게 독소요, 독이 든 것이라 그리 말
하며 이걸 받으면 죽는다 그리 가르치
니, 이들이 보지 못함이니라.
44 깨끗하고 아름다운 빵 한 조각을 굶어
죽는 너희 신도에게 먹고살라 하며
주니, 그 빵 속에 독약이 들었다 하여
그를 먹지 못하게 하며,
45 그를 받아먹고 너희 신도가 살았을 때
그가 독약이 들어 있지 아니한 것을
알게 되는 것이 두려워, 그 빵을 너희
들이 가로채어 찢어 버리고 그저 짓이
기는 그와 같은 형국으로 가고 있는

것이 지금의 종교 지도자 너희들의 사
악한 행동이며 너희들이 그리 믿음을
이끌어 가고 있음이니,
46 그 베일이 벗겨질 날이 머지않았음을
알라.
47 지금은 나의 선지자요, 나의 아들을
통하여 내리는 빵을 그 제자들 한두
명이 한두 명의 너희 신도에게 전해
주니 너희 종교 지도자들이 그 빵을
뺏을 수 있으며 그를 먹지 못하게 그
리 행패를 부릴 수 있으나,
48 나의 아들을 따르는 제자들이 수십만,
수억으로 늘어 그들이 하나씩 빵을
들고 너희들의 신도에게 줄 때, 그를
받아먹고 죽지 않는 자가 있으며 극약
이 들어 있지 않은 것을 알 때가 있게
됨이니,
49 그때 너희들의 이마에 돌팔매를 맞는
것을 내가 막고자 지금 너희들에게 깨
우치라 함이니, 그때 가서 너희들이
처참하게 당하는 그 꼴은 너희들의 죄
임을 알라.

4,328 번째 하나님 말씀

2002년 12월 27일 14시 38분

1 사랑하는 나의 아들아!
2 "네, 아버님! 말씀하옵소서."
3 성서에 기록되어 너희들에게 깨우쳐
주었음이니, '과실을 많이 맺는 나무
는 내 아버지께서 영광을 받을 것이
요, 너희가 나의 제자가 되리라.' 하였
음이니,
4 이는 모든 상벌의 영광은, 나의 백성
을 위하여 그를 벌하고 벌하지 아니하
는 것은 오로지 창조주 나 여호와만이
할 수 있다는 그 뜻을 의미함을 너희
들은 알아야 될 것이니라.
5 이는 곧 너희들이 어떠한 역사를 이루
었느냐 이루지 않았느냐에 따라서 그
에 대한 상벌은 나 여호와만이 내릴
수 있다는 그 뜻을 의미한 내용인 것
을 알게 될 것이니라.
6 그리고 나의 아들 예수의 그 제자가
될 것이라 그리 말하였음이니,
7 나의 아들은 보혜사로서 나의 뜻을 만
백성에게 전하며 내 뜻을 나의 아들을
통하여 전하니,
8 나의 아들이 내 뜻에 의하여 행하고자
하며 그를 따르는 제자들은, 그들은
곧 무엇이더냐?
9 그들이 전사로서 만백성을 구하는 그
역사를 이루게 되는 것을 의미함을 너
희들은 알아야 될 것이니라.
10 너희들이 예수의 제자가 된다 함은,
예수가 창조주 나와 같은 위치로써 만
백성을 직접 구원하며 다스린다는 그
와 같은 의미가 아니요,
11 나의 성령을 받아 예수가 그 뜻을 가
지고 만백성을 깨우쳐 그들을 전사로
쓰고자 하는 그와 같은 의미를 말한
것임을 너희들은 알아야 될 것이니라.
12 지금 나의 법전을 기록하여 세상에 전
함이니, 이를 나의 아들이 전하여 책
으로 만들어 선택된 백성 너희들에게
가르침이니, 나의 아들이 그들을 무어
라 말하는가?
13 진정 바로 서고 진정 깨우친 자요, 나
의 뜻대로 행하고 살아가는 자를 나의
아들의 그 제자라 명하며, 그들이 또

한 전사라 그가 그리 깨우쳐 주며 그
임무를 그들에게 명하여 주었음이니,
14 바로 그와 같은 역사의 변화를 예언한
것임을 너희들은 알아야 될 것이니라.
15 이제 나의 아들 예수가 말하였음이니
라. '오로지 아버지의 뜻에 따라 행하
는 자는 예수의 제자가 된다' 하였으
며,
16 지금 밤낮을 가리지 아니하며 나의
160권의 성령을 받아 기록하는 나의
아들이 나의 법전을 너희들에게 가르
치며 강론함이니,
17 이를 바로 듣고 깨우치며 나의 법전을
정독하여 변하는 백성, 그는 나의 아
들 그의 제자라 말하였음이니, 그 제
자는 무엇이더냐?
18 내가 나의 아들을 통하여 만방에 펴고
자 하는 그 뜻을 대변하여 전하는 백
성으로서, 육을 가진 너희들로서 행하
는 나의 아들과 딸들이라 하였음이니,
너희들이 얼마나 소중한 자라 내가 말
하였는가?
19 그러니 너희들이 바로 어찌 서느냐에
따라서 나의 법전이 세상에 역사를 이
루고 못 이루는 것이 선택된 나의 아
들딸들이 하는 일임을 너희들은 알아
야 될 것이니라.
20 오로지 수천 년의 역사가 흘러 지금
내가 직접 나의 성령을 태워 마지막
시대에 나의 아들로 하여금 법전이라
하여 책을 만들어, 만백성을 구하는
기초요, 근본을 만들어 이를 다스리며
이를 기록하며 이를 전하고 역사를 이
루는 너희들이 바로 어찌 살아가느냐
에 따라서 나의 법전이 그 빛을 보고
보지 못함은 너희들이 지금의 당대의
역사에 이루어지는 것이 아니요,
21 수천 년 동안 흘러온 그 역사 속에 그
답이 결실을 맺느냐 못 맺느냐 하는
것이며,
22 앞으로 천 년에 걸쳐서 나 여호와가
이루고자 하는, 하늘의 낙원을 지상에
서 이루느냐 못 이루냐 하는 것이 너
희들의 양어깨에 얹어 있음을 너의
제자들이 알아야 될 것이니라.
23 그리하여 어렵고 힘든 길을 인내할 수
있는 너의 제자들을 내가 선택하여
내가 그들을 쓰고자 하며 그들로 하여
금 선택권을 주었음이니, 바로 그들이
선택된 이유가 거기에 있음이니라.
24 배부른 자, 권력 있는 자, 재정이 있는
자, 금화와 은화를 그득히 쌓아 놓은
자, 그 누구도 어렵고 힘든 이 좁은 길
을 갈 수 없으며 인내할 수 없는 것이
그들이니라.
25 당장 권력 있는 자, 능력 있는 자, 나
의 강론을 들으며 나의 법전을 몇 권
읽는다 해도, 그들은 오늘의 삶을 버
릴 수가 없으며, 그 삶을 뒤집어 바른
삶을 살아갈 수 없는 것이 그들이니라.
26 지금 어렵고 힘든 그 고비를 넘길 수
있는 것은 내가 선택하여 나의 아들의
제자로 명했으며 나의 아들딸로 명했
으며 내가 법전을 읽어 눈을 뜨게 하
여 선택된 백성, 너희들만이 할 수 있
으며 갈 수 있는 것이니, 너희들이 얼
마나 소중하게 선택된 자들인가를 알
아야 될 것이니라.
27 수천 년 동안 흘러온 그 역사를 지금
여기서 시작하며, 앞으로 이루어질 역

사를 이루는 그 매듭의 한가운데에 서
있음이니,
28 너희들은 알아야 될 것이니라.
29 너희들의 오른팔은 과거에 흘러왔던
잘못된 것을 지금 바로잡는 그 역사를
하며, 너희들의 왼팔은 내가 천 년에
걸쳐 이루고자 하는 새로운 역사를 이
루는 그 가운데에 서 있는 것이 너희
들의 몸뚱이며, 너희들의 육신이며,
너희들의 마음이며, 너희들의 정신이
요, 너희들의 자세임을 잊어서는 아니
될 것이니라.

4,329 번째 하나님 말씀

2002년 12월 27일 14시 49분

1 사랑하는 나의 아들아!
2 "네, 아버님! 말씀하옵소서."
3 내가 나의 아들을 통하여 성서에 기록
하여 무어라 전하였던가?
4 '그러하나 내가 너희에게 실상을 말하
노니' 나의 아들 예수가 그리 기록하
였느니라, '내가 떠나가는 것이 너희
들에게 유익하니라'.
5 진정한 창조의 뜻을 행하는 시대가 열
림을 말하는 그 의미임을 너희들은 알
아야 될 것이니라.
6 나의 아들 예수가 성서에 기록하여
'내가 너희에게 실상을 말하노니 내가
떠나는 것이 너희에게 유익하리라.'
그와 같이 말한 그 뜻은 무엇인가?
7 진정한 창조의 뜻을 행하는 시대가 열
림을 너희들에게 깨우쳐 주는 것임을
알아야 될 것이니라.
8 그리고 나의 아들이 그리 기록하여 놓
았느니라. '내가 떠나가지 않으면 새
로운 보혜사가 너희들에게 오지 아니
할 것이요' 새로운 보혜사가 오지 아
니하니 나의 아들 예수는 그 임무를
마치고 가는 것이 당연한 것이라는 그
의미를 말함이니, 이는 무엇이더냐?
9 새로운 말씀이, 나의 새로운 성경이
내려오는 것을 의미함이며, 나의 아들
예수가 존재함으로써 새로운 시대가
열리지 아니함이니,
10 짜여 있는 계획대로 나 여호와의 주관
하에 흐르는 그 역사대로 그를 거역할
수 없으며 흘러가야 된다는 그 뜻을
말함이니, 너희들은 그와 같은 뜻을
알아야 될 것이니라.
11 그 이상 그 이하의 어떠한 뜻도 너희
들이 생각해서 붙이는 것은 너희들의
생각을 넣어 거기서 가르치고자 하는
것임을 알라.
12 예수는 또 그리 말하였느니라. '내가
가면 그를 너희들에게 보내리니' 이와
같은 말을 예수가 전하였음이니,
13 그는 예수가 창조주로서 그를 보내는
것이 아니요, 예수와 동등한 그와 같
은 자격을 가진 자가 또 새로운 보혜
사로서 내려오며, 나 여호와의 성령을
가지고 세상에 내려오는 자가 준비되
어 있다는 뜻이며, 그가 곧 내려온다
는 그와 같은 가르침을 너희들에게 깨
우쳐 줌이니 그를 알아야 될 것이니라.
14 새로운 성경이 새로운 세상에 내려와
새 역사를 이룬다는 것을 나의 아들
예수가 예언하여 그를 전하였음이니,
15 예수가 보혜사로서의 그 임무를 다 마
침을 너희들은 알아야 될 것이며, 예

수가 보혜사이기에, 예수와 똑같은 자
가 온다는 것은 그와 같은 보혜사요,
말씀을 듣고 전하는 자가 세상에 내려
온다는 그 뜻임을 알라.
16 그리하여 예수가 뭐라 말하였느냐?
다음에 예수가 그리 성경에 전하였느
니라.
17 '그가 세상에 와서 죄에 대하여, 의에
대하여, 심판에 대하여 세상을 책망할
것이라' 그리 전하여 기록되어 있느니
라.
18 이것은 바로 무엇이더냐? 너희들을
심판하며, 죄에 대하여 너희들이 잘
가고 잘못 가는 것을 책망하고 심판
하는 것은 나 여호와의 권한이요, 나
여호와만이 할 수 있다 내가 말하였음
이니라.
19 그러니 바로 나의 법전이 지금 내려오
는 것이 나의 성령이요, 내가 직접 내
려와 너희들을 깨우치고 심판한다는
것을 너희들은 알아야 될 것이니, 이
뜻을 모른다면 너희들이 성서의 그 의
미를 알 수 없음을 알아야 될 것이니
라.
20 내가 직접 내려와 심판하는 기준을
내려 내가 너희들을 가르치고자 하며
심판한다는 것을 예수가 기록하여 예
언한 것임을 너희들은 알아야 될 것이
니라.
21 예수는 다음과 같이 또 성서에 기록하
여 너희들에게 전하였느니라.
22 '내가 아직도 너희에게 이를 것이 많
으나 지금은 너희가 감당치 못하리
라.' 그리 예수가 너희들에게 전하였
으니, 너희들은 그 뜻을 어찌 아는가?
23 이 의미는 지금은 창조주 나 여호와
가 주관하고 있으며 나 여호와만이 알
고 있는 그 모두를 너희들에게 깨우쳐
줄 수가 없으며 미래에 이루어질 것을
너희들에게 보여 줄 수 없다는 것을
말함이니, 예수가 그와 같은 의미로써
너희들에게 전한 것을 알아야 될 것이
니라.
24 그러니 어떠한 믿음이요, 어떠한 지상
의 변화요, 미래에 역사하는 것을 예
수는 알지만 지금은 때가 아니니 그를
너희들에게 가르칠 수 없다는 것을 전
한 그 의미를 알아야 될 것이니라.
25 예수의 가르침에만 충실하면 때가 되
면 너희들이 안다, 그리고 새로운 시
대가 열리는 것을 알게 될 것이라는
것이니, 곧 이는 무엇이냐?
26 그 제자들에게 예수가 세상에 와 가르
치고 전하고자 하는 그 뜻을 그대로
행하며 그가 원했던 가르침대로 나의
피조물 만백성 너희들이 행하고 따른
다면 모든 역사는 순탄하게 이루어질
것이라는 그와 같은 가르침의 뜻임을
너희들은 알아야 될 것이니라.
27 '그러나 진리의 성령이요, 나 여호와
의 말의 뜻이 세상에 내려오면 그가
너희들을 모든 진리의 가운데로 인도
하시리니' 그와 같이 예수는 성경에
기록하여 놓았음이니라.
28 그 뜻은 무엇을 말하는 것인가?
29 새로운 시대를 열고자 하는 참빛이요,
구원의 길을 인도하는 법전이 세상에
내려온다는 것을 이미 예언하였음을
너희들은 깊이 깨우쳐야 될 것이니라.
30 또 예수가 기록하여 말하였느니라.

'새로 오는 보혜사는 그가 자의로 말
하지 않고 오직 듣는 것을 말하며, 장
래 일을 너희들에게 알려 주리라.' 그
리 말하였음이니,
31 지금 나의 아들을 통하여 나의 법전이
요, 나의 성령을 내려보내니, 그가 그
대로 기록하여 만백성을 구하고자 지
금 책으로써 세상에 만들어 냄이니,
오로지 나 여호와가 이루고자 하는 그
역사를 그들은 알고 있음이니라.
32 하늘에서 이루어진 것같이 지상의 낙
원을 만드는 것이 그들의 첫째의 목적
이요,
33 천 년에 걸쳐 새로운 역사를 이루며
하늘과 같은 천국을 지상에서 이루는
것이 또한 그 큰 뜻을 가지고 있음을
알며,
34 너희들의 어렵고 힘든 인생의 삶을
나의 선지자요, 나의 아들로부터 너희
들에게 깨우쳐 주어 너희들이 고통에
서 벗어날 수 있는 그와 같은 역사의
기적을 이루는 보혜사로서 세상에 온
다 함을 미리 나의 아들을 통하여 너
희들에게 예언하였음을 알아야 될 것
이니라.
35 이와 같이 모두가 기록되어 있음은
이미 나의 법전이 세상에 오며 새로운
성경이 오며 나 여호와가 주관하는 시
대가 옴을 예언함이니라.
36 심판하며 책망하며 너희들을 직접 나
무라는 그와 같은 것을 누가 할 수 있
는가?
37 그는 오로지 나 여호와만이 할 수 있
음이니, 나 외에는 누구도 할 수 없음
이니라.
38 그리하여 제3의 시대에 마지막 나의
성령이요, 나의 법전이 나 여호와가
직접 내려와 너희들을 다스리고 깨우
치고자 한다는 그 의미를 여기 기록
되어 있는 그대로 너희들이 읽고 깨우
친다면 그 뜻을 알 것이니 그리 알라.
39 너희들 임의대로 붙여서 해석하지 말
며, 빼서 해석하지 말라.
40 그 뜻을 그대로 너희들이 깨우쳐 생각
하는 지혜를 얻도록 그리하면 성서의
깊은 의미를 알게 될 것이며, 나의 법
전의 뜻을 또한 너희들이 알게 될 것
이니라.

4,330 번째 하나님 말씀

2002년 12월 27일 14시 55분

1 사랑하는 나의 아들아!
2 "네, 아버님! 말씀하옵소서."
3 내가 너에게 일깨워 깨우쳐 주었느니
라.
4 모든 종파의 지도자들이 저희 신도들
이 갈구하는 그 구원의 빛을 나의 피
조물 만백성이요, 나에게 선택된 너희
들이 전해 준다 해도 그들은 그것을
사탄이요, 사악한 자라 하며 그를 받
아들이지 못하게 한다 하였음이니, 그
들 또한 받아들이지 못한다 하였음이
니라.
5 내가 오죽하면 너희들에게 말하였겠
느냐?
6 너희들이 지금 배고픈 그 신도들에게
같이 먹을 수 있는 빵 하나를 권해 주
어도 그들은 그것이 독약이 든 것이
니 먹지 말라 그리 말하며,

7 너희들이 먼저 먹는 것을 시범을 보
이고 그에게 나누어 주려 해도 그들
이 그 빵을 뺏어 다 짓이겨 버리니 그
리할 수도 없다 말하였음이니라.
8 바로 구원이요, 하늘에 오르는 그 길
을 갈망하는 그들에게 내가 사랑하기
에 나의 성령이요, 참진리를 내가 내
리지 아니할 수 없기에 나의 뜻을 책
으로 만들어 만백성에게 전하고자 이
를 전하거늘, 이를 사탄이요, 사악한
것이라 말하니 이를 어찌해야만 되겠
는가?
9 너희들은 정녕 진실한 빵이요, 진실한
음식을 잘못 가는 너희 형제들에게 나
누어 주고자 하나, 그것을 통째로 찢
어 버리는 종교 지도자 때문에 너희들
이 그 빵을 먹이지 못하였으며 그를
보이지 못하였음이니,
10 그리하여 너희들이 굴욕을 당하였으
며 분하고 억울한 마음에 너희들이 거
기서 중단하고 돌아선다면 그 굶어 죽
는 백성은 과연 누가 구하겠느냐?
11 너희들이 나의 법전을 들고 전할 때,
너희들이 굴욕적이요, 모욕적이요, 인
간 이하의 대우를 받는다 하여 나의
법전을 전하는 것을 중단한다면,
12 너희들만큼 깨우친 백성이 어디 있으
며 지금까지 나의 아들을 통하여 내린
강론을 들은 백성이 어디 있겠는가?
그리고 나의 법전을 공부하고 연구한
백성이 어디 있겠는가?
13 너희들이 떠나 버리며 너희들이 굴욕
적인 것을 참지 못하고 등 돌리고 떠
난다면 나의 아들은 그와 같은 너희들
의 제자를 육성하기 위해 또 많은 세
월이 흐름이니, 과연 10년이라는 이
세월 속에 대변화의 역사를 이루겠는
가?
14 너희들은 그 소중함을 알아야 될 것이
니라.
15 아무리 굴욕적이고 아무리 힘들고 어
렵다 해도, 그 빵 속에 독약이 들지 아
니하였으며 너희들이 전하는 음식 속
에 먹으면 죽는 그 독약이 들지 아니
한 것을 확실히 알며 정확히 아는 너
희들마저 그 손을 놓는다면 과연 누가
나의 사랑하는 백성들을 구하겠는가?
16 지금 너희들보다도 더 갈구하며 구원
을 받기를 원하는 것이 지금의 믿음의
길을 가고 있는 그 백성들이니라.
17 그들은 평생을 바쳤으며, 너희들의 생
명보다 더 소중한 금화와 은화를 바치
면서 구원을 받고자 발버둥친 그 백성
들이니, 그들이 하늘에 오르고자 갈구
하는 마음은 너희들보다 열배 백배
더함이니,
18 그들이 정녕 그 빵 속에, 그 밥 속에
독약이 들지 않은 것을 안다면 그들이
먹는 것은 말할 것도 없으며, 그들은
먹기 위하여 목숨을 내 던질 것이니라.
19 그러하니 너희들만이 깨우쳤으며, 너
희들만이 독약이 들지 않은 빵이요,
음식이라고 하는 너희들이 남으로부
터 짓밟히며 굴욕 당하며 욕먹으며 무
시당한다 하여 이를 저버리고 돌아선
다면, 과연 이를 누가 전하며, 누가 먹
이며 그들의 입에 넣어 줄 수 있겠느
냐?
20 나의 법전을 버리는 너희들이 되어서
는 아니 될 것이니라.

21 이 법전이야말로 모든 백성들이 갈구
하고 원하는 하늘의 빛이요, 구원의
빛이요,
22 너희들이 이것 외에는 아무것도 구원
할 수 있는 길이 없음이니, 너희들이
목숨은 내놓는다 해도 나의 법전을
손에서 놓는 역사가 있어서는 아니 될
것이니라.
23 너 하나 구원받지 못하는 것은 내가
탓하지 아니하나,
24 수천수만의 백성을 구해야 할 너희들
이 어렵고 힘들다 하여 나의 법전을
가슴에서 놓아서는 아니 됨이니, 결국
그는 무엇이더냐?
25 너희들이 독약이 들지 아니한 그 빵을
먹어야 너희도 살거늘,
26 너희들이 남들이 시기하며 독약이 들
어 있다 행패 부리고 굴욕을 준다 하
여 그 빵을 놓친다 하면 너희들 또한
먹을 것이 없으며 너희들이 살아남지
못함이니, 남의 백성까지도 남의 형제
요, 너희들의 아웃까지도 다 죽게 하
는 결론이 됨이니,
27 너희들이 목숨은 바칠망정 나의 법전
이요, 그 생명의 양식을 너희 손에서
놓아서는 안 될 것이니, 너희들이 얼
마나 소중한 자식들인지 알겠는가?
28 너희들이 나의 법전을 소홀히 다루며,
29 나의 아들로부터 강론을 들으며 이게
진정한 생명의 빛이라 아는 자가 힘
들고 어렵다 하여 그 빵을 놓고 돌아
가는 자,
30 제가 스스로 죽는 자를 볼 때 얼마나
나 여호와의 가슴이 아프며 내 마음이
아프겠는가?
31 너희들은 두 번 다시 이러한 역사를
이루어서는 아니 될 것이니, 그리하여
너희들이 하나로 뭉쳐야 됨을 잊지 말
라.
32 서로 깨우쳐 주며 서로 터득하며 서로
이해하며 서로 등 두드려 주며 바로
갈 때만이 그 모두의 역사를 이룰 것
이며,
33 너희들이 참고 인내할 때 나의 법전을
읽는 자 수없이 늘어날 것이니, 그때
의 영광을 너희들은 생각하며 오늘의
고통을 인내하도록 그리하라.

4,331 번째 하나님 말씀

2002년 12월 27일 15시 10분

1 사랑하는 나의 아들아!
2 "네, 아버님! 말씀하옵소서."
3 구약의 시대에 나의 백성을 바로잡아
하늘에 오르는 그 길을 알리고자 하
며, 나 여호와가 존재하며 하늘에서
이루어진 것같이 이 지상에서 이루고
자 하여 모세로 하여금 그 많은 기적
의 역사를 보였으며, 광야의 삶 속에
서 그들이 살아남을 수 있는 그와 같
은 모든 역사를 개인이 체험할 수 있
도록 그리하였으나, 그들은 결국 어찌
되었는가?
4 모세가 나로부터 명을 받아 그가 기도
하고자 할 때, 그들은 우상을 만들어
광란의 형태로써 사람의 목숨을 죽이
고 살리는 그와 같은 것을 저희들이
장난삼아 할 정도로 사악한 자들의 그
형태로 그들이 그리 갔음이니라.
5 그들은 그것으로써 저희들의 잘못함

을 깨우치기 전에, 나의 아들 예수가
세상에 나오기 전에 내가 그들을 깨우
칠 수 있는 십계명이라는 것을 내렸으
나 그를 던져 깨는 그와 같은 어마어
마한 그 행위를 자행하고서도 너희들
은 정녕 깨닫지 못하는 백성으로서 존
재하는 삶을 살았음이니라.
6 그리하여 그 백성들은 나 여호와의 뜻
에 살지 아니하였으며 너희들의 임의
로 사는 그와 같은 백성들로서 돌변하
였음이니,
7 그리하여 그를 더 이상 볼 수 없어 내
가 너희들을 바로잡고 새로운 시대의
역사를 이루고자 하여 신약의 시대를
열게 되었으며, 그 신약의 시대는 나
의 아들을 보내어 너희들을 구원하고
자 하였음이니라.
8 그러나 너희들은 또한 구약 시대의 그
백성들보다도 더 내가 볼 수 없는 그
와 같은 행위로써 나의 아들을 그리
죽게 하였음이니, 그것도 가장 힘든
형틀이요, 가장 힘든 형벌로써 그를
죽게 하였음이니라.
9 그리하여 지금 너희들은 나의 아들의
죽음의 피로써 뭐라 말하는가?
10 너희들이 나의 아들을 죽게 하였으니,
나의 아들이 죽어 흘린 그 피에 대한
죄의 용서를 빌며 그에 대해 사죄하는
마음을 가지고 살아야 하는 것이 너희
들의 자세가 아니던가?
11 그러나 너희들은 어찌 말하는가?
12 나의 아들이 죽어 간 것은 너희들의
죄를 대속하기 위하여 죽었으며, 너희
들은 그로 인하여 모든 죄의 사함을
받았다 그리 말하고 그리 전하고 있는
것이 너희들이 아니던가?
13 너희들이 얼마나 그리도 사악한 백성
들이라 생각하지 않는가?
14 너희들이 조상으로부터 나의 아들 예
수를 그리 처참히 죽게 하였으니, 너
희들은 나의 아들 예수의 피를 흘린
보혈로써 너희들이 구원을 받으며 구
원의 영광을 받는 것이 아니요,
15 나의 아들이 피 흘려 죽어 왔던 그 고
통에 대해 사죄하며 용서를 비는 마
음으로써 회개의 기도를 하는 것이 그
후손의 자식으로서 당연히 너희들이
해야 할 것이거늘,
16 너희들은 어찌하여 그와 같이 대속의
죄로써 너희들이 구원을 받았다 그리
지금도 말하는가?
17 그 고통 속에서 지옥으로 가는 너희들
에게 가느다란 하나의 희망의 선으로
써 나의 아들 예수를 세상에 내보냈거
늘, 그 선마저도 차단한 것이 너희들
이라는 것을 모르는가?
18 내가 나의 아들 예수를 너희들에게 보
낸 것은 그 피로써 너희들의 죄를 대
속하고자 함이 아니요,
19 그와 같이 사악한 행위로써 지옥으로
가는 너희들을 구원하기 위하여 내가
나의 아들을 세상에 내보내는 것은 하
늘에서 땅으로 잇는 하나의 가느다란
그 실보다도 더 가는 생명의 구원의
빛을 내려보냈음이니라.
20 그 가는 선을 내가 너희들에게 내려보
냈거늘,
21 너희들은 그 가느다란 선을 굵고 굵
게 하여 너희들이 그를 따라 하늘에
오를 수 있는 그 역사의 변화를 이루

는 것이 아니요, 그 가는 선마저도 잘
라 버리고 절단한 것이 너희들이니,
22 그 절단한 선이야말로 그것이 너희들
을 구원하는 길이라는 것을 어찌하여
그리도 모르는가?
23 너희들이 구약의 시대에 그와 같이 사
악한 행위로 나를 배신하였으며,
24 신약의 시대에 또 나의 아들을 배신하
며 나를 배신하여, 너희들이 그와 같
은 하나의 내가 구하고자 내리는 그
가느다란 구원의 선마저도 차단한 그
행위를 보고 나의 노여움이 과연 어떠
하였겠는가?
25 너희들을 구하고자 내가 내린 그 선마
저도 차단한 너희들의 그 사악한 행위
에 나 여호와의 노여움은 2천 년의 역
사가 그대로 흐르도록, 그 세월이 흐
르도록 내가 기다렸음을 너희들은 과
연 알겠는가?
26 그리하여 2천 년의 세월은 죽음의 세
계요, 암흑의 세계라 내가 너희들에게
그리 말한 그 뜻을 알겠는가?
27 그러나 내가 다시 한 번 너희들에게
하나의 기회를 주기 위하여 오늘 내가
직접 나의 아들을 통하여 밤과 낮을
가리지 아니하며 나의 성령을 내려보
내어 160권의 책을 만들어,
28 찢어 버려도 찢을 수 없으며 태워도
계속 없어지지 아니하는 이와 같은,
영원히 너희들의 생명이 존재하는 날
까지 같이 존재할 수 있는 나의 법전
을 세상에 내려보내 너희들을 깨우치
고자 심판하고자 함이니,
29 이를 보고 사탄이요, 사악한 자요, 이
단의 행위라 그리 말하는 것이 지금의
너희들이니, 과연 너희들이 얼마나 극
치에 가게 되었는가?
30 너희들은 정녕 나 여호와가 노여움을
거두지 못하여 질병이요, 환란이요,
지진이요, 모든 재앙을 세상에 내려보
내기를 바라는 것이 너희들의 종교 집
단들이 하고 있는 행위임을 알아야 될
것이니라.
31 너희들의 종교 집단이 지금 하고 있는
그 행위는 무엇이던가?
32 아무리 참진리가 내려가도 나의 뜻이
아니라 그리 말하며 나의 참진리를 세
상에 존재치 못하게 하는 것은, 나 여
호와로부터 노여운 그 마음을 거두지
못하며 더 노하여 이 세상에 재난을
만들어 질병으로써 죽게 하며 화산으
로써 죽게 하며 너희들의 생명체를 완
전히 단절시키게 하고자 함이니,
33 너희들의 종교 집단이 가고 있는 그
행위는 나의 노여움을 거두지 않고
노여움을 더 격하게 하여 너희들에게
질병으로써 모두를 무너트리며 재앙
으로써 벌을 내려 심판하는 그와 같은
역사를 이루기를 바라는 것이 지금의
종교 집단이며 그와 같이 행해지기를
바라는 것이 너희들의 행동임을 알겠
는가?
34 내가 그 노여움의 마음을 다스리는 세
월이 2천 년이라는 긴 세월이 흘렀음
이니, 지금 내가 너희들에게 한 번의
기회를 준 것은 마지막이라는 그 뜻이
여기에 있으니,
35 이제 너희들이 깨우쳐 하늘에 오르는
그 길을 바로 보지 아니하는 자, 영원
히 구원받을 수 없음을 알아야 할 것

이니라.

4,332 번째 하나님 말씀

2002년 12월 27일 20시 07분

1 사랑하는 나의 아들아!
2 "네, 아버님! 말씀하옵소서."
3 지금 네가 160권의 성령이요, 나의 뜻
을 받아 기록하는 이 법전의 책은 내
가 너에게 명하는 것만 네가 들어서
기록함이니, 이는 너희들의 일반 서적
이요, 너희들이 글을 쓴 책과는 다르
다는 것을 너희들은 어찌 모르는가?
4 네 생각이요, 네 임의대로 하는 것이
아니요, 창조주 내가 명하는 나의 뜻
에 의하여 너는 그대로 기록하여 전함
이니,
5 이는 내가 너에게 직접 명함이니 네
글도 아니요, 네 뜻도 아니요, 창조주
나 여호와의 뜻이니라.
6 그리하여 내가 나의 백성 너희들을 구
원하고자 마지막 사랑의 빛으로써 이
를 내려보낸다 하였음이니,
7 그러나 너희들은 이를 보지 못하며 듣
지 못하게 하며, 지금의 모든 종파가
이단이요, 사탄이라 하여 나의 백성들
을 바로 깨우치는 그 길을 막고 있다
하였음이니, 내가 그것을 무엇으로써
비유해서 말했던가?
8 지금의 종교 지도자들이 배고픈 자에
게 빵 한 조각을 줄 수 없는 것을, 너
의 제자들이 지금 빵을 가지고 그 신
도들에게 주려 할 때 그 종교 지도자
가 '그 속에는 극약이 들어 있으니 먹
으면 안 된다.' 그리 소리 지르며 그
빵을 먹지 못하도록 저희 신도들을 끌
어당김이니라.
9 그러나 그 빵 속에 독약이 들어 있지
아니하며 극약이 들어 있지 아니하기
에 그 신도들이 그 빵을 먹으면 그를
믿고 따르련만, 그리하여 그들은 그것
을 먹을까 두려워 그 빵을 먹지 못하
도록 짓이기고 짓밟아 놓는다 하지
아니하였더냐?
10 그리해 놓고서 그 종교 지도자들이 그
신도들에게 뭐라 말한다 하였느냐?
11 '저 빵에 극약이 들었으니 내가 뺏어
서 저걸 짓이기지 아니하였으면 너는
죽었을 것이니, 너는 평생 나에게 감
사하는 마음으로 살아야 된다.' 그리
너희들이 한다 하지 않았더냐?
12 그러나 너의 제자들이 수없이 늘어나
수많은 백성들이 빵을 들고 수많은 종
교 지도자요, 그 신도들에게 전해 줄
때, 그를 받는 자가 있을 것이며 그를
먹어 보는 자가 있을 것이니,
13 그 배고픈 자 그 빵을 먹어 보고 그곳
에 극약이 있지 아니하며 생명에 아무
런 이상이 없을 때 그가 그를 부르짖
을 것이니,
14 그때 가서도 그들이 그를 막을 수 있
다 생각하느냐 내가 물었음이니, 그들
은 절대 막을 수 없음이니라.
15 지금 나의 법전을 전하는 나의 백성
너희들의 수가 얼마 되지 아니하며 그
집단이 적기에, 너희들이 전하는 것을
저희들이 손으로 하늘을 막듯이 이건
진정한 진리가 아니요, 나 여호와의
뜻이 아니요, 사탄의 장난이요, 마귀
의 장난이라 그들이 그리 연막을 칠

수 있으나, 그 연막은 정녕 얼마 가지
못한다는 것을 알아야 될 것이니라.
16 너의 제자들이 늘고 또 느는 그 숫자
에 따라서 그들이 내미는 나 여호와
의 참진리요, 진정한 이 뜻을, 영혼을
위하여 갈구하며 구원받고자 갈구하
는 그 백성들에게 이게 하늘에 오르는
길이요, 나 여호와의 뜻이요, 참진리
라 하여 전할 때,
17 그를 보고 깨우치는 자들이 수없이 늘
어날 것이니, 그때 가서 반대 현상으
로 일어나니, 그게 종교 개혁이요, 세
상이 뒤바뀌는 그와 같은 형국이 이루
어질 것이니라.
18 그날을 위하여 너희들은 쉬지 말며 오
늘의 어렵고 힘든 그 고통을 고통이라
하지 말며 이 고비를 넘겨야 될 것이
니라.
19 그리하여 너희들이 나에게 소중한 나
의 아들딸들이며, 오로지 너희들이 존
재하기에 나 여호와가 분노하는 마음
을 참고 있으며 내가 물의 재앙으로써
불의 재앙으로써 세상의 모든 재앙으
로써 이 세상을 덮고자 하나 그 분노
를 너희들로 하여금 참고 있다 하였음
이며,
20 그리하여 내가 지금 160권의 법전을
세상에 내려보냄이니, 이것으로써 너
희들이 나의 피조물 만백성을 구하는
대업을 이룰 것은 너희들이니만큼 너
희들이 얼마나 소중한 것인가를 알아
중단하지 말며,
21 너희들이 곱으로 늘어나고 또 곱으로
늘어날 날이 머지않았으니, 그때까지
너희들이 씨앗을 뿌리는 것을 게을리
하지 말라, 사랑하는 나의 아들딸들아!
22 너희들이 그와 같은 역사를 이루고 나
에게 왔을 때 너희들이 받을 그 은혜
와 상이 얼마나 위대한 것인가를 너희
들은 알지 못할 것이니,
23 그때 가서 너희들의 오늘의 고통이
구원의 길이었으며 얼마나 영광된가
를, 그 보상을 나로부터 받을 것이니
그리 알라.

4,333 번째 하나님 말씀

2002년 12월 27일 22시 16분

1 사랑하는 나의 아들아!
2 "네, 아버님! 말씀하옵소서."
3 성서에 기록되어 너희들에게 깨우치
기를, '무릇 아버지께 있는 것은 곧 내
것이라' 예수가 그리 말하였음이니,
4 그와 같은 예수가 성경에 기록한 그
내용을 너희들은 나의 아들과 내가 동
등한 자격이라 그리 생각하는 그와 같
은 깨달음에서 벗어나야 될 것이니라.
5 이와 같은 내용을 내가 기록한 것은,
나의 아들 예수가 나로부터 임무를 받
아 그 모두를 대행하는 것을, 그 의미
를 말하는 것이며, 그가 내 뜻을 받아
가지고 행한다는 것을 말함이니,
6 곧 그는 나의 성령이요, 나의 뜻을 만
백성에게 전하는 것이 그 의미임을,
그 이상도 그 이하도 아님을 알라.
7 이와 같은 내용을 너희들이 나와 나의
아들과 같다 하여 삼위일체요, 같은
동등한 자격으로 그리 생각하며 그리
깨우치는 생각을 저버려야 될 것이니
라.

8 그가 말하기를, '내 것을 가지고 너희
들에게 알리리라.' 그리 말하였느니라.
9 예수가 자기가 말하는 것을 가지고 다
음에 오는 자가 너희들에게 그를 알리
리라 그리 말하였으니, 이 말의 뜻은
무엇이더냐?
10 이 말 또한 너희들은 예수가 재림하여
다시 와서 너희들에게 가르친다는 그
와 같은 마음의 자세를 바꾸는 대목임
을 알아야 될 것이니라.
11 이 말은 예수를 통하여 이루고자 했던
그 세부적인 모든 사항을 다른 사람으
로 하여금 다른 방법으로써 역사하고
그게 이루어진다는 그 예언이며, 다른
시대가 열린다는 것을 나의 아들 예수
가 너희들에게 예언하여 깨우쳐 준 대
목임을 너희들은 성서의 구절을 읽으
면서 깨우쳐야 될 것이니라.
12 예수가 말하는 것을, 예수 것을 가지
고 그가 와서 알린다 하는 것은 바로
무엇이더냐?
13 다른 사람이요, 다른 보혜사가 와서
예수가 이루고자 하는 그 역사의 뜻을
다 같이 계승하여 이루는 것이며, 또
한 새로운 시대가 열어진다는 그와
같은 의미로써 너희들에게 전한 것이
니,
14 그것은 예수가 예언한 것임을 너희들
이 다시 깨우쳐 그 뜻을 음미하도록
해야 될 것이니라.
15 또한, 나의 아들 예수가 너희들에게
그리 말하였느니라. '조금 있으면 너
희가 나를 보지 못할 것이며, 또 조금
있으면 나를 보리라.' 하였음이니, 너
희들은 그 말의 뜻을 어찌 생각하는가?
16 그 뜻은 예수가 지금 행하고 있음의
그 모두가 다 임무가 끝나 중단됨을
말하며, 지금까지 예수가 이루었던 것
은 그 제자들과 더불어 그 임무를 다
마쳤으며 곧 그 임무를 마치게 됨이니,
17 그가 다시 또한 너희들이 조금 있으면
볼 수 있다 하는 것은 예수가 이루고
자 했던 그 보혜사가 예수의 뜻과 같
은 일을 역사하는 새로운 길을 통하여
새로운 자로서 그 역사를 계승하여 이
루어지는 그와 같은 가르침이 시작된
다는 것을 너희들에게 알려 주는 의미
임을 알라.
18 그리하여 예수가 임무를 끝마친 것을,
다시 그 임무를 계승하여 그의 뜻이
이루어질 수 있도록 새 역사가 이루어
진다는 것을 의미하는 것임이니, 그
이상의 것으로 너희들이 해석해서도
아니 됨을 너희들은 알아야 될 것이니
라.
19 이와 같이 그 가르침의 뜻을 너희들이
음미할 때 그 모두에 담아 있는 뜻을
너희들이 하나하나 알게 될 것이니라.
20 성서에 기록되어 나의 아들이 이리 전
하였느니라. '이는 너희가 나를 사랑
하고 또 나를 하나님께로부터 온 줄
믿고 그를 따르는 자, 아버지께서 너
희들에게 친히 사랑하시며 상을 내릴
것이라' 그와 같은 말이 기록되어 있
음이니라.
21 그 뜻은 무엇을 의미하는가?
22 이는 나의 아들 예수가 전하는 모든
가르침은 나 여호와가 내린 것으로서,
그 내리는 것을 믿는 자, 그리고 믿고
그리 변화되는 자, 그가 바로 선택된

백성들이니,
23 내 뜻을 예수로부터 받아 전하는 것
이 전사들이니 나 여호와가 그를 사랑
함이라 하는 것을, 예수가 그 뜻을 의
미한 것이거늘,
24 너희들이 그 의미를 알면서도 해석함
을 달리해서는 아니 될 것이니라.
25 지금 나의 법전이 창조주 나의 뜻이라
알고 믿고 따르는, 지금 나의 성전에
와 배우고 있는 너의 제자들, 나의 아
들의 제자들, 너희들을 곧 그리 쓰고
자 하며 그리 쓰이는 자들이니,
26 나의 아들을 통하여 지금 법전이라 하
여, 나의 성령이라 하여 내가 내려보
내며, 마지막으로 너희들을 구하는 길
이라 하여 하늘에 오르는 이 책을 내
려보냄이니,
27 이를 보고 이것이 나 여호와의 뜻이
요, 창조주가 이루고자 하는 그 뜻이
라 믿고 따르는 너의 제자들, 내가 그
들을 사랑함이라는 그 뜻과 그 뜻의
역사가 이루어지는 것을 이미 내가 예
언하도록 하여 그리 기록하였음이니,
28 지금 내가 나의 아들을 따라 같이 가
고자 노력하는 나의 아들의 제자들이
요, 나의 법전을 읽고 깨우친 너희들
을 내가 사랑한다 함이니라.
29 그 뜻이 여기에 예언하여 기록되어 있
는 내용임을 너희들이 알아야 될 것이
니라.
30 또한, 나의 아들을 통하여 성서에 기
록하기를 나의 아들이 그리 말하였느
니라. '내가 아버지께로 나와서 세상
에 왔고, 다시 세상을 떠나 아버지께
로 가게 되는 것이라' 그리 그 제자들
에게 일렀으니, 이는 무엇이더냐?
31 이는 나의 아들 예수가 절대자가 아니
며, 그는 절대자로서 행함이 아니라는
것을 너희들에게 알려 줌이니라.
32 나의 아들 예수는 보낸 자가 따로 있
으며, 그는 보낸 자에 의하여 보내진
자라는 한계를 명확히 너희들에게 알
려 주는 것이거늘,
33 어찌하여 너희들은 이와 같은 뜻을 알
면서도 그와 같이 행하지 아니하며,
나의 아들과 모두가 삼위일체요, 동등
한 성령의 능력을 가진 것처럼 그리
말하고 있는가?
34 이를 너희들이 깨우쳐야 될 것이니라.
35 나의 아들은 보낸 자가 따로 있으며,
그는 보냄을 받은 자라는 것을 명확히
구분하여 너희들에게 전하였으며,
36 오늘에 너희들이 그와 같이 삼위일체
요, 창조주 나와 나의 아들과 성령을
같이 보는 그와 같은 것을 미리 예언
하여 그를 바로잡기 위하여 너희들에
게 전한 내용임이니 그 의미와 그 뜻
을 너희들이 바로 새겨야 될 것이니,
37 나의 성령을 읽고 너희들이 하나하나
되짚어 생각한다면 너희들이 참뜻을
알게 될 것이니라.
38 너희들은 인간사 세상에서 살아가는
그 사업이요, 너희들의 목적을 위해서
는 꼼꼼히 따지고 따져 보며 모두를
다 되짚어 보는 그와 같은 형국으로
가면서, 어찌하여 너희들의 생명을 구
원하는 길이요, 영원히 사는 가장 소
중한, 너희들에게 가장 소중하며 다시
기회가 없는 그 삶을 위해서는 어찌하
여 너희들이 그리 꼼꼼히 따져 보지

아니하는가?
39 꼼꼼히 따져 뒤져보고 또 뒤져보고 따
져 보는 그와 같은 믿음으로써 너희들
이 세상을 바라보게 되면 그 모두의
하늘에 뜻을 알게 될 것이니라.

4,334 번째 하나님 말씀

2002년 12월 27일 22시 29분

1 사랑하는 나의 아들아!
2 "네, 아버님! 말씀하옵소서."
3 온유하며 부드러우며 자상한 그 마음
의 자세로 나의 피조물 만백성을 사랑
하는 마음으로 만들어 그들을 구원하
겠다며 이끌어 가는 지금의 종교 지
도자들이 어떠한 행위를 하고 가는가?
4 지금의 믿음의 길을 가는 그들은 온
유하고 부드러운 나의 백성들로, 사자
와 같은 자를 양과 같이 만드는 그와
같은 믿음의 길을 가도록 인도함이
아니니라.
5 그들이 가는 길은 구원의 길을 행하는
것이 아니요, 폭군들의 만행과 같이
그들의 지금의 믿음의 길이 전락되었
으며,
6 수천 년 동안 역사가 흐르는 속에 독
재자요, 가혹한 폭군으로 전락된 것이
지금의 종교 집단들이 나의 피조물 만
백성을 구원한다 하여 감언이설로 끌
고 가고 있는 그와 같은 형국이니라.
7 사랑하는 나의 백성들의 그 모두의 선
한 마음마저도 그들이 다 훔쳐갔으며,
갈기갈기 그들을 다 헤쳐 놓았으며,
그리하여 그들은 무엇이 진정한 사랑
이며 무엇이 베푸는 것인지 모르며,
8 나 여호와를 찬송하고 나 여호와에게
경배하고 믿는 것보다도 형제간의 우
애요, 부모에게 효도하는 그와 같은
인간 본연의 자세의 마음까지도 그들
의 가슴속에서 다 몰아낸 것이 지금의
종교 지도자들이요,
9 또한 그에 따라서 가슴속에서 사랑이
라는 것까지도 모두를 다 버린 것이
너희들이니라.
10 그리하여 너희들은 말하기를, 인간의
윤리요, 도덕이요, 육의 세상에 사는
기초적인 질서를 가지고 말할 때, 그
는 성령을 모르는 자며 믿음을 모르는
자며 무식한 자며 하늘의 뜻을 모르는
어리석은 백성이라 그리 치부하며 그
들을 보느니라.
11 그러나 그 행함이 먼저 중요함을 너희
들은 알아야 될 것이니라.
12 눈으로 보이는 너희들의 인간관계요,
살아가면서 부닥치는 그 생활 속에서
선을 행하지 못하며 진리에 어긋나는
짓을 하는 자, 너희들이 무슨 영혼의
세계를 알며, 믿음의 세계를 아는가?
13 너희들의 구원의 세계라는 것을 구분
하여 그리 생각하는 자, 얼마나 너희
들이 사악한 자들인지 아는가?
14 선하고 아름답게 살며 인간 세상의
기초 질서를 지키고자 하는 그 백성들
마저도 너희들이 지옥으로 이끌어 가
고자 하는 그와 같은 설법으로써 지금
강론하고 다니는 것이 지금의 믿음의
길을 가고 있는 지도자요,
15 그 밑에 가 몇십 년 동안 공부하여 깨
우쳐 천사와 같이 변해 있어야 할 자
들이 그와 같은 행위를 하고 있는 것

이니라.
16 너희들은 사랑하는 마음까지도, 나의
착하고 선한 그 백성들이 나누며 살며
베풀며 살며 사랑하는 그 마음까지도
다 송두리째 훔쳐 가 메마른 마음만이
그들의 가슴속에 있게 하였으며,
17 온갖 세상에 이루어지는 수천수만 가
지 종류의 사악한 행위를 하도록 가르
치고 있는 것이 지금 종교 집단들이
가고 있는 행위임을 너희들은 알아야
될 것이니라.
18 너희들은 그렇지 아니하다 말할 것이
니라. 그러나 너희들이 과연 내 앞에
서 그리 말할 수 있는가?
19 너희들은 지금 나의 아들 예수가 고통
스럽게 피 흘려 죽어 간 것을 무어라
말하는가?
20 과연 그가 죽어 가도록 만든 것이 누
구의 탓이며, 어떠한 자들이 그와 같
은 행위를 했는가?
21 너희 인간들의 뿌리요, 너희들 종교
집단의 원천적인 뿌리들이 그와 같은
행위를 하였음이니, 너희들의 윗대에
서 그와 같은 행위를 했음이니라.
22 너희들보다 수백 년, 수천 년 전에 믿
음이라는 것을 먼저 가고 행했던 그
백성들이 나의 아들 예수를 피 흘려
그리 참혹하게 죽게 한 것이 바로 너
희들의 윗대의 뿌리들이 한 행위이니
라.
23 그러니 그 뿌리의 후손인 너희들이 나
의 아들이 흘린 피에 대하여 그 용서
를 빌며 그 지은 죄를 사하고자 하는
애절한 청원의 기도 한번 나에게 드
렸는가?
24 너희들은 어찌 말하는가?
25 그와 같이 너희 조상들이 지은 그 죄
요, 너희 뿌리들이 지은 죄요, 너희들
의 믿음의 집단의 위에서 행한 그 모
든 사악한 죄를 너희들이라도 스스로
부끄러운 줄 알며 나에게 용서를 빌며
사죄하는 청원을 해야 하거늘,
26 너희들은 나의 아들의 보혈로써 구원
을 받았다 하며, 그 피로써 구원을 받
은 자인 것처럼 역으로 그리 가르치는
것이 지금 너희들이 행하고 있는 행위
이니라.
27 나의 아들 예수의 보혈로써 너희들이
그와 같이 죽도록 한 그 죄의 용서를
빌어도 다 못 할 것을,
28 너희들이 나의 아들 예수의 보혈로써
구원을 받은 자며, 그리하여 너희들이
손으로 지은 성전에 오는 자 구원을
받았다 하며,
29 내가 너희들을 구원해 주었으며 너희
들의 무거운 그 죄를, 너희들이 덜고
살아갈 수 없는 그 무거운 마음을 가
볍게 내가 치유해 주었음이니, 그 은
혜에 감사하기 위하여 너희들은 재물
을 갖다 많이 바치라 그리 말하면서
너희들은 나의 피조물 만백성에게 갈
취하는 것이니라.
30 재물이 가는 곳에 사랑이 있으며 마음
이 있음이니, 너희들의 믿음의 척도는
재물을 많이 바치는 것이 믿음이 강한
자요, 구원을 받을 수 있는 길에 근접
해 가는 자라 그리하여 재물을 거둬들
이는 데만 너희들이 혈안이 되어 있음
이니라.
31 재물을 많이 바치면 죄에 대해서 용서

를 받으며 죄에 대한 면죄부가 되는
것처럼 너희들이 그리 가르치고 있으
며,
32 그곳에서 배운 백성들이 또한 그와
같이 재물을 갖다 바침으로 인하여 어
떤 사악한 죄를 지어도 면죄되는 것처
럼 그리 알고 따라가고 있는 것이 너
희들이 지금 지은 죄이니,
33 과연 너희들이 얼마나 사악한 자들이
며, 폭군이요, 독재자보다도 더 무서
운 잔학한 행위를 하는 것인가?
34 그보다도 더 사악한 쪽으로 전락된 것
이 지금 믿음의 집단이 가고 있는 길
이라 하는 것을 너희들이 과연 여기서
나에게 항변할 자료가 있으며 할 말이
있는가?
35 너희들은 지금 세상에 내가 내려 준
세상을 덮고 있는 그 모든 공기처럼,
모든 것이 다 공기보다도 더 깊이 만
연된 병균이 세상을 덮고 있으며 너희
들의 악에 찬 소리가 하늘을 진동하게
하며 나 여호와를 노하게 하는 그와
같은 자세로써 행하고 있음을 알아야
될 것이니라.
36 내가 나의 법전을 나의 아들을 통하여
내리며 그 제자들이 법전을 들고 만
백성을 구하고자 하는 그 역사를 이루
지 아니한다면, 내가 너희들에게 재앙
을 내리고자 하는 그와 같이 분노한
나 여호와의 마음이나,
37 그들을 바라보며 내가 오늘에 분노함
을 참고 있음을 너희들은 알아야 될
것이니라.
38 믿음의 선구자라 하는 너희가 지금 사
탄이 되어 있으며, 사탄이 된 성직자
는 또한 어떠한 생각으로 너희들이 살
아가는가?
39 사탄이 된 성직자요, 종교 지도자는
악의 구렁텅이에 빠져 있으며, 그 속
에서 허덕이며 썩은 고기를 먹으면서
행복하다 생각하는 것이 너희들이니
라.
40 지금의 성직자요, 모든 종교 지도자가
썩은 구렁텅이에 빠져 있기에, 썩어
있는 구렁텅이에서 썩은 고기를 먹으
며 그 썩은 고기를 먹는 것으로써 만
족하며 행복하다 생각하며 근심 걱정
이 없는 그와 같은 사탄으로서 살아가
는 것이 지금의 지도자들이 가는 길이
며, 너희들이 되어 있는 형국임을 알
아야 될 것이니라.
41 너희들은 그 썩은 고기를 먹고 사는
것이 편안하여 근심 걱정이 없기에,
42 참진리의 가르침이 오면, 새로운 성령
이요, 아름다운 참진리를 나 여호와가
직접 전하며 내가 직접 내려온다 해
도, 예수가 직접 내려와 너희들에게
재림하여 가르친다 해도, 그를 너희들
은 사탄이요, 마귀요, 이단이라 선동
하여 그 뿌리를 내리지 못하도록 하는
것이 너희들이니라.
43 그리하여 너희들이 썩은 구렁텅이에
빠져서 지금 썩은 고기를 먹으면서 그
것으로써 만족해하고 살며 세상사 근
심 없는 그와 같은 생활을 살아가는
것이 너희들이기에 너희들은 그 속에
서 나오지 아니하려 하며,
44 그를 다스리며 그를 단죄하려 할 때
너희들은 우리 부자의 이름이 새겨진
명패를 높이 쳐들며 '우리는 여호와의

뜻이요, 예수님은 여호와의 아들이라'
부르짖으며 위장된 속에서 나의 피조
물 만백성을 끌어들이고 그들의 고혈
을 빨아먹고 있음을 알아야 될 것이니
라.

4,335 번째 하나님 말씀

2002년 12월 27일 22시 50분

1 사랑하는 나의 아들아!
2 "네, 아버님! 말씀하옵소서."
3 나의 피조물 만백성 너희들은 욕심과
자만심과 오만함을 버리지 못하기에
구원의 그 길을 볼 수 없음을 알아야
될 것이니라.
4 욕심에 차 있는 자, 욕심에 차 있는 백
성, 너희들은 좁고도 험한 그 길을, 그
진리의 길을, 나의 뜻이 그곳에 있음
을 알 수 없으며 볼 수 없음을 알아야
될 것이니라.
5 나에게 오르는 그 길은 백성 너희들이
바라볼 때 가장 좁고 가장 험준한 그
길임을 알아야 될 것이니라.
6 그리고 그 길 속에 진리가 있음을 너
희들은 알아야 될 것이거늘,
7 너희들은 나의 뜻이 그곳에 있는 것
을 정녕 알 수 없음이니라.
8 너희들이 욕심과 자만과 오만에 차 있
는 한 너희들은 진정한 그 빛을 볼 수
가 없는 것이니라.
9 너희들이 자신의 마음 하나 다스리기
가 과연 얼마나 어렵던가?
10 너희들이 가지고 있는 그 악습 하나,
그 버릇을 너희들이 나에게 약속하며
그를 털어 버리기가 얼마나 어렵고 힘
든 길이었던가?
11 그를 다스리고자 하여 너희들의 마음
이 조여드는, 그와 같이 너희들 마음
이 조여지고 또 조여지는 그 속에서
너희들의 속이 타고 타서야 그 악습
하나를 버릴 수 있듯이,
12 너희들이 나에게 오르는 그 길은 정말
그보다도 더 좁으며 험난한 산길이요,
산악의 길임을 알아야 될 것이니라.
13 그것이 너희들의 마음을 다스리는 그
와 같은 길임을 알아야 될 것이니라.
14 너희들의 마음 하나 다스리기가 얼마
나 힘들고 고통스러웠던가?
15 그리하고도 지금도 너희들이 버리지
못하는 것이 너희들의 악습이니,
16 그와 같이 너희들 마음이 조여들고 또
조여드는 것처럼 좁고도 험난한 길이
하늘에 오르는 그 길임을 너희들은 알
아야 될 것이니라.
17 그 길과 같은 그와 같은 마음을 가지
고 변하는 나의 백성 너희들이야말로
하늘에 오를 수 있는 나로부터 선택된
백성임을 알아야 될 것이니라.
18 광활한 길이요, 넓은 길이요, 평탄한
길로써는 올 수가 없음이니라.
19 권력 있는 자, 가진 자, 능력 있는 자,
그 생활에 젖어 있으니, 너희들이 어
렵고 힘든 좁은 문의 그 길을, 그리고
험준한 산악의 길을 그들이 오려 하지
아니하기 때문이니라.
20 그러나 너희들은 알아야 될 것이니라.
21 너희들이 아무리 어렵고 힘든 그 길을
가야 한다 하더라도, 너희들은 나로부
터 선택된 백성들이요, 나의 뜻에 따
라 이루어야 할 목표를 알며 너희들이

해야 할 일을 알고 있는 것이 아니던
가?
22 그리고 너희들은 나로부터 정해진 백
성들이니라.
23 너희가 이루어야 할 길과 너희가 가
야 할 길이며 너희가 역사해야 할 길
을, 정해진 그 프로그램의 길을 가는
나로부터 선택된 백성들이니,
24 너희들은 이와 같이 중요히 쓰임을
알아야 될 것이며, 이와 같은 나의 뜻
을 받아들이는 자가 되어야 될 것이니
라.
25 너희들이 여기서 이와 같은 것을 인정
하지 아니하며 받아들이지 아니할 때,
너희들 또한 넓은 길을 가기를 바라
며, 좁은 길이요, 험악한 그 좁은 관문
을 통과할 수 있는 너희들의 마음이
없음이니,
26 너희들 스스로 이와 같이 중대함을 깨
우쳐, 너희들은 좁고 험난한 그 길을
가면서 불평과 불만의 그와 같은 마
음을 가져서는 아니 될 것이니라.
27 어떠한 시련이 너희들에게 닥친다 하
여도, 어떠한 굴욕이요, 그와 같은 것
을 너희들이 받아들여야 한다 하더라
도 너희들은 그를 참고 인내하며 가야
할 것이니라.
28 너희들이 그와 같이 어떠한 굴욕이요,
어떠한 시련이요, 도저히 참고 넘을
수 없는 그 선을 인내하며 참고 넘어
가지 아니한다면, 지금 모순된 이 세
상을 바로 세울 자가 없으며 바로잡을
자가 없음을 알아야 될 것이니라.
29 나로부터 선택된 백성들이기 때문에,
나의 법전을 너희들의 가슴에 안고
정독하며 내가 직접 내려 나의 아들을
통하여 너희들에게 전하는 그 강론을
직접 듣는 너희들이,
30 이 모순된 세상이요, 삐뚤어진 세상이
요, 잘못된 세상을 바로 세울 수 있는
것은 너희들밖에 없음이니, 너희들이
무너지고 쓰러진다 하면 내가 이루고
자 하는 새 역사는 영원히 이루어질
수 없음을 알아야 될 것이니라.

4,336 번째 하나님 말씀

2002년 12월 27일 23시 01분

1 사랑하는 나의 아들아!
2 "네, 아버님! 말씀하옵소서."
3 네가 뭐라 말하였느냐? 너의 제자들
을 바라보는 네 마음이, 부모가 자식
을 바라보는 마음과 같은 마음으로써
네가 그들을 보게 되며, 그와 같은 어
머니의 마음으로써 네가 너의 제자들
을 다 보게 된다 하였음이니, 그 마음
의 정성이 얼마나 애절하며 아름다운
마음이던가?
4 이 세상 부모가 자식을 사랑하는 것보
다 더 소중한 마음이 어디 있으며, 그
보다 더 아끼며 그보다 더 보호하며
그보다 더 사랑하는 마음이 무엇이 있
겠는가?
5 자기는 먹지 못한다 해도 자식은 먹이
고 싶은 것이 어머니의 마음이요, 자
기는 헐벗어도 자식은 입히고 싶은 것
이 부모의 마음이라 하였음이니,
6 제 목숨을 끊어서라도 자식을 살리고
자 하는 마음이 부모의 마음이요, 병
들어 앓는 자식 대신 앓고 싶어 하는

것이 부모의 마음이라 하지 아니하였
던가?
7 그와 같은 마음으로 네가 모든 너의
제자들을 바라본다 하면 그보다 사랑
스러운 마음이 그 어디 있겠는가?
8 그것이 바로 하늘에 오르는 길이요,
천사의 마음이요, 나 여호와의 심성임
을 알아야 될 것이니라.
9 네가 오늘 그와 같이 말하고 그와 같
이 깨달았음이니, 그 마음이 영원히
지속되어야 될 것이며, 모든 제자들을
보되 네가 그와 같은 마음으로 가야
될 것이니라.
10 네가 어머니의 마음으로써 자식을 바
라보는 것은, 네가 그 자식들이요, 너
의 제자들을 그리 사랑하는 것보다도
너 자신이 그 어머니의 마음이 됨이
니, 네 마음이 얼마나 조여들며 네 마
음이 얼마나 조심스러우며, 네가 바라
보는 그 마음이 얼마나 아름답고 깨끗
하던가?
11 네가 그리 변하는 것이니, 그리 너의
제자들에게 그 마음을 전할 수 있는
것이니라.
12 내가 너에게 뭐라 말하였느냐? 너의
제자들이 하나의 색깔이 있음이니, 그
색깔이 완벽하게 변할 때 네가 그리
변한다 하였음이니,
13 네가 너의 제자들을 어머니가 바라보
는 마음으로써 바라보며 그들의 근심
걱정을 네가 가슴에 안고 있다 하면,
그들이 또한 너를 어머니와 같은 그
마음으로 스스로 보게 됨이니,
14 이것이 내가 너희들에게 이루고자 하
며 바라는 역사임을 알아야 될 것이니
라.
15 모든 제자들을 영원히 그리 볼 수 있
는 네 마음으로 굳어지는 것이 곧, 네
가 천사와 같은 마음이요, 네가 나의
목자요, 나의 아들로서 바로 서는 길
임이니,
16 나 여호와의 이 기쁜 마음을 내가 너
에게 전함이며, 내가 너를 세상에 내
려보낸 그 의의와 뜻을 이제는 너도
스스로 알 것이니라.
17 네가 무서우리만큼 변해 가며 무서우
리만큼 치닫는 그 마음이, 그것이 있
기 때문에 네가 나로부터 선택된 아들
이니, 너는 두려워하지 말라, 사랑하
는 나의 아들아!

4,337 번째 하나님 말씀

2002년 12월 27일 23시 08분

1 사랑하는 나의 아들아!
2 "네, 아버님! 말씀하옵소서."
3 말 못 하는 모든 짐승도 제 새끼를 얼
마나 사랑하며 그를 보호하는가?
4 그를 보호하기 위하여 저희들의 생명
을 내놓고 싸우는 그 짐승들의 모습을
보지 않는가?
5 그들은 어찌하는가? 그 자식들이 자
립할 수 있을 때까지 그 동물들은 품
에 안아 그 새끼를 보호하고 기름이
니, 과연 그를 보며 너희들은 무엇을
느끼는가?
6 말할 줄 모르며 그 새끼로부터 효성이
요, 효도를 받아들이지 못하며 그 길
러 준 공을 받지 못하는 그 새끼를 기
르는 어미의 마음이 어떠하던가?

7 하물며 동물들도 미물까지도 그 새끼
를 지키기를 제 목숨을 던져 지키는
그와 같은 형국으로 살아가느니라.
8 그러나 만물의 영장이요, 사랑을 베풀
며 지혜가 있으며 판단력이 있는 나의
백성 너희들은 과연 어찌 살아가는가?
9 너희들은 너희들이 가고 있는 종파요,
너희들의 믿음의 그 종교 집단과 그를
따라오지 아니하는 자식이라 하여, 믿
음이 다르다 하여 그 자식을 어찌 보
는가?
10 너희들은 더욱이 가는 종파가 달랐을
때 자식을 어찌 보며, 부모는 또 그 자
식을 어찌 보는가?
11 그러면서도 너희들이 동물보다 더 위
대하며 너희들이 사랑을 실천하며 사
는 백성이라 말하는가?
12 말 못 하는 동물보다도 몇십 배 몇천
배 높은 지혜요, 생각할 수 있는 그와
같은 은혜를 주어 내가 너희들을 세상
에 내보냈건만, 어찌하여 너희들은 그
들만큼도 그리 따라가지 못하는가?
13 동물이요, 날짐승이요, 그 미물들이
새끼를 보호하며 이끌어 가는 그 본보
기 만큼도 못하며 질서가 파괴된 것이
너희들이니라.
14 짐승들이 그 새끼가 성장하여 자립할
수 있을 때까지 길러 주는 그 모습이
내가 너희들을 세상에 내보냈을 때 그
와 같은 마음이요, 모성애요, 부모가
자식을 사랑하며 자식이 부모를 따르
는 마음이 그 짐승들과 똑같은 마음으
로써 너희들이 그와 같은 모성애를 갖
고 세상에 나가도록 하였음이니라.
15 그러나 동물들은 수천 년 수만 년의
역사가 흐르면서 그 전통과 그 역사를
그리 지키고 그 관습대로 살아오건만,
그 관습이 흐트러진 것이 누구더냐?
16 가장 높은 지혜를 가진 인간 너희들만
이 흐트러져 있음이니라.
17 그러면 여기서 너희들이 하나 짚고 넘
어가야 할 것이 있느니라.
18 지금 너희들이 가르치고 있는 종파요,
종교 집단들이, 나의 백성들을 구원하
여 하늘로 오른다는 그 종교 집단 너
희들이 이 세상의 나의 백성을 접하기
전까지 그들은 그와 같은 본분을 지키
고 갔음이니, 그 모두가 무너진 것이
무엇이던가?
19 사랑을 베풀며 나눔을 베푸는 것이 나
여호와의 뜻이라 가르치는 종교 집단
이 나의 피조물 만백성을 흡수하기 시
작하면서, 그들을 가르치며 인도한다
하면서, 그들이 종파에 의해 부자지간
에 관계가 벌어지며 자식과 어머니가
멀어지며 형제지간에 반목하는 그와
같은 험악한 인성을 갖도록 가르쳐 놓
은 것이 너희들이 수천 년 동안 믿음
을 가르쳐 온 그 역사의 오늘의 증거
이며 산 증거이니라.
20 그것이 오늘의 현실임을 알아야 될 것
이니라.
21 그리하니 너희들이 이끄는 그 종파가
잘못되었으며, 가르치는 것이 잘못되
었으며, 나 여호와의 뜻이 아니요, 인
간의 가슴속에 있는 정까지도 메마르
게 한 사악한 집단이라 내가 너희들에
게 말함이니,
22 그리하여도 너희들이 잘못된 것이 없
다 말한다면 너희들은 정녕 인간이 아

니며, 나의 자식이라 말할 수 없음을
알아야 될 것이니라.
23 너희들이 그와 같이 고개를 흔들어 나
의 뜻을 거부하며 너희들이 가는 길만
이 옳다 부르짖는 그와 같은 믿음에서
깨어나지 못한 자, 너희들이 나에게
와 심판을 받게 될 때, 너희들의 그 죄
가 얼마나 무서우며 얼마나 어리석은
가를 알게 될 것이니, 그날이 머지않
았음을 알라.

4,338 번째 하나님 말씀

2002년 12월 27일 23시 26분

1 사랑하는 나의 아들아!
2 "네, 아버님! 말씀하옵소서."
3 너희들이 인간의 육신의 삶이 끝남으
로써 너희들의 모든 게 끝이 나며 그
것이 종말이요, 종착역이라 하면 나
여호와가 뭐하러 신경을 쓰겠는가?
4 내가 나의 아들을 잠을 재우지 아니하
며 160권의 법전이라 하여, 나의 성령
이요, 하늘에 오르는 길이라 하여 이
책을 만들어 너희들에게 전할 그 이유
가 어디에 있겠는가?
5 내가 이를 만들어 보내는 그 뜻이 정
녕 너희들은 어디 있다 하는가?
6 나의 아들로 하여금 지금의 종교 집단
너희들처럼 금화와 은화를 받아들여
나의 아들 예수가 그리 고통스럽게 죽
어 간 그 십자가를 높이 올리라 내가
말하였는가?
7 그리고 재물을 하늘에 많이 쌓아 놓는
다 하여 거둬들이라는 그와 같은 역사
를 나의 아들에게 시키던가?
8 지금 내가 나의 이 법전을 이와 같이
나의 아들을 통하여 내려보내는 그 의
의와 뜻이 어디 있겠는가?
9 너희들이 육의 삶으로써 모든 것이 끝
남이 아니요, 영원히 사는 그 세상이
있기에,
10 너희들이 그 짧은 육의 삶 속에서 바
로 살지 못하여, 온 형태로 너희들이
돌아오지 못하여 그 죄의 대가요, 벌
을 받으며 고통받는 것을 나 여호와가
볼 수 없어, 내 마음이 너무나 아프기
에, 내가 너희들을 바로잡고자 이리
내려보내는 나의 뜻을 너희들은 어찌
그리도 알지 못하며, 그를 깨우치려
하지 아니하는가?
11 너희들이 영원히 심판을 받는 그 세상
이 없다 하면 내가 나의 아들을 통하
여 160권의 법전을 세상에 내려보내
는 이 역사를 이룰 필요도 없으며, 이
를 만들어 너희들에게 전하며 읽고 깨
우치라 할 필요성도 없음이니라.
12 그저 너희들이 살다가 육이 끝나는 순
간에 모두가 끝나는 그와 같은 운명이
라면 나 여호와가 뭐하러 오늘과 같은
이 역사의 시간을 갖겠는가?
13 그러나 너희들은 영원히 사는 세상에
서 이 세상의 대가를 치르며 그를 반
드시 넘고 가야 하는 것이니,
14 너희들이 육의 삶을 잘못 살아와 그
대가를 치르는 것이 너무나도 보기에
내 마음이 아프고 고통스러워, 지금
나의 아들을 통하여 나의 성령이요,
나의 뜻을 그 가슴에 전하여 하늘에
오르는 책이라 하여 세상에 만들어 내
려보내는 것이 여기에 있음이니,

15 내가 무슨 이해관계를 가지고 그리하
는가?
16 너희들처럼 우리 부자의 이름을 팔아
너희들의 재물을 거둬들여 육신이 편
안하게 사는 지금의 종교 집단 너희들
처럼 계산된 행동이 있던가?
17 하늘에 재물을 많이 쌓아 놓음으로써
너희들이 그 두렵고 무서운 죄를 용서
받는다 그리 가르쳐 재물을 갈취하는
그 방법을 하는가?
18 나 여호와가 나의 아들을 밤잠을 재우
지 아니하며 나의 성령을 내려보내
너희들을 구원하고자 이 어렵고 힘든
길을 간다 하여 나에게 얻어지는 것
이 아무것도 없으며 내가 취하는 것이
아무것도 없음이니라.
19 다만, 나의 피조물 만백성, 내가 세상
에 내려보낸 백성들이 원상태의 마음
으로써 곱고 아름답게 살다 제자리로
돌아오면 될 것을, 너희들이 험악하고
험악하게 세상을 살기에 제자리로 돌
아오지 못함이니,
20 모두는 그 대가를 받는 것이 너무나도
처참하고 힘이 들고 불쌍하여, 내가
너희들을 바로 세우고자 하여 이 깊은
밤 나의 아들을 통하여 나의 성령이
요, 내 가슴에 있는 모두를 태워 너희
들에게 내려보내어 깨우치고자 함이
니,
21 나의 이 애절한 뜻을 너희들이 어찌
그리도 받아들이려 하지 아니하며 생
각하지 아니하려 하는가?
22 내가 나의 아들을 통하여 책으로써 글
로써 '하늘에 오르는 길'이요, '하나
님! 말씀하옵소서'라 하여 이 책표지
를 만들어, 그 속에 하늘의 뜻을 기록
하여 전하는 것이 무엇인 줄 알겠는가?
23 너희에게 말로써 전하고자 지금 너희
를 깨우쳐 본들 과연 듣는 너희들인가?
24 지금의 종교 집단이요, 믿음 속에 세
뇌된 너희들은 아무리 나 여호와로부
터 선택된 백성이요, 나의 아들의 제
자들이 육하원칙에 의하여 하늘의 천
기요, 성경의 깨달음을 말로 가르친다
해도,
25 너희들이 들으려 하지 아니하며 듣지
않으려 귀를 막으니, 그리고 너희들의
할 말만 하며, 오로지 사탄이요, 이단
이란 말만 들이대며,
26 그들은 정녕 성령의 깨우침이 없으며
영적인 깨우침이 없는 불쌍한 인간들
이라 하여 너희들이 되려 그들을 가르
치며 깨우치려 대드는 그와 같은 형국
이니, 말로써 어찌 깨우칠 수 있는가?
27 말로써는 지금의 종교 집단의 굳어져
있는, 세뇌되어 있는 너희들의 마음을
돌릴 수 없으며 깨우칠 수가 없는 것
이니라.
28 그리고 너희들 뒤에서 조종하는 사악
한 종교 지도자들이 존재하는 한, 그
들의 세 치 혓바닥에 현혹되어 이미
노예화되었으며 그들이 부리는 기계
로써 전락된 나의 백성들이기에, 그들
이 있는 한 너희들은 돌이킬 수가 없
음이니라.
29 그렇다면 무엇으로써 너희들을 구원
하겠는가?
30 너희들이 읽고 보고 듣고 깨우칠 수
있는 책으로 만들 수밖에 없음이니라.
31 그리하여 내가 마지막이라 하여 나의

160권의 법전을 책으로 만들어 전함
이니,
32 말로써 듣지 못하는 자, 말로써 깨닫
지 못하는 자, 남들이 책을 읽고 듣고
제가 또 책표지를 읽는 기회가 있어
그를 깨달을 수 있는 것은 이 책밖에
없음이니라.
33 그리하여 이 깊은 밤 나의 아들을 잠
재우지 아니하며 나 여호와의 가슴을
태워, 나 또한 이 고통과 시련 속에서
너희들에게 나의 성령을 다 내려보내
는 뜻이 여기 있으며, 책으로 만들어
너희들에게 전하는 그 깊은 뜻을 깨우
친다면,
34 나 여호와의 이 애절한 호소의 그 뜻
을 너희들이 한 번쯤은 듣고 깨우쳐,
나의 법전을 열어 눈을 뜨며 귀가 열
리는 그와 같은 너희들이 되도록 그리
하라.
35 나 여호와가 간곡히 너희들에게 부탁
하고 애절히 부탁하는 만큼, 너희들이
이를 듣지 아니하고 왔을 때, 너희들
이 그만큼 가중한 그 죄를 짊어지고
옴을 알아야 될 것이니라.
36 세상사 육의 삶에 얽히고설킨 것은
그 아무것도 너희들이 가지고 올 수
없다 하였거늘,
37 너희들이 아무리 쌓아 놓은 명예요,
재물이요, 금화와 은화를 모아 놓은
것이요, 부귀영화의 그 삶도, 너희들
이 가장 아끼고 사랑했던 모든 물건도
하나도 가지고 오지 못하며, 너희 형
제요, 처자식이요, 사랑하는 그 모든
사람들도 너희들과 같이 동반하여 올
수가 없다 하였음이니라.
38 그러나 너희들이 끝까지 동반하여 오
는 것이 악과 선의 행함이요, 그것은
동반하여 온다 하였음이니, 너희들이
어찌 살아야 되는가?
39 너희들의 영혼이 동반할 수 있는 것은
재물도 아니요, 형제지간이나 자식도
아니요, 대신 따라올 자가 없으며 대
신 올 자가 없다 하였으나, 단 한 가지
선과 악을 행한 그것만이 너희들에게
따라온다 하였음이니,
40 영혼의 세계에 따라오는 그것을 너희
들이 어찌 가르치고 어찌 깨우치고 어
찌 너희 것으로 만들어야 되겠는가?
41 너희들의 선한 것도 영혼의 세상에 따
라오며 악한 것도 영혼의 세상에 따라
와 너희들이 그 행한 만큼 벌을 받는
다 하였음이니,
42 너희들이 죽어서 나에게 올 때 따라오
는 그 선과 악 중에서 악을 버리고 선
만이 너희를 따라올 수 있도록 하고자
하는 것이 나의 뜻이니,
43 너희들이 죽어서 영혼의 세상까지도
떨어지지 아니하고 끝까지 따라오는
선과 악 중에, 악을 버리고 선을 선택
하라 하는 나 여호와의 이 애절한 뜻
을 너희들이 정녕 한 번 정도는 들어
줄 수가 없는 것인가?

4,339 번째 하나님 말씀

2002년 12월 27일 23시 34분

1 사랑하는 나의 아들아!
2 "네, 아버님! 말씀하옵소서."
3 네가 가야 할 길과 네가 역사할 것과
네가 행해야 할 것을 이제 알겠는가?

4 "네, 아버님! 알겠사옵나이다, 제가 얼
마나 죄 많은 사람이며 제가 얼마나
어리석은 자였는가를.
5 이제 감히 고개 들어 아버님께 말로써
전할 만한, 물으시는 그 답에 대답할
만한 자격도 없는 자라 깨닫고 있사옵
나이다.
6 예수께서 2천 년 전에 아버님이 원하
는 그 죽음의 길을 선택했던 그 마음
을 이제야 알 것 같으며 그 뜻을 알 것
같사옵나이다.
7 아버님의 말씀을 들어 만백성을 구하
고자 했으나 그들이 믿는 자 없으며
따르는 자 없음이니,
8 오죽이나 그 많은 백성을 구할 길이
없으면 예수님께서 목숨을 던져 고통
스럽게 죽어 감으로 인하여 만백성을
깨우칠 수 있는 그 길을 선택하였는가
하는 것을, 그 마음을 알 것 같으며,
그 심정을 알 것 같으며,
9 그 시대의 믿음이라 하는 길을 가는
그 백성들이 얼마나 사악하고 얼마나
잔인한 민족이며 백성이었는가를 알
것 같사옵나이다.
10 이제 아버님의 말씀을 들어 160권의
법전을 세상에 전하며 만백성을 구원
하는 대명을 받은 아들로서, 제가 제
목숨을 던져 모두를 다 깨우칠 수 있
으며,
11 지금 아버님께서 내린 법전을 이단이
요, 사탄이요, 마지막 시대에 거짓 선
지자가 와서 하는 광란의 짓이요, 이
를 보려 하는 백성들까지 보지 못하게
하며, 그 법전을 읽고 깨우치고자 하
는 그 백성들에게 그를 쥐면 극약을
먹는 것과 같으며 너희들이 일순간에
죽어 지옥으로 간다 그리 가르치며 인
도하는 그들 때문에 이 법전을 읽고
깨우칠 수 있는 그 백성마저도 기회를
잃으며 그 사악함이 세상을 덮고 있사
오니,
12 제 목숨을 던져 그들이 변화할 수 있
다 하면 예수님과 같이 장렬한 죽음으
로써 저를 바치고 싶은 것이 제 마음
이옵나이다.
13 이와 같은 마음으로써 제가 가야 할
것이며 제가 행하여야 할 것이라 생
각하니,
14 제가 지금까지 살아오면서 제 육신의
안락함과 제 육신의 즐거움에 의하여
제가 사리 분별을 하지 못하였으며,
어떠한 것이 아버님께서 원하시는 길
이며 아버님께서 기뻐하시는 그 길인
가 그것도 찾지 못하고 헤매며 그를
행하지 못한 저 자신이 얼마나 부끄러
우며 얼마나 어리석은 백성인가를 이
제야 깨달았사옵나이다.
15 제 목숨을 던져 성령의 법전이 하나님
이 내리는 성경이요, 아버님의 말씀이
요, 하늘에 영원히 구원의 길에 오를
수 있는 법전이라는 것을 만백성에게
전할 수 있는 길이 있다면 예수님보다
도 더 장렬한 죽음으로써, 더 고통스
러운 죽음으로써 저 자신을 던지고자
하는 제 마음이 이제는 서서히 굳어져
가며 뿌리를 내려 가고 있사오니,
16 이제 인간의 삶에서 한 점의 부끄러
움이 있게 산다는 것은 생각할 수도
없으며 마음속에 둘 수도 없으며, 어
떠한 것이든 불의에 속한 것이며 거짓

하는 행위요, 불법인 행위를 제가 하
지 못하며 해서는 안 된다는 것을,
17 그와 같은 행위를 하며 살아온 제가,
그를 깨우치지 못한 저 자신이 얼마
나 부끄럽고 추한 모습이었는가를 이
제야, 아버님! 깨닫고 있사옵나이다.
18 예수님께서 고통스러운 가시밭길이
요, 그 면류관을 쓰며 수없이 창에 찔
려 피를 흘리며 죽어 가면서 그 고통
을 마다하지 않고 행한 길은 오로지
그 사악한 시대에 그 백성들을 깨우
치고 바로잡을 길이 없어 그 하나 있
는 목숨을 던졌으니,
19 저 또한 이제 그보다 더 고통스럽고
험한 것으로써 제 목숨을 던진다 해
도, 아버님의 말씀이 진정한 말씀이
요, 이 법전이 진정한 성경이라는 것
을 전할 수 있다면 그 길을 선택할 자
신이 있으며 가고자 하옵나이다.
20 그러한 제가 지금까지 살아온 자세도
부끄럽고 추함이 있으며, 인간의 도덕
적인 기본선을 넘지 못하고 살아왔던
저 자신이 얼마나 부끄럽고 잘못된 것
인가를 이제야 뼈저리게 깨달으며, 그
죄를 아버님 앞에 눈물로써 기도드리
며 용서를 비옵나이다, 아버님!"
21 사랑하는 나의 아들아!
22 내가 그러기에 너를 선택하였으며, 그
누구도 갈 수 없는 그 길을 너는 갈 수
있기에 내가 너를 선택하였으니, 나
여호와의 마음이 기쁘기 한이 없느니
라.
23 오를 수 없는 빙산을 네가 오르겠다
며 그 길을 오를 때, 네가 손으로, 입
김으로써, 열로써 얼음에 홈을 파 그
를 오를 때 네가 오르고자 한다면 내
가 그 빙산을 녹여 준다 하였음이니,
태양의 강렬한 빛으로써 빙산을 녹여
네 앞에 녹인다 하였음이니,
24 네가 오늘과 같은 그 깨달음으로 인하
여 그 모두를 녹일 수 있는 나의 아들
임을 너는 알아야 될 것이며,
25 오늘과 같은 그 마음이 영원히 변하지
않으며, 그리고 너의 제자들을 보는
것에 어머니가 바라보는 그 심정을
네가 알고 느꼈듯이, 그 마음을 버리
지 말며 영원히 그 길을 가도록 하라,
사랑하는 나의 아들아!
26 그것이 네가 만백성을 구하는 길이며,
나의 법전이 낙엽처럼 떨어져 썩어져
가는 것이 아니요, 만백성을 영원히
구하는 나의 성령이 될 것이니, 그리
알라.

4,340 번째 하나님 말씀

2002년 12월 28일 08시 19분

1 사랑하는 나의 아들아!
2 "네, 아버님! 말씀하옵소서."
3 지금의 모든 종파들이 하나같이 잘못
되었으며, 나 여호와가 분노하는 짓만
을 하고 있는 것을, 그를 바로잡고 새
로운 역사를 이루고자 하는 것이 나의
뜻이니, 이것이 내가 너희들을 사랑하
며 아끼는 증표이니라.
4 너희들이 말하는 미신이요, 잡신을 모
신다 하며 그 앞에 명복을 빌고 저희
소원을 비는 그 너희들이 말하는 이단
이요, 사탄이라는 그 믿음은 과연 어
찌하던가?

5 그들은 돼지머리의 입을 벌려 그곳에
금화와 은화를 쑤셔 넣도록 하며, 많
이 넣는 자 축복이 있다 하며,
6 그를 위하여 잡신을 섬기며 무당이요,
굿을 하는 자, 온갖 흉내를 다 내며 춤
을 추고 노래를 부르는 그들을 보며
너희들은 사탄이요, 이단이요, 사악한
자며 용서받지 못할 자라 그리 말하
느니라.
7 그러나 그들도 뭐라 말하는지 알겠는
가?
8 착하고 아름답게 살라, 네 조상을 섬
기라, 네 부모를 섬기라, 그리 말하느
니라.
9 그러면서 그들은 죽은 돼지 입에 금화
와 은화를 많이 집어넣도록 유도하며,
그것으로 해서 큰 행사요, 잘된 행사
요, 그리 평가하며, 은혜를 받았다 못
받았다 그리 말함이니,
10 너희들이 지금 하는 행위가 어떠하던
가?
11 법당에 불상의 형태를 깎아 놓고 불전
함을 놓고 절하고 기도하는 자는 거
기에다 금화와 은화를 바치게 하며 그
를 바치고 소원을 빌게 하니,
12 너희들은 소원을 비는 자, 금화와 은
화로써 그 보상을 하며 또 그를 바치
고 기도하게 하니, 그것이 과연 너희
들과 무엇이 다르던가?
13 너희들이 나의 백성으로부터 그 지전
이요, 금전이요, 은화를 받아들이는
행위는 똑같은 행위가 아니던가?
14 너희들이 지금 가장 신성시하며, 너희
들이 구원을 받으며, 나로부터 선택된
백성이요, 나의 아들 예수의 피로써
구원을 받았다 그리하는 백성 너희들
은 과연 그 성전이라는 곳에서 어찌
하는가?
15 너희들은 십자가를 걸고 또 금전의
함을 벌려 놓고 거기다 넣도록 하며
또 거둬들이니, 너희들은 그들보다 한
술 더 뜨느니라.
16 마음이 가는 곳에 성의가 있고, 성의
가 있는 곳에 금전으로써 표시한다 하
며 갖은 감언이설로 긁어내는 것이 너
희들이니라.
17 무당이나 굿하는 그 귀신을 따른다는
자들도 대놓고 돈을 내라는 소리는 안
하느니라.
18 그들이 하는 말이 있다면, 너희 조상
이 가는 길에 노자가 필요하니 몇 푼
더 놓으란 말은 해도, 너희들같이 수
천수만 가지 이유를 달아서 금화와 은
화를 거둬들이는 행위는 하지 않느니
라.
19 또 너희들은 어찌하느냐?
20 울고불고 광란의 짓을 하며 춤추는 모
습은 무당이 춤추는 모습과 무엇이 다
르던가?
21 너희들의 형태가 더 추하고 더러운 모
습이니, 그들과 다른 것이 무엇이 있
는가?
22 그러나 그들이 너희들의 행위를 하는
것은 이단이요, 사탄같이 보일 것이
니, 너희들이 금화와 은화의 함을 놓
고 거둬들이는 것은 다 똑같은 짓을
하느니라.
23 너희들이 믿는 신의 형태를 놓고서 거
기다 금전함을 놓았음이니, 돼지머리
놓고 입 벌려 금화를 거둬들이는 자,

불상을 깎아 놓은 그 앞에 불전함을
놓고 수없이 받아들이는 자, 십자가
그림의 함을 놓고 돈을 거둬들이는
자, 다 같은 형국이니,
24 너희들은 그래도 불자는 덜하니라. 스
스로 저희들이 절을 하고 성의껏 거기
다 넣도록 하지, '넣어라, 넣어라!' 강
요하지는 않으니,
25 그러나 지금 기독교요, 나를 믿고 하
늘에 오르는 길이요, 나로부터 선택되
었다는 백성 너희들은 그저 모든 방법
을 다 '넣어라, 넣어라, 바쳐라, 바쳐
라.' 하느니라.
26 올라올 수도 없고 보이지 않는 하늘나
라의 천국에 많이 쌓아 놓으라 하는
것이 너희들이니, 얼마나 너희들이 사
악한 이단이며, 얼마나 사악한 자들이
며, 얼마나 간악한 행위를 하고 있는
가?
27 그러니 너희들은 하나도 내가 믿을 자
가 없으며, 내 뜻에 의하여 가는 백성
이 없다 말함이니, 이와 같은 이치를
너희들이 한 번 돌이켜 보라.
28 너희들이 다 알고 있는 그와 같은 형
국이나, 너희들이 그를 바라보지 못하
며 너희들이 행동이요, 행위의 옳고
그른 것을 모름이니,
29 내가 나의 아들을 통하여 나의 법전에
이를 기록하여 너희들의 눈으로 읽도
록 그리함이니, 이를 읽고 접한 백성
너희들은 한번 돌아다보라.
30 모두가 다 금화와 은화를 거둬들이기
위한 수단과 방법으로써 동원되고 있
으며, 다만 그를 위하여 기도한다며
소리 지르는 그 내용이 다르며, 말이
다르며, 행동이 다르며, 춤을 추는 모
습이 다를 뿐이니라.
31 그것이 다를 뿐이지, 너희들이 요구하
는 것은 금화와 은화를 거둬들이는 데
모두를 다 바치니, 똑같은 쓰레기와
같은 너희들이니,
32 나의 아들 예수가 피 흘려 너희들의
죄를 대신하고자, 너희들을 구원하고
자 했던 그 실낱같은 희망마저도, 그
빛마저도 자른 것이 바로 너희들이니,
얼마나 너희들이 잘못되었는가 부끄
러운 것을 알아야 될 것이니라.
33 내가 오늘 나의 아들을 통하여 너희들
의 아픔을 꼬집는 것은, 그리하지 아
니하면 너희가 바로 볼 수 없으며 너
희들을 깨우칠 수가 없으니,
34 이와 같이 말하는 나 여호와가 얼마
나 분노하고 진노하는지 너희들은 알
아야 될 것이니라.
35 나의 아들 예수가 너희들에게 말하였
느니라. 독사의 자식과 같은 자들이라
말했으니,
36 그가 얼마나 노했고 얼마나 분하고 얼
마나 참지 못하면 그와 같은 말을 하
며 소리를 질렀겠는가?
37 너희들은 나 여호와가 지금 너희들의
그 추한 모습을 하나하나 들추어내 책
으로 글로 만들어 너희들에게 전하는
것이 나 여호와가 얼마나 진노해 있으
며 분노해 있으며,
38 내가 너희들을 그 재앙으로써 다스리
고자 하기 일보 직전이요, 화산이 터
지고자 하는 그와 같은 나 여호와의
심정임을 너희들이 모르는가?
39 그를 달래는 것이 나의 아들을 통하여

법전을 내려보내 그 제자들과 더불어
너희들을 깨우치고자 하는 그 마음으
로써 내가 오늘 너희들을 재앙으로 다
스리고자 하는 것을 놓고 있음을, 이
무서운 현실을 너희들은 알아야 될 것
이니라.

4,341 번째 하나님 말씀

2002년 12월 28일 08시 24분

1 사랑하는 나의 아들아!
2 "네, 아버님! 말씀하옵소서."
3 너는 너를 따르는 제자와 만백성 그들
에게 전하라.
4 너희들이 보고 느낀 그대로 세상을 보
며, 아름다운 꽃을 아름답게 보며, 자
연의 아름다움을 아름다운 대로 그대
로 보며, 남들이 전하는 곱고 아름다
운 말을 들을 때 그대로 듣고 새기면
되는 것이거늘, 어찌하여 너희들은 그
를 왜곡되게만 보는가?
5 아름다운 꽃을 꽃으로 보지 아니하며
그 꽃의 흠집을 찾으려 하며, 너희들
에게 같은 인간으로서 아름다운 마음
으로 좋은 말을 할 때 그것을 그대로
받아들이면 되는 것을, 그것에 독소가
있는 것처럼, 그를 너희들을 해하는
화살과 창처럼 그와 같은 심성으로 그
들을 보고 그를 받아들이려 하는 것이
지금의 너희들의 심성이니,
6 그러고도 너희들이 사랑을 베풀며 하
늘에 오르는 길을 올 수 있다 생각하
는가?
7 너희들은 지금 내가 나의 아들을 통하
여 '하늘에 오르는 길'이요, 만백성을
구하는 책이요, 법전이라 하여 세상에
내려보냄이니, 너희들이 그 표지 그대
로 나 여호와가 내리는 뜻이요, 너희
들이 '하늘에 오르는 길'이라는 책이
라 그냥 믿고 그를 읽고 깨우친다면
그곳에서 너희들이 깨달음이 있고 답
이 있을 것이거늘,
8 어찌하여 너희들은 있는 그대로 보지
못하며 그대로 받아들이지를 못하는
가?
9 너희들의 심성이 그리 꼬이고 뒤틀려
있음이니, 너희들이 아름다운 좋은 진
리도 너희들의 입으로 통하지 아니하
며 너희들을 가르치는 선생에게서 나
오지 아니하면 그 모두는 이단이요,
사탄이요, 사악하다 그리 말함이니,
10 이제 나의 피조물 만백성 너희들은 모
두를 그대로 보라.
11 하얀 백자를 보면 그저 백자로 보면
될 것이지, 그 백자의 흠집을 찾으려
하지 말며 그 백자의 잘못된 점을 들
춰내려 하지 말라.
12 그리고 완벽히 아름답게 핀 그 꽃에서
너희들은 벌레 먹은 것을 찾으려 하지
말며 상한 것을 찾으려 하지 말라.
13 있는 그대로 세상의 아름다움을 보며,
아름다운 말을 전하는 자 아름답게 보
며,
14 나의 법전이 세상에 나왔음이니 그 내
용을 봐 너희들이 아름다우면 아름다
운 그대로 받아들이면 될 것을, 그것
을 너희들이 비꼬고 뒤틀고 뒤죽박죽
으로 그리 만들어 놓은 자들이니,
15 오죽하면 나 여호와가 너희들에게 아
름다운 음식을 먹으라 하여 주는 것

을, 이웃의 형제가 주는 것을 그것에
독소가 들었으니 먹지 말라며 그 상을
엎는 것이 종교 지도자의 형국이라
하였음이니, 그들이 얼마나 난폭하며
포악한 자며 폭군과 같으며 얼마나 잔
인한 자들인가?
16 그와 같은 말들을 듣고 너희들이 세뇌
되며 아름다운 것을 아름답게 보지
못하도록 세뇌되었기에 너희들이 실
제로 그를 보지 못함이니,
17 나의 사랑하는 백성 너희들은 글은 글
대로 그냥 읽으라. '하늘에 오르는 길'
이요, '하나님의 말씀'이라 하였으면
그냥 하나님의 말씀이요, 너희들이 하
늘에 오르는 길이라 그냥 보고 넘기며
그대로 그걸 받아들여 읽어,
18 너희들이 아름다운 것이 있으면 너희
것으로 스스로 판단하여 취하며 잘못
된 것은 버리면 될 것을,
19 어찌하여 너희들은 그와 같은 판단력
까지 없는 인간으로 너희 자신을 전락
시키는가?
20 너희들이 무조건 보지도 아니하며 사
탄이요, 이단이요, 사악한 것이라 말
하는 것은 너희들이 두려워서 읽지 못
하는 것이니라.
21 너희들은 내용을 보고 판단할 자격이
없다 말하는가?
22 너희들이 지금 몇십 년 동안 인생을
살아왔으며 너희들의 지금 나이가 몇
살이던가?
23 스스로 자기 나이를 잊어버리고 사는
바보 천치 같은 인간으로 가지 말라.
24 너희들은 생각하는 지각이 있으며 사
리를 분별할 수 있는 나이인 만큼, 너
희들 스스로 그 내용을 모두 그대로
받아들여 그 표지를 그대로 읽어 보
며, 그리고 자연의 아름다운 모습을
그대로 보면 될 것을, 너희들은 어찌
하여 그리하는가?
25 너희들은 돼지를 돼지로 보면 되는 것
을, 그걸 양으로 보고 염소로 보고 뜯
어 맞춰 보며 그와 같이 억지를 쓰는
행위를 하지 말라.
26 이것이 너희들이 지금 구원의 길을 못
보는 가장 위험한 상태임을 알라.

4,342 번째 하나님 말씀

2002년 12월 28일 08시 35분

1 사랑하는 나의 아들아!
2 "네, 아버님! 말씀하옵소서."
3 성서에 기록되어 전하는 한 구절을 내
가 너에게 깨우쳐 줌이니, '나는 아버
지께서 내게 주신 말씀들을 저희에게
주었사오며, 저희는 이것을 받고 내가
아버지께로부터 나온 줄을 참으로 아
오며 아버지께서 나를 보내신 줄도 믿
었사옵나이다.' 예수가 그리하여 제자
들에게 가르쳐 준 그 내용의 가르침이
니라.
4 여기서 너희들은 무엇을 깨닫고 무엇
을 얻는가?
5 나의 아들 예수는 그 제자들이 정녕
성서의 뜻대로 살며 나의 뜻대로 살아
가며, 누구도 변할 수 없는 아름다운
모습으로 천사와 같은 마음으로 완벽
해져 가는 그의 제자들의 모습이라 그
를 나에게 보이고자 하였으며,
6 그리하여 나 여호와로부터 예수는 모

두를 마치고 나에게 오되, 그 제자들
로 하여금 그 대명을 내려 임무를 수
행할 수 있는 제자로서 또 백성으로서
쓸 수 있다 하는 그와 같은 것을 기도
로써 나에게 바치고자 하였음이니라.
7 예수는 그 제자들이 저를 따르며 나
여호와의 뜻대로 살아가는 그와 같은
변화된 제자들이라 알고 있었으며, 그
들은 그리 변화되어 있기 때문에 그리
중요히 다스려 쓸 수 있도록 간곡히
나에게 기도드린 그 의미가 거기에
있느니라.
8 그러나 그 제자들은 과연 어찌하였는
가?
9 그 제자들은 정말 예수가 보는 것처럼
나의 아들 예수 앞에서 그들이 말로,
행동으로써 하던 그 모두를 과연 그대
로 믿을 수 있는 제자들이었던가?
10 그들은 말로써는 나의 아들 예수가 믿
도록 하였으며, 그 앞에서 하는 행동
으로써는 예수도 감히 감복하여 그를
믿을 수 있는 그와 같은 행동을 하였
으나, 그들은 어찌하였던가?
11 나의 아들 예수를 배신하였으며 나의
아들을 팔았음이니, 그들의 속과 겉이
다른 그 마음의 인간의 형태가 어떠하
던가?
12 나의 아들 예수가 직접 내려와 다스리
고 가르친 그 제자들도 속과 겉이 다
르며 그 행동과 말이 달랐음이니,
13 그를 내가 쓰도록 하기 위하여 나의
아들 예수가 간곡히 나에게 드린 기도
였으니, 과연 그들의 행동이 어떠하였
는가?
14 예수가 그 제자들을 믿은 것처럼 과연
그 제자들의 마음 자세가 변화되었으
며, 예수를 따르는 그와 같은 제자들
로서 바로 설 수 있었던가?
15 그들은 어떠한 행위를 했는가?
16 지금 나의 법전을 읽고 나의 강론을
듣는, 나의 아들을 따르는 제자 너희
들 또한 너희 자신을 한번 돌이켜 봐
야 될 것이니라.
17 너희들은 밤과 낮을 가리지 아니하며
나의 아들을 통하여 내리는 나의 법전
이요, 나의 성령이 정녕 나 여호와가
직접 내리는 것이며 나의 뜻이라 믿고
있는 그 마음의 깊이는 과연 얼마가
되는가?
18 강론을 들으며 성령의 뜻을 직접 듣는
너희들이 과연 성령으로써 충만되어
완벽한 내가 쓰고자 하는 백성이요,
19 나의 아들이 너희들을 믿듯이, 너희들
의 마음이 그와 같이 나의 아들을 믿
으며 나의 법전을 믿으며, 한결같은
마음으로써 너희들이 천사와 같이 변
하는 그 길을 위하여 달려오고 있는가?
20 과연 너희들은 얼마만큼 변화되어 있
으며, 나의 아들을 믿으며, 나의 법전
을 믿으며, 나 여호와가 내리는 이 성
령을 나의 뜻이라 과연 얼마나 믿고
있는가?
21 너희들의 마음의 자세를 한번 돌이켜
보며 너희들을 더욱 점검해 볼 때가
되었음을 알라.
22 예수는 그 제자들을 믿었으며 그들을
긴히 쓰고자 간곡한 기도를 나에게 드
렸음이니,
23 또한 예수의 그 제자들처럼 지금의 나
의 아들도 너희들을 바로 쓰며, 너희

들만이 이 세상을 변화시킬 수 있으
며, 내가 이루고자 하는 새로운 시대
를 열 수 있는 제자들이라 지금 간곡
히 너희들을 위하여 기도하고 있으며,
너희들의 이름 하나하나를 천거하여
나에게 올리고 있음이니,
24 과연 너희들은 어떠한 마음으로 가고
있는가?
25 예수가 그 제자들을 하나하나 천거하
여 내가 높이 쓰기를 바랐고 예수가
그 제자들을 믿었듯이, 나의 아들이
지금 그리 믿고 있음이니,
26 예수를 배신하고 등을 돌렸던, 말과
행동이 달랐던 그 제자들과 너희들은
과연 차별화되는 믿음을 가지고 있는
지, 너희들의 마음 자세와 너희들이
지금 어찌 행하고 있는지 되돌아 보
라.
27 너희들 또한 지금 나의 아들 앞에서
나의 법전이요, 나의 성령은 나 여호
와의 뜻이며 나의 아들은 여호와 나
창조주로부터 선택된 자라 말하나,
28 너희들의 속과 겉은 과연 일치하는가,
다르지 않은가?
29 그리고 나의 아들이 곤경과 어려움에
처했을 때 너희들은 그 믿었던 마음이
변하지 않는 제자로서 설 수 있는가?
30 어떠한 역경과 불행이 닥친다 해도 마
음이 변하지 아니하는 자, 그와 같은
자들로서 너희들이 다시 태어나지 아
니한다면 내가 이루고자 하는 이 찬란
한 새로운 역사는 이루어질 수 없음을
너희들이 알아야 할 것이니라.

4,343 번째 하나님 말씀

2002년 12월 28일 09시 26분

1 사랑하는 나의 아들아!
2 "네, 아버님! 말씀하옵소서."
3 네가 너의 제자들에게 말하느니라, 어
찌하여 창조주 나 여호와 하나님은 너
희들이 깨닫고 그 깨달음을 얻었을
때, 그때야 그 깨달음을 행하고 얻어
야 되는 그 진리와 뜻을 너희들에게
심어 주느냐 하여 너는 그를 불안하게
생각하며 또한 그를 섭섭하게 생각하
는 마음을 가지고 있음이니, 그것은
네가 잘못된 생각이니라.
4 나 여호와는 공의의 하나님이요, 너희
들이 똑같은 환경에서 똑같이 노력해
구원의 길을 선택하는 것은 너희들의
노력에 달렸으니,
5 내가 나의 백성을 사랑한다 하여 그
에게 지혜를 주며 깨달음을 주며 그에
게 성령을 부어 준다면, 그것이 공정
하다 말할 수 있겠는가?
6 내가 너에게 일찍이 뭐라 말하였느
냐? 열 개의 구슬 중에 너희들에게 여
덟 개의 구슬은 주었으며, 두 개는 너
희들이 깎아 만들라 하였음이니, 그건
스스로 너희들이 깨우쳐야 됨이니라.
7 너희들이 스스로 나의 진리를 알며 내
가 원하는 것을 알며 너희들이 살아가
는 그 뜻을 알았을 때, 내가 너희들에
게 그 마음을 굳건히 잡아 주는 것은
너희들이 이미 노력하여 그 경지에 왔
기에 그를 내가 받아들임이며, 그 기
쁨을 축하하며,
8 너희가 왜 그리 깨달아야 되는지 그

이유를 내가 확실히 너희들에게 심어
주는 것은 그만큼 너희가 노력했으며
너희가 깨달음을 위하여 너희 스스로
전진하여 변화되는 그 기도를 많이 하
였기 때문이니라.
9 나의 십계명을 암송하고 암송할 때 너
희들에게 그 얻음이 있듯이,
10 너희들이 기도하며 경배하는 그 마음
의 깊이가 깊어지며 많으면 많을수록,
길면 길수록 너희들이 깨달음을 얻음
이니, 그것 또한 너희들의 노력이니라.
11 너희들이 노력하지 아니하는 자에게
똑같이 내가 점수를 주며, 어떠한 혜
택을 주는 자와 혜택을 주지 않는 자
를 선별하여 구원한다면 공의의 하나
님이 아니요, 진정한 나 여호와가 아
님이니라.
12 오로지 너희들에게 똑같은 자격과 평
등한 자격을 주어, 너희들이 스스로
노력하여 깨달음을 얻었을 때, 그때만
이 내가 그 이유를 가르쳐 주며 그 뜻
을 가르쳐 줌이니, 그리하여 너희들을
그 후부터 내가 바로잡고 바로 서게
함이니라.
13 이것은 공의의 나 창조주요, 내가 해
야 할 일이며, 내가 그리하지 아니한
다면 세상의 그 모두도 질서가 잡히지
아니함이니라.
14 그러니 스스로 너희들은 노력하여 얻
으라.
15 너희들이 노력하여 얻고 구하는 그 뜻
에서 너희들이 전진한 만큼 나 여호와
가 너희들에게 심어 주며 잡아 줌이
니, 그는 영원히 불변할 것이며 변하
지 아니할 것이니라.
16 노력하지 아니하는 자 얻을 수 없으
며, 노력하지 아니하는 자에게 줄 수
없음이니라.
17 인간 세속의 너희들이 사는 삶도 얼마
나 공평하던가?
18 노력하는 자는 얻을 수 있으며, 노력
하지 아니하는 자는 얻을 수 없지 아
니하던가?
19 그와 마찬가지로 너희들이 깨달으며
노력하지 않는 자에게 내가 성령으로
부어 주어 특혜를 준다면 이는 불공평
하며, 질서를 지킬 수 없지 아니하는
가?
20 너희들이 노력하여 참진리의 빛을 보
며 내가 원하는 그 뜻을 알았을 때, 내
가 그를 왜 너희들에게 원했는가를 가
르쳐 줌이니, 이는 공평함이니라.
21 이 뜻을 깊이 알아, 너의 제자들에게
십계명을 많이 암송하며, 기도를 많이
하며, 경배하는 마음의 자세로써 노력
하라 전하고,
22 나의 법전을 읽고 또 읽는 그 속에서
만이 너희들이 나로부터 깨달음을 얻
을 수 있다 그리 만백성에게 전하도록
하라, 사랑하는 나의 아들아!

4,344 번째 하나님 말씀

2002년 12월 28일 09시 34분

1 사랑하는 나의 아들아!
2 "네, 아버님! 말씀하옵소서."
3 나의 피조물 만백성 너희들이 나로부
터 생명을 받아 세상에 나갈 때, 너희
들은 선으로써 모두가 충만되어 있으
며, 선으로써 모두가 감싸져 있는 그

와 같은 백성으로서 너희들이 나가게
되어 있음이니라.
4 그러나 너희들은 살아가며 생활 속에
서 어찌 변하는가?
5 선과 악에서 너희들은 선으로 충만되
어야 하건만,
6 선으로 충만되는 삶이 아니요, 어찌하
여 악으로 충만되어 가는 그와 같은
삶을 살아가는가?
7 어떠한 너희들의 형태든, 이제는 악으
로 충만되어 있는 너희들이 회개하고
반성하며 깨우침을 얻어 변화되는 그
와 같은 삶으로 살아가야 되며, 그리
변화되지 아니하면 아니 되거늘,
8 지금 악이 세상을 다 지배하며 악이
덮여 있으니, 덮여 있는 그 악은 더 사
악한 악의 씨를 탄생하게 하며 이들이
세상을 지배하고 다스리니,
9 나의 선함은 존재할 수 없게 되었으
며 뿌리를 내릴 수 없는 그와 같은 형
국으로 되었음이니, 과연 이를 어찌
다스려야 하겠는가?
10 사랑하는 나의 아들아!
11 나 여호와가 무서운 재앙으로써 이를
다스려야 하며, 내가 만든 아름다운
이 지상을 파멸로써 다스려야 되겠는
가? 이를 너의 제자들과 만백성에게
물어보도록 하라.
12 나 여호와가 오늘의 분노로 인하여 파
멸과 죽음과 불로써, 물로써, 재앙으
로써, 질병으로써 너희들을 벌하여 다
스리는 그와 같은 형국으로 가야만 되
겠는가?
13 이를 어찌하여 내가 그와 같이 다스려
나의 손을 너희들에게서 놓는 그와
같은 역사가 이루어져야 되겠는가?
14 나 여호와는 오늘의 분노요, 나의 아
픈 마음을 달래고 참으며 내가 다시
한 번 너희들에게 기회를 주나니, 창
조주 나 여호와가 너희들에게 다시 한
번의 기회를 주는 것이니라.
15 참회의 기회를 주며 회개할 기회를 주
며, 너희들이 구원을 받는 그 길을 선
택할 수 있는 단 한 번의 기회를 내가
너희들에게 줌이니, 이게 바로 무엇이
더냐?
16 나의 성령을 가슴에 태워 모두를 책으
로 만들어 너희들에게 전하는 이 역사
가 바로 너희들에게 마지막 한 번의
기회를 줌임을 너희들은 알아야 될 것
이니라.
17 이제는 너희들의 실상을 들여다보고
회개하고 깨우쳐야 될 것이니라.
18 지금 세상을 다스리는 모든 종교 지도
자요, 성직자라는 너희들이 과연 어찌
가는가?
19 너희들은 사랑을 잊어버렸으며, 너희
들의 마음은 황폐화되었으며, 너희들
은 사랑이 메말라 있는 그와 같은 종
교 지도자로서 서 있음이니,
20 오로지 육신의 편안함과 재물을 긁어
모으며 재물 속에 얽매여 끌려가는 그
와 같은 성직자요, 종교 지도자로서
너희들이 지금 타락되었음이니,
21 너희들이 하는 방법이 어떠한 행위를
하는가?
22 너희들은 사탄에게 다 매수되어 사탄
에게 복종하며, 사탄의 뜻에, 사탄의
조종에 의해 움직이는 그와 같은 자로
전락되었음이니라.

23 그리하여 사탄에게 매수되어 사탄의
뜻에 따라 움직이는 그와 같이 전락한
너희들이기에, 지금 하는 모든 행위는
사탄에게 힘을 주는 행위를 하고 있으
며, 사탄에게 힘을 실어 주는 행위만
을 계속 너희들이 하고 있음이니,
24 그리하여 너희들이 나의 피조물 만백
성을 사탄으로, 사악한 마음으로, 사
랑이 메마른 백성으로 만들어, 그 백
성들로 하여금 나 여호와 창조주에게
대적하도록 가르치는 것이 지금 너희
들이 설교하는 것이며, 강론하는 것이
며, 너희들의 손으로 지은 성전이라는
그곳에서 지금 너희들이 하고 있는 작
태이니라.
25 그것은 너희들이 나의 백성을 선하게
깨우쳐, 나를 알며 나 여호와가 존재
함을 알며 하늘에 오르는 그 길을 가
르치는 것이 아니요,
26 사탄에게 매수된 성직자 너희들이 사
탄의 행위를 하며 사탄에게 힘을 실어
주며, 나의 백성들까지 사악한 쪽으로
몰아넣어 그들이 나에게 대적하며 나
에게 감히 대드는 그와 같은 대환란의
역사를 이루고자 하는 것이니,
27 그 앞잡이가 바로 잘못된 종교 지도자
요, 잘못 가는 성직자 너희들이 한 마
디 한 마디 전하는 설교 행위가 독소
가 되어 나의 피조물 만백성을 쓰러트
리며 그들의 마음을 황폐하게 만들며,
사랑이요, 나눔이라는 것을 뿌리째 뽑
아 버리는 사악한 그와 같은 행위를
하고 있음을 너희들이 반성하고 깨우
치지 아니한다면, 너희들은 머지않아
그 대가를 받는 것이 얼마나 무서운
것인가를 알게 될 것이니라.

4,345 번째 하나님 말씀

2002년 12월 28일 09시 41분

1 사랑하는 나의 아들아!
2 "네, 아버님! 말씀하옵소서."
3 구약 시대에 그 광란의 짓을 하는 그
역사를 나 여호와가 참고 넘었으며,
또한 신약 시대에 예수가 그와 같이
고통과 시련을 당한 그 모두를 다 참
고 인내하며 넘은 세월이니라.
4 이제 사랑하는 나의 아들 너를 통하여
나의 피조물 만백성에게 다시 한 번의
기회를 더 주어 그를 다스리고자 함이
니, 네가 어찌 서야 하며 네가 어찌 가
야 하는가를 너는 잘 알고 있을 것이
니라.
5 사랑하는 나의 아들아!
6 나 여호와가 이제 너를 다스려 이 역
사를 이루고자 함이니,
7 너는 네가 아니며, 이제는 네가 살아
가는 그 모든 것은 너 스스로 너 자신
이 아님을 네가 알아야 할 것이니라.
8 네 행동이요, 네가 하는 그 모든 것을
다 네 것으로 착각해서는 아니 됨이니
라.
9 나 여호와가 너를 다스리며, 내가 너
에게 임하여 모든 역사를 이루고 있다
는 것을 너는 알아야 할 것이니,
10 내가 임하여 다스리는 네가 육의 생각
이요, 인간의 생각을 저버리지 못하
여, 네가 나 여호와요, 천사의 그 뜻으
로 변화되지 아니한다면, 네가 바로
서지 못한다면, 과연 누가 바로 설 수

있겠는가?
11 나로부터 모두를 지시받으며 내가 주
관하는 네가 바로 서지 못하며 바로
변하지 못한다면, 너로부터 가르침을
받는 너의 제자들 또한 바로 설 수 없
음이니, 이 이치를 네가 깊이 깨우쳐
야 할 것이니라.
12 네가 바로 서지 못했을 때 너의 제자
들이 바로 서지 못하니, 만백성을 구
하는 그 생명의 양식을 과연 누가 전
하여 주며, 누가 다스려 그 백성들을
구할 수 있다 하는가?
13 네가 바로 섰을 때 너의 제자들이 바
로 섬이요,
14 너의 제자들이 바로 섰을 때, 만백성
을 구하는 그 생명의 떡을, 그 빵을 전
해 줄 수 있는 것이 너의 제자들이니
그리 알라.
15 내가 직접 다스리는 네가 바로 서지
못하면 아니 됨이니라.
16 그렇지 않으면 어떠한 역사도 이루어
질 수 없으며, 내가 만백성을 구하는
생명의 줄인 이 법전이 또한 세상을
덮을 수 없는 이치를 너는 알고 있지
않은가?
17 너는 바로 서야 함을 잊지 말라.
18 내가 말하지 아니하였던가, 어머니의
사랑이란 무엇이냐?
19 어머니의 사랑으로써 세상 모두를 바
라볼 때 너희들이 간음할 수 없으며,
거짓 할 수 없으며, 남을 음해할 수 없
으며, 남에게 사기 칠 수 없으며, 남에
게 미워하는 말을 할 수 없는 것이 어
머니의 마음이요, 어머니의 사랑이라
하지 않았는가?
20 만백성과 너의 제자들에게 전하라.
21 너희들은 어머니가 자식을 사랑하는
그 마음을 가지고 세상을 살도록 그
하나만 지키고 산다 해도 이 세상은
오늘과 같이 사악한 시대가 되지 아
니하였을 것이니,
22 모든 종교 지도자들이요, 집단들이 그
뜻 하나를 가르치지 못하며 저희들이
만백성을 구하는 길이요, 설교한다 하
며 그들을 잘못 가며 메마른 나의 백
성으로 만들고 가고 있음이니,
23 너희들은 그것 하나만이라도 지킬 수
있는 그와 같은 마음의 변화를 이루도
록 너의 제자들의 가슴에 깊이 심어
주도록 하라.
24 사랑하는 나의 아들아!
25 너의 제자들을 어머니와 같은 마음으
로 바라보는 그 마음 하나를 그들에게
깨우쳐 주도록 그리하라.
26 이제 나의 피조물 만백성 너희들은 과
연 어찌해야 하겠는가?
27 모두는 나의 아들딸이요, 너희들의 형
제이니, 그들이 유죄 판결을 받아 지
옥으로 가 그 죄의 대가를 치르는 것
을 보아야 하겠는가?
28 나의 사랑하는 백성이요, 너희들의 형
제가 유죄 판결을 받지 아니하도록 바
로 지키고 깨우쳐 주는 것은 너희들밖
에 할 수 없음이니라.
29 그러니 너희들이 나의 백성들이 유죄
판결을 받아 그 고통을 영원히 사는
세계에서 치르는 그와 같은 길에서 구
원할 수 있는 것은, 너희들을 희생시
켜 그들을 구원할 수 있는 그와 같은
마음과 그 마음의 행동이 행해짐이 아

니면 구원할 수 없음이니,
30 너희들 하나를 희생하여 만백성을 유
죄 판결로부터 구원할 수 있는 그 역
사를 이루도록 그리하라.
31 자신을 생각하지 말며, 자신을 먼저
내세우지 말며, 그와 같은 마음으로써
너희들이 바로 설 때 이 역사는 이루
어질 수 있음을 잊지 말고 만백성에게
전하도록 하라, 사랑하는 나의 아들아!

부 록

【하나님께서 가르쳐 주신 운동】

천재지변이 일어날 때, 동물이나 미물들은 미리 알고 대피하지만, 인간은 알지 못하고 큰 화를 당합니다. 하나님께서 인간에게 가장 높은 지혜를 주시고 완벽하게 창조해 주셨기에 동물들보다 더 잘 알 수 있지만, 욕심으로 마음이 혼탁해져서 한 치 앞을 보지 못하는 것입니다.

마찬가지로, 인간은 누구나 스스로 필요한 운동을 해서 건강을 지킬 수 있도록 하나님께서 만들어 주셨습니다. 우리의 머리에서 우리 몸에 필요한 동작을 해 달라고 끊임없이 신호를 보내지만, 인간이 혼탁하게 살아서 그 신호를 알아채지 못합니다. 그러니 자연스럽게 자기 몸이 원하는 그 신호를 따라서 운동하는 것이 하나님께서 가르쳐 주신 운동 방법입니다. 바로, 우리의 영이 육을 이끄는 운동입니다.

▶ 하나님 운동법

1. 눈을 감고, 발을 어깨너비로 벌리고 바르게 선다.
2. 몸에 힘을 풀고, 허리를 숙이면서 손과 머리를 아래로 내린다.
3. 허리를 펴고 싶을 때, 천천히 펴면서 하고 싶은 동작을 하면 운동이 시작된다. (사람마다 다르다.)
4. 멈추지 말고, 어떤 동작이든지 자기 몸의 느낌대로 계속 이어서 한다.

▶ 참고 사항

① 눈을 감은 상태로 아무 생각 하지 않고, 자기 몸의 느낌대로 움직입니다.

② 마음을 비우고, 욕심을 버리고, 지난날의 잘못을 반성하면서 몇 차례 시도하다 보면, 자기도 모르게 하고 싶은 동작이 끊임없이 생깁니다.

③ 운동 장소는 방 안이든 운동장이든 관계없으며, 걷거나 달리고 싶을 때는 눈을 떠도 됩니다.

④ 매일 40분 이상, 주 4회 이상, 3개월 이상 하면 음식 조절에 들어갑니다.
- 음식으로 생긴 병은 음식으로 치료하게 되며, 어떤 음식을 먹어야 하는지 스스로 알게 됩니다.
(자기 몸에 필요한 음식만 먹고 싶어집니다.)

⑤ 사랑하는 사람과 함께 운동하면 서로 치료해 주기도 합니다.

⑥ 운동을 하다가 몸의 어느 한 부분을 계속 손으로 자극한다면 그쪽에 이상이 있는 것이니, 의사에게 상담을 받고 적절한 치료를 받으면 됩니다.

⑦ 다이어트 및 기타 건강관리에 효과적입니다.

⑧ 꾸준히 운동하여 영이 맑아지면, 자신의 과거와 미래를 스스로 보게 됩니다.

누구나 스스로 하실 수 있습니다.

간 행 사

《새로운 성경》은:

· 새로운 성경은, 하나님께서 선량하고 선한 자를 선택하여 십계명을 암송하도록 하시고, 십계명을 암송한 다음에 음성으로써 들려주시는 말씀을 듣고 그대로 카세트테이프에 녹음해서 받아쓴 책입니다.

· 90분짜리 녹음테이프 700여 개에 달하는 말씀으로, 1999년 8월부터 2004년 7월까지 총 160권(권당 288쪽)을 완성하였으며, 그 이후에도 현재까지 계속 말씀을 내려 주고 계십니다.

· 새로운 성경은 "하늘을 두루마리 삼고 바닷물을 먹물 삼아 쓰고 써도 다 못 쓴다"는, 끝없이 방대한 하나님의 말씀이 두루마리로 직접 내려오는 것입니다. 이러한 새로운 성경은 구약과 신약을 폐하려는 것이 아니라 "인봉된 성서의 비유의 뜻"을 상세히 설명하여 완성하고자 하나님께서 직접 내려 주신 말씀입니다.

《새로운 성경》의 구성:

· 제 목: 2013년, 160권 모음집을 발간하면서, 본 도서의 제목을 "하나님! 말씀하옵소서"에서 《새로운 성경》으로 명해 주셨습니다.

· 단행본: 각 권당 288쪽(신국판) 책이 160권까지 시리즈로 출판됩니다.
(모음집은 단행본을 16권씩 묶어서, 총 10부로 구성됩니다.)

《새로운 성경》의 성경적 근거:

· 신약 성경 [요한복음] 16장 13절에 "진리의 성령이 오시면 그가 너희를 모든 진리 가운데로 인도하시리니 그가 자의로 말하지 않고, 오직 듣는 것만을 말하며" 하신 말씀처럼 하나님의 음성을 들은 것만 기록하였으며,

· "장래 일을 너희에게 알리시리라" 하신 말씀과 같이 개인, 나라, 인류의 "장래"일을 하나님께서 알려 주시는 것만 기록하여 책으로 만들었습니다.

《새로운 성경》의 기록 방법:

- 1999년 8월부터 하나님께서 저에게 들려주시는 음성을 기록하였습니다. 처음에는 제가 들은 말씀을 불러 주면 저의 아내가 기록하여, 2000년 1월 29일에 1권 초판이 세상에 나왔습니다. 2000년 4월부터는 주시는 말씀을 받아 녹음기에 기록하여 시리즈로 출간하기 시작하였습니다.

- 녹음을 시작하면서 하나님의 말씀을 받는 데 가속도가 붙었고, 2001년 5월 3일에 1부(1~16권까지)를 인쇄하여 출판하였으며, 2004년 7월까지 총160권 분량의 말씀을 받아 기록하였습니다.

하나님께서 저에게 주신 것은:

- 첫째, 만백성을 상대로 내려 주시는 "기도", 둘째, 수시로 내려 주시는 "묵상", 셋째, 개인의 과거, 현재, 미래를 알려 주시는 "개인 기도", 넷째, 개인의 건강을 위해서 내려 주시는 "음식 처방", 다섯째, 하나님께서 가르쳐 주신 "운동"등이 있습니다. 이 중에 첫 번째, "기도"를 책으로 편찬하였습니다. 사람의 생사, 개인의 미래에 관한 천기는 수록하지 말라 하셨습니다.

강론 안내:

- 하나님께서는 지금도 매일 저에게 새로운 하늘의 비밀의 말씀을 내려 주고 계십니다. 수시로 내려 주시는 말씀을 정리해서 제자를 육성하라는 말씀에 따라 매주 강론을 하고 있습니다. 누구나 무료로 들으실 수 있습니다. (book160.com)

《새로운 성경》을 읽는 분들에게 드리는 선물:

- 개인 기도: 개인의 과거, 현재, 미래에 관하여 말씀을 내려 주십니다.

- 음식 처방: 사람은 음식을 먹고살다가 건강을 잃으니, 음식과 운동으로 건강을 되찾는 방법을 알려 드립니다. 단, 하나님이 계심을 믿고, 십계명을 지키겠다고 진실로 서약하는 분들께 알려드립니다.

《새로운 성경》의 은혜와 기적:

- 새로운 성경 전160권은 16권씩 묶어서 총 10부의 모음집으로 구성됩니다. 모음집 한 부를 읽고 깨우치는 자에게 하나님께서 다음과 같은 기적이 있다고 하셨습니다.

· "첫째, 그가 죽어 하늘에 갔을 때 그의 죄를 묻지 아니하며, 구원을 받는 위대한 은혜가 있으며, 둘째, 그의 소원과 소망이 이루어지고, 셋째, 죽은 자(부모, 형제, 자식, 사랑하고 은혜 입은 분)의 이름으로 구입한 책을 읽고 누군가 한 사람이 깨우칠 때, 그 죽은 자가 지옥에서 천국으로 구원을 받게 되며, 넷째, 유산, 중절 수술 등으로 태어나지 못한 아이를 위하여 구입한 책을 보고 한 명이 깨우쳤을 때, 그 아이가 사람으로 다시 한 번 태어나는 은혜를 받는다."

· "새로운 성경"을 3회 이상 정성을 다해 정독하는 자, 성서의 비밀을 알게 되고, 세상의 이치를 알게 되며, 세상을 지배하고 통제할 수 있는 지혜를 다 얻게 된다고 하셨습니다. 이 책은 만백성이 정독하고 이웃에게 전하여, 평생 가슴에 묻은 슬픔과 고통의 짐을 벗고 미래를 위한 힘찬 삶을 살아가도록 하는 책입니다.

끝으로

· 하나님께서는 흰 눈이 세상을 덮듯이 새로운 성경을 온 세상에 전하라고 하셨습니다. 《새로운 성경》을 각국어로 번역해서 온 인류에게 구원의 길을 깨우쳐 주고, 그 수익으로 가난하고 어려운 백성을 구제하여, 만백성의 영과 육을 함께 구원하는 선지자의 임무를 수행하라고 저에게 명하셨습니다.

· 하늘에서 내려 주신 말씀의 보화를 만백성에게 나누어 주는 것이 선지자의 임무라고 하셨습니다. 새로운 성경을 통해서 얻는 재물을 사용할 곳도 하나님께서 일일이 명해 주십니다. 모든 재물은 저의 자의로 쓸 수 없고, 하나님께서 명하시는 대로만 쓰여집니다.

· 어떤 명분으로든 십일조나 각종 헌금을 거두어들이지 말라 하셨으며, 국내뿐 아니라 각국에 성전과 단독 서점을 운영하며, 한국의 많은 젊은이들을 전 세계에 지도자로 내보내라고 하셨습니다.

· 우리는 세계적으로 새로운 성경을 보급하며 어려운 이들을 돕는 역사를 해 나갈 것입니다. 지금까지 비록 몇 명 안 되는 제자들과 함께 이러한 일을 역사했지만, 앞으로도 계속 하나님께서 기뻐하시는 일들을 해 나갈 것입니다. 부족한 저희에게 여러분들의 지혜와 성원을 보내 주시기를 바랍니다. 많은 분들의 참여와 도움을 간절히 기다립니다. 감사합니다.

한국어로 내려온 《새로운 성경》 단행본을 출간하며
2016년 4월 10일

발행인 **김 용 철**

한국어로 내려온

새로운 **성 경** · 4부 · 제58권

지은이 하나님 말씀
대역자 김용철

초판인쇄 1쇄 2017년 4월 3일

펴낸 곳 도서출판 하얀마음
등록번호 제 10-2107호 (2001년 2월 14일)
주소 서울시 노원구 덕릉로86길5, 2층
전화번호 02) 313-1114
팩스 02) 393-5554
전자우편 book160@hanmail.net
편집위원 조나영 김미향 이석교
제작지원 김서영 이상빈 김정기 이병우 이순남 서성자 이규숙

도서상담 1600-7527
ISBN 978-89-5875-158-8 (04230)
978-89-5875-100-7 (세 트)

값 10,000원
잘못된 책은 구입하신 곳에서 바꾸어 드립니다.

※이 책은 10부로 제작되며, 각 부 16권씩 총160권으로 구성됩니다.※

1부	2부	3부	**4부**	5부	6부	7부	8부	9부	10부
1권	17권	33권	49권	65권	81권	97권	113권	129권	145권
2권	18권	34권	50권	66권	82권	98권	114권	130권	146권
3권	19권	35권	51권	67권	83권	99권	115권	131권	147권
4권	20권	36권	52권	68권	84권	100권	116권	132권	148권
5권	21권	37권	53권	69권	85권	101권	117권	133권	149권
6권	22권	38권	54권	70권	86권	102권	118권	134권	150권
7권	23권	39권	55권	71권	87권	103권	119권	135권	151권
8권	24권	40권	56권	72권	88권	104권	120권	136권	152권
9권	25권	41권	57권	73권	89권	105권	121권	137권	153권
10권	26권	42권	58권	74권	90권	106권	122권	138권	154권
11권	27권	43권	59권	75권	91권	107권	123권	139권	155권
12권	28권	44권	60권	76권	92권	108권	124권	140권	156권
13권	29권	45권	61권	77권	93권	109권	125권	141권	157권
14권	30권	46권	62권	78권	94권	110권	126권	142권	158권
15권	31권	47권	63권	79권	95권	111권	127권	143권	159권
16권	32권	48권	64권	80권	96권	112권	128권	144권	160권